MOLDEANDO NUESTRA REALIDAD

MOLDEANDO NUESTRA REALIDAD

Viviana Escobar

MANA UNIVERSAL
publishing

Para solicitar permisos, escriba a la editorial, con el tema: "Coordinador de Permisos", a la dirección de correo electrónico que figura a continuación.

contact@vivianaescobar.com

Número de control de la Biblioteca del Congreso: 2023915543

ISBN: 979-8-9996596-3-7

Publicado por Mana Universal

MOLDEANDO NUESTRA REALIDAD

Respiración, inteligencia emocional y bienestar
para la exploración de la consciencia

Autora y creadora Mana Universal
Viviana *"Aire"* Escobar

Ilustraciones y co creación Mana Universal
Joaquin *"Espinacas"* Astelarra

Prólogo
Carolina Escobar

Diseño
Viviana Escobar
Joaquin Astelarra
Oscar Ruiz
Carlos Mendoza

Photography
Santiago Vasquez

Este libro es el fruto de una profunda investigación,
mi experiencia personal y las vivencias de los maestros, guías y
estudiantes que han marcado mi trayectoria.

En memoria de Leonard Orr,
Mango Eterno y Tokio

Dedicado

A mis ancestros, a quienes caminan conmigo, y los que aún están
por venir.

A mi familia, que siempre ha sido la raíz de mi árbol
y fuente de inspiración en este viaje.

A mi hijo.

A mis sabios maestros, cuyo conocimiento y guía han iluminado
mi camino.

Y a mis queridos estudiantes, que con sus aprendizajes han
enriquecido los míos.

Que este libro sea una invitación para recordar el inmenso poder
de la respiración, la expansión de la conciencia y la conexión con uno
mismo, con los demás y con nuestro planeta.

Tabla de contenido

Capítulo 1 - El despertar no es lineal

Capítulo 2 - Observando el cuerpo

Capítulo 3 - Observando la mente

Capítulo 4 - Observando el corazón

Capítulo 5 - Observando la energía

Capítulo 6 - Observando la respiración

Capítulo 7 - Todo está conectado

Capítulo 8 - Mana Universal

Capítulo 9 - Conversaciones con las tías

Capítulo 10 - Poesía

Capítulo 11 - Integración

Referencias

Consideraciones legales y éticas sobre esta obra

Antes de que empieces con las prácticas de respiración consciente o los conceptos presentados en este libro, te invito a leer cuidadosamente este aviso. Mi intención es ofrecerte claridad y acompañarte de la manera más responsable posible. Al utilizar este libro, aceptas las indicaciones que aquí se detallan.

Responsabilidad personal

Este libro está escrito con el propósito de educar e inspirar, no para sustituir el asesoramiento médico o terapéutico profesional. No soy una profesional de la salud, sino una guía que comparte desde la experiencia y el conocimiento. Por ello, cualquier práctica o idea que decidas aplicar será bajo tu criterio personal y responsabilidad.

Cada persona es única

Todos somos diferentes, y lo que funciona para una persona puede no ser adecuado para otra. Las técnicas y ejercicios descritos están diseñados para ayudarte, pero es crucial que escuches a tu cuerpo y a tu intuición. Si tienes alguna inquietud, consulta primero con un profesional de la salud que conozca tus necesidades específicas.

Cuida tu salud

La respiración consciente implica ejercicios que pueden generar respuestas tanto físicas como emocionales. Si tienes alguna condición médica, como asma, hipertensión, problemas cardiovasculares, trastornos respiratorios, o si estás embarazada, te animo a hablar con tu médico antes de empezar. Tu bienestar siempre debe ser tu prioridad.

Apoyo emocional y psicológico

La respiración consciente puede llevarte a explorar emociones profundas o recuerdos olvidados. Si estás en terapia, has vivido experiencias traumáticas o tienes desafíos relacionados con tu salud mental, considera compartir tus intenciones con tu terapeuta o profesional de confianza antes de empezar estas prácticas.

Exención de responsabilidad

Este libro es una invitación a explorar nuevas herramientas, pero recuerda que los resultados dependen de tu compromiso y contexto personal. Ni yo, como autora, ni la editorial podemos responsabilizarnos por posibles inconvenientes, daños o resultados adversos derivados de las prácticas aquí compartidas. Al usar este libro, aceptas esta condición con plena consciencia.

Un mensaje personal

Todo lo que comparto en estas páginas proviene de mi experiencia personal. Sin embargo, esto no pretende reemplazar las recomendaciones de profesionales de la salud. Te animo a ser prudente contigo mismo/a y a avanzar a tu propio ritmo tomando decisiones desde la responsabilidad y el amor propio.

Al continuar con este libro, estás afirmando que has leído y aceptado este aviso. Si sientes que alguna parte no resuena contigo, está bien detenerte. Este camino es tuyo, y mi único deseo es que lo recorras desde la conexión, la calma y el cuidado personal. ¡Gracias por confiar en mí y en este trabajo!

Prólogo

"La gente suele considerar un milagro caminar sobre el agua o flotar en el aire. Sin embargo, yo creo que el verdadero milagro no es caminar sobre el agua ni flotar en el aire, sino caminar sobre la tierra. Cada día participamos de un milagro que muchas veces no reconocemos: un cielo azul, nubes blancas, hojas verdes, los ojos negros y curiosos de un niño, e incluso nuestros propios ojos. Todo es un milagro."

- Thich Nhat Hanh

La vida de mi hermana Viviana siempre ha estado influenciada por una profunda curiosidad por entender la conciencia humana. Desde temprana edad, pude observar cómo su mente se desvelaba ante los misterios del ser, buscando respuestas que otros quizás no se atrevían a explorar. Era inevitable para mí ver cómo, con cada paso, sus investigaciones sobre la respiración consciente y la conexión con el cuerpo, la mente y el alma se convertían en un camino de sanación y transformación.

A lo largo de los años, Viviana ha sido testigo de los milagros de la vida de una manera única, con la resiliencia como su faro. Moldeando Nuestra Realidad no es solo un libro; es la manifestación de una vida guiada por un propósito, un esfuerzo constante por trascender los límites del dolor y del miedo, y una invitación a explorar lo que cada uno de nosotros guarda en su interior.

Como psicóloga, especializada en el estudio del comportamiento humano, he sido testigo de cómo Viviana ha utilizado su comprensión de la respiración consciente como una herramienta de transformación.

No se trata solo de respirar, sino de ser conscientes de cada inhalación, de cada exhalación, y de cómo eso se conecta con nuestra realidad más profunda. En este libro, ella no solo ofrece una técnica; ofrece una llave para acceder a nuestro ser más auténtico.

Me complace compartir con ustedes este testimonio de coraje, sabiduría y amor.

Este libro tiene la capacidad de cambiar vidas, porque cada palabra escrita está impregnada con la energía de la transformación que ella misma ha experimentado.

El poder de este mensaje reside en su universalidad: cualquiera que se atreva a sumergirse en sus páginas encontrará un reflejo de sí mismo.

- Carolina Escobar L.
Psicóloga. Psicometrista. Ciencia de Datos
MSc. Metodología de las Ciencias del Comportamiento y la Salud

Prefacio
Viviendo una vida plena de alegría

Estoy agradecida por tu disposición a embarcarte en este viaje conmigo y, a través de él, descubrir más de tu esencia, porque ese es el propósito de esta experiencia.

Juntos exploraremos la idea de vivir una vida más alegre y auténtica. Nos sumergiremos profundamente en el poder de la respiración consciente y el amor propio, porque en realidad no se trata de buscar algo nuevo, sino de recordar que hay un poder infinito descansando en el espacio entre nuestra inhalación y exhalación. Ese mismo poder está accesible en el silencio entre nuestros pensamientos. Es la fuente de toda creación; todos los seres humanos lo poseemos y estamos hechos de él. Siempre está disponible, aunque muchas veces lo sigamos buscando fuera de nosotros.

Durante generaciones, hemos estado en la búsqueda de la felicidad, creando y mejorando estructuras sociales de apoyo, pero ¿te has dado cuenta de que los viejos sistemas y acuerdos están comenzando a desmoronarse? Y a medida que avanzamos hacia este nuevo mundo, ya no podemos contar con los contratos sociales que antes nos sostenían. Así que, en lugar de depender de instituciones, se nos invita a depender de nosotros mismos, avanzando hacia la soberanía necesaria para evolucionar.

Nos han enseñado a correr sin descanso por el mundo, a de-mostrar nuestro valor a toda costa y a luchar constantemente por algo. Nos hemos condicionado a perseguir un sinfín de metas, o la próxima gran oportunidad, en lugar de valorar lo que ocurre en este instante, de sentir nuestra presencia plena. Y ha llegado el momento de cambiar eso.

Como seres humanos, compartimos esta habilidad única de cambiarlo todo en un abrir y cerrar de ojos. Podemos ir más allá de nuestras creencias y conceptos con una sola respiración. Cuando tomamos una respiración profunda, pausamos y nos hacemos conscientes del momento presente, lo expandimos, y ese instante contiene todo lo que ha sucedido, lo que está sucediendo y todos nuestros potenciales futuros. Es la semilla de todo lo que es y un punto de aceptación, entrega e inspiración. En el ahora, nos conectamos con un poder mayor que todo lo que alguna vez imaginamos posible; nos convertimos en los verdaderos creadores de nuestras vidas.

Desde ahí, podemos ver lo que antes no podíamos ver; nos encontramos en la frecuencia de infinitas posibilidades, donde podemos convertirnos en cualquier cosa, descubrir la sabiduría más profunda y superar todo. Para cada pregunta alguna vez planteada, hay una respuesta. Para cada paso en nuestros caminos, habrá guía. Hay despertar. No hay separación, solo unidad, todo está conectado, es un paso fuera de la polaridad hacia una nueva dimensión.

Cuanto más tiempo pasemos en esa frecuencia de posibilidades, más conscientes seremos de nuestra infinita naturaleza. Empezamos a recordar quiénes somos y a alinearnos mientras expresamos nuestro ser auténtico. Gradualmente, nuestros miedos se desvanecen, y la paz y la alegría los reemplazan. La tensión se convierte en una sonrisa tranquila. Nuestras sonrisas se transforman en apreciación, abrazando nuestra alma y nutriendo nuestro corazón, abriéndolo por completo sin perder su autenticidad.

Siento tu deseo de evolucionar y me conecto con él. ¿Estás preparado para dar un salto cuántico? ¿para desvelar el velo de Isis? ¿Para superar los miedos y dudas?

Inspiración: El aliento de lo divino

Inspiración, una palabra que evoca el acto sagrado de un aliento divino. Derivada del latín inspirare —"soplar hacia dentro, respirar sobre"—, se alza como un puente entre lo humano y lo celestial. No es solo aire que llena los pulmones, sino la chispa que despierta en nosotros la creación y la conexión con lo eterno.

En su raíz se encuentra spirare, "respirar", un verbo que trasciende el ciclo vital para vincularse con spiritus, el espíritu que guía y anima la existencia. Desde el latín tardío inspirationem, esta palabra ha sido concebida como un susurro infinito, un viento invisible que impulsa manos y mentes hacia lo extraordinario.

En el francés antiguo, inspiration conservó este eco celestial, representando la expresión de lo sublime. La inspiración no se reduce a un acto físico; es el aliento del cosmos que roza nuestra esencia, el viento que aviva la llama interna, un llamado suave y profundo que configura nuestra percepción y realidad.

Es la fuerza invisible que orienta pensamientos y actos, el soplo inmortal que eleva lo común hacia lo eterno. Sentir inspiración es escuchar al universo, respirar con él y permitir que nos transforme. Como el fuego que danza al compás del aire, somos el reflejo de esa fuerza intangible, el eco de lo divino que nos eleva y nos impulsa a crear.

CAPÍTULO 1

El despertar
no es lineal

Cuando nos entregamos, renacemos en una vida extraordinaria

Una cálida madrugada de verano en Los Ángeles, en el año 2002, desperté súbitamente, dominada por un dolor tan desgarrador que cualquier intento de movimiento se sentía como una hazaña imposible.

Aquel dolor, punzante e intenso, provenía de mi columna lumbar y se extendía hacia mis extremidades inferiores, dejándome inmóvil. En ese instante, una tormenta de emociones surgió, y me resultaba difícil respirar; las paredes a mi alrededor parecían cerrarse, y la sensación de estar confinada en un túnel oscuro e interminable me invadió por completo.

Luchando por comprender mi entorno, me preguntaba: "¿Qué me está pasando? ¿Dónde está Adrián?" Incluso a través del velo del sueño, mis pensamientos giraban en torno a encontrar a mi hijo. Él estaba en el segundo piso, pero mi instinto maternal, siempre alerta, permanecía enfocado en mi pequeño de siete años, ya que apenas habían pasado unos meses desde nuestra mudanza a los Estados Unidos.

Fui trasladada en ambulancia a un hospital cercano, donde me sometieron de inmediato a una cirugía de columna. Después del procedimiento, comencé a experimentar un dolor agudo en el tobillo y el pie derechos. Los médicos, desconcertados ante mi condición, no lograban identificar la causa principal ni el origen de esos nuevos y alarmantes síntomas.

Los meses que siguieron se convirtieron en un desconcertante ciclo de visitas frecuentes a la sala de urgencias y consultas médicas.

Todas con el objetivo de alcanzar un diagnóstico certero. Hubo un momento en el que un médico llegó incluso a mencionar, con inquietante seriedad, la posibilidad de amputar mi pierna.

El dolor era tan intenso que me veía obligada a pasar la mayor parte del tiempo acostada, y mis desplazamientos dependían de una silla de ruedas. Para mí, fue una experiencia profundamente devastadora.

Mis medicamentos eran tan fuertes que sus efectos secundarios, sumados a mis síntomas, no me permitían funcionar. Vivía atrapada entre un dolor insoportable y los efectos de los narcóticos, sin poder imaginar una salida.

Después de un tiempo, la guerrera en mí se rindió, y comencé a experimentar un duelo profundo. Mis sueños se habían desvanecido, llevándose consigo todo lo que yo era. Sentí la pérdida de mi identidad, mi personalidad, mi estabilidad financiera, mi primer matrimonio, mi profesión y mi independencia, mientras veía las devastadoras consecuencias de mi condición en la vida de mi familia. Estaba sumida en un estado constante de dolor físico y emocional.

Me sentía como una luz tenue, luchando por mantener su fulgor. Era como una bombilla que se desvanecía poco a poco, esforzándose por conservar ese resplandor, esa chispa de energía que gritaba: "Oye, aún estoy aquí, ¿sabes?". Sentía el impulso de extinguirme, creciendo cada día más en mi pecho, como un inquilino cósmico que ya había excedido su estadía permitida.

En las horas silenciosas de la noche, cuando la humanidad en mi continente se sumía en sueños y las estrellas permanecían como guardianes en el vasto cielo, me hallaba inmersa en la contemplación. La amarga anticipación de mi final se alzaba como un sabor inconfundible en mi lengua. Poseía un matiz familiar, similar al de un vino añejo, impregnado de notas de miedo y un sutil toque de consuelo.

Al borde del abismo de la vida, el velo que separa la existencia del olvido parecía casi transparente, y la seducción de lo desconocido ejercía un atractivo inquietante. Sin embargo, cada vez que pensaba que rendirme era mi única opción, surgía en mí una presencia majestuosa; una brasa resistente que se negaba a aceptar esos pensamientos. Viví el vertiginoso baile entre la alegría y el dolor, el amor y la pérdida, y descubrí que eran la alegría y el amor lo que no podía permitir que se desvanecieran.

Decidí que el final podía esperar.

Con la llegada del invierno, el brillo de las luces navideñas comenzó a titilar a nuestro alrededor, iluminando cada uno de nuestros pasos. Una noche, mientras decorábamos el árbol de Navidad, el seductor aroma de canela, calabaza y cardamomo despertó mis sentidos, llevándome a inhalar profundamente, como si esa respiración reafirmara mi conexión con la vida misma.

Esa inhalación contenía la esencia pura de la existencia. En ese instante fugaz, en medio de la niebla provocada por los medicamentos, vi con absoluta claridad los ojos de mi hijo reflejando las luces festivas. Sentí mi corazón latir de nuevo, con fuerza renovada. Sus ojos inocentes encarnaban la pureza y la bondad absolutas.

¿Alguna vez lo has sentido? ¿Has percibido el amor reflejado en la mirada de otro? ¿Has identificado ese instante preciso en el que comprendes, desde lo más profundo de tu ser, que tienes el poder de elegir?

En esos momentos, entendemos que podemos escoger el tipo de vida que queremos vivir. Y, sin importar cuán distraídos estemos, esos momentos siempre nos encontrarán.

La esencia de la vida está en las decisiones que tomamos

Un año después, mis médicos tratantes me dieron un nuevo diagnóstico, una condición que la medicina aún no comprendía del todo: el síndrome de dolor regional complejo (SDRC).

El SDRC es una forma de dolor que puede afectar un brazo, una pierna u otras partes del cuerpo. Su desarrollo se debe a una lesión o alteración en los sistemas nerviosos periférico y central. También puede aparecer después de una cirugía o un accidente cerebrovascular, y puede progresar hacia signos y síntomas más incapacitantes.

Por lo general, comienza en una extremidad. El dolor es abrumador y se mantiene en niveles intensos, acompañado de otros síntomas en la zona afectada, como cambios notables en la temperatura, las uñas, la piel, la densidad ósea y la masa muscular; hipersensibilidad al frío y al tacto; un dolor constante que arde o late; cambios en el color de la piel, que puede variar entre blanco manchado, rojo o azul; además de una hinchazón severa y debilidad.

El SDRC puede propagarse a otras áreas del cuerpo, como la extremidad opuesta. Aunque no es transmisible de una persona a otra, algunos médicos lo consideran irreversible. Recibir este diagnóstico es como escuchar: "Tienes un cortocircuito, pero lamentablemente no sabemos cómo solucionarlo."

Estaba decidida a superar el dolor y los síntomas. Pasé de depender de una silla de ruedas a usar un bastón y, poco a poco, volví a caminar con esfuerzo y determinación, aunque aún con cierta falta de equilibrio. El dolor en mi columna y en mi pie se volvió más manejable, pero seguía presente lo suficiente como para mantenerme en constante investigación.

A lo largo de los siguientes años, viví en modo de supervivencia, oscilando entre crisis debilitantes de SDRC y breves períodos de recuperación. A pesar de consultar a numerosos especialistas, sus pronósticos resultaban confusos y sus planes de tratamiento eran ineficaces. En ocasiones, incluso, sus métodos me causaron aún más daño.

Durante esta época, mi salud se complicó aún más debido a tres accidentes de tránsito que sufrí, cada uno de ellos agravando la condición de mi columna vertebral. Fue durante el tiempo en que trabajaba junto a médicos cuando ocurrió el último accidente automovilístico. Para entonces, la acumulación de lesiones en mi columna era tan considerable que comencé a percibir la situación como algo más que un simple evento físico. ¿Podría esto ser un reflejo de traumas? ¿Estarían estos patrones vinculados a una vida pasada, o acaso se trataba de la manifestación de alguna energía negativa a la que me aferraba sin saberlo?

Decidí cambiar mi enfoque hacia mi interior, buscando respuestas dentro de mí en lugar de depender de fuentes externas. Así comenzó un profundo viaje de autodescubrimiento. De manera sincronizada, *el Camino del yoga de la línea de transmisión de la vida* me encontró, mostrándome los beneficios de una alimentación basada en plantas y volví a conectar con el poder transformador de la meditación; una práctica profundamente familiar, parecida a la que había aprendido en mi niñez a través del método Silva.

Con esta realización, comenzó a resurgir una sensación de familiaridad, como un eco de algo largamente olvidado, un regreso a un lugar que no sabía que existía. Pude reconocer cómo anhelaba sentir mi corazón pleno, mi alma iluminada y mi cuerpo amado.

Ecos ancestrales

Las voces de nuestros ancestros resuenan a través del tejido del tiempo. Susurran verdades que trascienden las generaciones, enseñanzas antiguas que parecen haberse perdido, pero que laten paralelamente. Estos no son simplemente relatos de un pasado distante, son mapas espirituales; guías trazadas con la sabiduría que forjaron nuestras raíces.

Al abrirnos a esta información, recordamos quiénes somos en esencia. Cada historia, cada versión, cada enseñanza, es un hilo que nos conecta con un río de conocimiento eterno que fluye desde nuestros antepasados hasta lo más profundo de nuestro ser. Escucharles no es solo un acto de curiosidad, es un regreso al hogar.

Nuestros ancestros nos invitan a detenernos, a silenciar el ruido y a escuchar con nuestro cuerpo y corazón. Allí, en ese espacio sagrado de conexión, encontramos la llave para entender nuestra propia existencia.

Desde mi infancia en Colombia, he sostenido conversaciones místicas con los abuelos y taitas, reconociendo que todos poseemos dones excepcionales y que, con el conocimiento, podemos canalizar esa energía de manera poderosa. Desde muy pequeña, tuve la habilidad natural de ver y escuchar lo que otros no podían percibir. No soy la única; muchos miembros de mi familia poseen estos dones.

Cuando tenía apenas siete meses de edad, mi joven mamá me observaba hablar con los espíritus. Comencé a hablar antes de dar mis primeros pasos. Pasaba horas comunicándome con ellos, utilizando tanto mi voz como movimientos de mis manos, como si estuviera trazando puentes invisibles entre este mundo y el otro.

Con demasiada frecuencia, a los niños con capacidades psíquicas se les recetan medicamentos e incluso se los lleva a centros psiquiátricos. Crecí creyendo que algo andaba mal en mí y disfruté del método de mi psiquiatra de arrancar la curita de un solo jalón, y los efectos de las pastillas.

Durante mi recuperación de la cirugía de columna en California, visité cada iglesia, templo y escuela de pensamiento que encontré. Leí filosofía y escuché a maestros de diversas doctrinas y disciplinas. Sin embargo, en el fondo, seguía sintiendo que había algo mucho más grande, algo que no encajaba en esas estructuras. Por eso decidí regresar y reconectar con quienes llegaron a mi Tierra antes que yo.

Emprendí un viaje hacia los vibrantes paisajes de Colombia, sumergiéndome en la sabiduría de una cultura divina a través de taitas ingas. Durante ese año de descubrimiento, viví un sinfín de experiencias que me conmovieron profundamente, y me llevaron a comprender el amor incondicional y la conexión con nuestro planeta.

El yagé y otras plantas medicinales me ofrecieron expansión, llevándome a dimensiones de profunda transformación.

Esta experiencia inmersiva se convirtió en un catalizador para mi sanación, tocando lo más íntimo de mi ser físico, mental, emocional y espiritual.

Las plantas sagradas son un generoso regalo de la naturaleza, mejor apreciado bajo la guía de un "Guardián de la Sabiduría", alguien con experiencia, habilidad y pureza de corazón. Al acercarte a estos prodigios con respeto, una mente abierta y un corazón dispuesto, ingresas a un nuevo nivel de comprensión.

A lo largo de este fascinante proceso, me conecté con la cultura indígena, absorbiendo su sabia y reconfortante energía. Este encuentro me llevó a un viaje interno, donde exploré las partes fragmentadas de mi ser. Poco a poco, comencé a reconstruir las piezas de mi esencia. Mis habilidades psíquicas, antes dormidas, resurgieron como una melodía olvidada que, de repente, vuelve a sonar. En mi última "pinta", recibí un mensaje trascendental: mi camino con las plantas había llegado a su fin por ahora.

La sensación de déjà vu era certeza que resonaba en mi interior. Noté una mejora significativa en mi salud física, un regalo que llegó junto con mi transformación personal. Pero, lo más importante, desperté a una conexión profunda con la Fuente de energía, esa fuerza vital que sostiene al universo. El dolor me llevó a aprender de los taitas, que ampliaron mi entendimiento sobre la conexión entre cuerpo, mente y energía. Comprendí cómo la energía estancada afecta al sistema nervioso y cuán generosa es la naturaleza al ofrecer su apoyo.

Finalmente, me sentía fuerte. ¡Quería hacerlo todo! Así que, en un otoño al final de la década, regresé a Los Ángeles como madre divorciada, saludable y llena de vida. Un renovado entusiasmo por la vida me envolvía, impulsándome a participar en cada actividad que durante tanto tiempo me había negado. Mi mundo giraba en torno a ambiciones renovadas, la elegancia de unos tacones altos, una cascada de logros y un ardiente deseo de igualar la pasión de quienes me rodeaban.

Sin embargo, con el paso de los años, mi cuerpo empezó a resentir el impacto de ese ritmo frenético, enviándome claras señales de desgaste. Terca, elegí ignorar las súplicas de mi propio cuerpo.

Poco a poco, una necesidad creció en mí: una dependencia de cualquier cosa que pudiera apaciguar el dolor, silenciar las protestas de mi cuerpo y sosegar mis emociones. Busqué consuelo en lo que creía que perpetuaría la fusión con la esencia divina. ¿Y por qué no debería hacerlo? El atractivo de sentirse invencible en medio de la agi-tación era una ilusión demasiado tentadora para resistirla. Caí en el condicionamiento, dejando que dictara los ritmos de mi vida.

A medida que 2014 llegaba a su fin, después de unos años intensos de alto rendimiento y una dependencia cada vez mayor de los medicamentos recetados, regresé a un gélido hospital. Mi realidad se había transformado en un reflejo evidente de mi confusión interior: una marea de emociones reprimidas, una acumulación de traumas y una mente que había perdido la capacidad de encontrar calma.

Al salir del hospital, experimenté una descompensación emocional. Ya no podía más.

El dolor había regresado, y estaba enfrentando diversas complicaciones en mi columna y mi salud. Llegué a sufrir hasta veinte ataques de pánico al día. En aquel entonces, dirigía dos empresas, mantenía una vida social activa y cumplía con todas mis responsabilidades... o al menos eso era lo que la ansiedad me hacía creer.

Unos meses después, en la primavera de 2015, fui a recoger a mi madre al Aeropuerto Internacional de Los Ángeles. En uno de esos hermosos momentos en los que todo parece alinearse, un hombre estaba junto a ella en la acera, esperando su transporte. Cuando bajé del auto para recibir a mi mamá con un abrazo, vi sus ojos de seis colores mirándome, su rostro familiar y esa energía inconfundible que decía "te conozco".

¿Hemos estado aquí antes?

Rápidamente, se forjó una amistad entre nosotros. Joaquín viajaba acompañado por sus amigos Leonard Orr y Egbert Sukop, que dirigían un entrenamiento de alto nivel en las prácticas del renacimiento, tal como se enseña en *Rebirthing Breathwork International* (RBI), la escuela fundada por Leonard.

Joaquín me acompañó en mi primera sesión de respiración justo antes de partir, por un tiempo, hacia la Costa Este. Egbert se quedó con nosotros y asumió el rol de nuestro maestro de renacimiento. Durante los diez días siguientes, Adrián y yo nos dedicamos por completo a intensas sesiones diarias de respiración y a largas horas de estudio de esta práctica. Nuestro apartamento en Valley Village, comenzó a irradiar una energía renovada, como si se hubiera convertido en un auténtico vórtice.

Al tercer día, llamé a mi asistente para informarle que me tomaría un tiempo libre, sin una explicación lógica. No podía expresar con palabras lo que estaba sucediendo. En los días siguientes, regalamos la mayoría de los objetos de nuestra casa, incluidas nuestras camas. Muy pocas cosas parecían necesarias de conservar. Reorganizamos lo que quedó.

Era como si todos estuviéramos flotando en el espacio, sin nada que nos detuviera, simplemente en una caída libre amorosa y llena de apoyo. Experimenté profundas revelaciones, comprensiones, regresiones, descargas, activaciones de ADN, liberación de traumas de nacimiento, traumas generacionales y todo tipo de traumas.

Mi cuerpo estaba siendo inundado por una cascada de hormonas del bienestar: dopamina, serotonina, endorfinas, oxitocina. Era como si un torrente bioquímico llenara cada rincón de mi ser, envolviéndome en una sensación de plenitud y alegría indescriptible.

El proceso de la respiración energética tiene el poder de sacudirte desde lo más hondo de tu ser, ya sea en unos pocos días o incluso en una sola sesión. Un buen facilitador puede convertirse en un espejo que refleja el camino auténtico de nuestra vida.

En mis propias sesiones, los paradigmas se transformaron, y mi percepción se renovó una y otra vez. Solté la necesidad de resolverlo todo desde la mente y descubrí la tecnología innata que llevo dentro: una guía interna capaz de conducirme hacia las decisiones correctas en el momento preciso.

Mi visión interior se desplegó completamente, sincronizándome con la inteligencia infinita. Sentí cómo la energía creativa fluía a través de mí y hacia mí, revelando todas las respuestas. Todas las posibilidades, toda la energía pura del AMOR, se volvió casi tangible. Al observar mi respiración, experimenté el renacimiento.

Una nueva perspectiva
Somos seres multidimensionales viviendo una experiencia física.

Somos más que nuestro cuerpo físico. De todas las terapias que probé, esta fue la única que logró iniciar una evolución de manera natural. Me transformó con tal profundidad que la sanación se reveló como una consecuencia inevitable.

Nuestro sufrimiento, de manera intuitiva, nos conduce a sanar heridas ancestrales y a despertar al propósito esencial de nuestra existencia. Ahora, me había convertido en la expansión de la conciencia, y la respiración era mi puente hacia la Fuente.

La llama estaba encendida, y me sentía preparada para explorar aún más en este estilo de vida, tan antiguo como renovador.

En el verano de 2015, Joaquín y yo decidimos fortalecer nuestra conexión. Aunque ya nos habíamos dado un beso anteriormente, esta sería nuestra primera experiencia viajando juntos al retiro y entrenamiento de Respiración Rebirthing en Sierraville, California, dirigido por Leonard. Este icónico retiro, que ha sido un referente por décadas, reúne a una hermosa comunidad de personas con intereses afines provenientes de todas partes del mundo.

Durante el entrenamiento, se promueve una conexión más profunda con los efectos fisiológicos del renacimiento, complementando este aprendizaje con demostraciones de técnicas de respiración en agua tibia y fría. Además, se enfatiza la importancia de la purificación espiritual diaria utilizando los elementos esenciales: tierra, aire, agua y fuego. Estos elementos son considerados claves para alcanzar longevidad y vivir en equilibrio.

Más adelante, durante el otoño, mi hijo Adrián viajó a la Universidad de Inspiración, en Waynesboro, Virginia, para estudiar técnicas de respiración bajo la mentoría de Leonard, Joaquín y Egbert. En los años siguientes, Joaquín y yo apoyamos a Leonard en sus entrenamientos de Respiración Energética y Consciente, tanto en Los Ángeles como en Ojai, mientras continuábamos enfocados en ampliar nuestro conocimiento.

Leonard partió de este plano el 5 de septiembre de 2019, en Asheville, Carolina del Norte, dejando un legado invaluable: su sabiduría, cuidadosamente plasmada en sus libros para inspirar a sus estudiantes en todo el mundo.

Desde su partida, hemos seguido profundizando en su obra y trabajando junto a reconocidos investigadores, médicos, maestros espirituales y expertos en el arte de la respiración. Este camino se ha enriquecido con valiosos aportes provenientes de diversas disciplinas y filosofías.

En el proceso, creamos una biblioteca de técnicas de sanación que no solo nos ayudaron a crecer individualmente, también fortalecieron nuestro sentido de comunidad. A partir de estas experiencias, Joaquín y yo desarrollamos una práctica integral fundamentada en la autoobservación y la exploración de la conciencia a través de la maestría en la respiración.

Estoy convencida de que esta práctica es una evolución natural de todo lo que aprendimos de tantas personas alrededor del mundo, adaptada a nuestras vivencias y a las de nuestros estudiantes.

Es nuestra manera de aportar a un nuevo paradigma de pensamiento, en sintonía con los cambios constantes de un mundo que siempre está transformándose.

Hemos compartido "La Respiración Mana Universal" a través de conferencias, seminarios, *webinars*, talleres, retiros y sesiones individuales y grupales, conectando con estudiantes de todas partes del mundo. Muchas de las herramientas que hoy utilizamos son también los pilares de este libro, y las irás recibiendo como un legado en movimiento a lo largo de los próximos capítulos.

Incorporando la respiración energética en nuestras vidas

"Nuestra transformación interior se refleja en la transformación del mundo."

- Mana Universal

Este libro te invita a descubrir el arte de la autosanación y la transformación, accediendo a estados más elevados de conciencia a través del poder de tu respiración.

Respirar marca nuestra llegada a este mundo y también nuestra despedida. Es el primer acto que realizamos al nacer y el último que llevamos a cabo al partir. La 'Respiración Energética' trasciende el acto de respirar: es el arte de canalizar la fuerza vital que habita en nosotros. Hacerlo con conciencia no es solo oxigenar el cuerpo, es activar nuestra energía. Esta práctica conecta y armoniza el flujo del aire y la energía, porque no es simplemente una función fisiológica. Es una fuerza vital, profundamente transformadora, capaz de moldear nuestra realidad.

La respiración consciente de energía consiste en movimientos oscilatorios. Es consciente porque nos enfocamos únicamente en nuestra respiración, y es circular porque fusionamos la inhalación con la exhalación, y luego la exhalación con la inhalación, evitando cualquier interrupción entre ellas.

Es continua porque respiramos durante períodos prolongados de tiempo. Quizás sea la técnica más valiosa que los seres humanos pueden dominar. Nos permite recuperar nuestra capacidad reprimida de respirar libremente y liberar antiguos patrones y restricciones que hemos acumulado desde el inicio de nuestra vida debido a pensamientos negativos, estrés, miedo, trauma, ansiedad, hábitos, postura y otros factores.

Opera en un nivel sutil, pero profundamente transformador, pues ayuda a que el sistema nervioso de tu cuerpo pase de un estado de tensión a uno de relajación. Recuerda que muchos de los problemas de salud que enfrentamos hoy en día tienen su origen o se agravan por el estrés, una respiración inadecuada o un desequilibrio en la oxigenación.

Respirar es más que una función básica; es la esencia de tu bienestar y la clave para una vida más larga y plena. La respiración conectada, consciente, lenta y rítmica te brinda la capacidad de enfrentar las situaciones externas con calma. Elegir responder de manera diferente, una y otra vez, marca el inicio de nuevos patrones y abre las puertas a un estilo de vida más equilibrado y consciente.

Es un enfoque simple, que te da el poder de tomar el control de tu propio proceso de aprendizaje y sanación. No se trata de recibir tratamientos pasivos, sino de sumergirte en una exploración activa que transforma la manera en que piensas y respondes ante la vida. La forma en que inhalas refleja tu capacidad de recibir, mientras que la forma en que exhalas simboliza tu habilidad de soltar y liberar aquello que ya no necesitas.

Basta con observar cómo respira una persona para descubrir los retos que enfrenta.

Todos llevamos dentro un profundo anhelo de descubrir nuestro verdadero ser.

Ese ser auténtico está oculto bajo capas de condicionamientos, traumas y creencias limitantes, esperando pacientemente a que le prestemos atención. De hecho, siempre está allí, clamando por ser escuchado, deseando que lo encontremos.

Cuando nos abrimos a ver quiénes somos realmente en esos estados elevados de conciencia, accedemos a fuentes de dicha, plenitud y resiliencia. Recuperamos la fuerza para vivir con pasión y sin miedo, y encontramos nuestra voz auténtica.

Este estado de alta vibración no es un logro permanente ni un título que podamos obtener para siempre. La iluminación es un proceso constante, una experiencia que se renueva cada día. La respiración es el puente hacia el momento presente y la puerta de acceso a la inteligencia infinita. Es el camino hacia un alineamiento constante con nuestro ser más elevado. La Respiración Mana Universal es la forma en que nos observamos a nosotros mismos, una práctica diaria más que un camino hacia logros específicos.

El método consiste en técnicas cuidadosamente seleccionadas que integran la respiración con el uso espiritual de nuestra mente y cuerpo. El Mana Universal es el medio que nos mantiene en el camino: un camino de menor resistencia, mayor aceptación y más disfrute.

Es una herramienta diseñada para empoderar nuestra vida, acercarnos a Dios y ayudarnos a navegar los contrastes que la existencia nos presenta.

Renacidos

Renací en el año 2015. Me sentía renovada y, aunque mi vida había cambiado por completo, comprendí que algo más estaba obrando este milagro. Pero, ¿qué era?

Hay algo más grande que nuestras prácticas, relaciones románticas y circunstancias, e incluso más trascendental que nuestro propósito. Es el hecho de que somos cocreadores, y estamos manifestando algo de manera constante.

No necesitamos aprender a crear o manifestar; esto es algo automático, ya está integrado en nosotros, pero lo hemos olvidado. Lo verdaderamente importante es tomar mayor conciencia de cómo lo hacemos, para así revelar lo que realmente deseamos, en lugar de materializar nuestras creencias inconscientes.

La clave está en comprender un concepto simple y profundamente poderoso: aprender a sintonizar nuestra propia energía para alinearla con la de nuestros sueños y deseos. Muchos de nosotros tendemos a imaginar que nuestros anhelos son como aves exóticas, traídas desde tierras lejanas. Cuando soltamos algo, pensamos que se aleja volando, desapareciendo de nuestro mundo.

Sin embargo, no es así como realmente funciona. Nuestros deseos no se esfuman hacia un lugar distante, ni llegan desde el espacio exterior. Más bien, se comportan como camaleones, adaptándose y transformándose dentro del colorido paisaje de la energía que da forma a nuestra vida. No necesitamos sacar las cosas de la nada con solo pensarlas, porque todo lo que queremos o necesitamos ya está aquí, esperando pacientemente en nuestro campo cuántico.

Nuestro potencial, nuestras pasiones, nuestra riqueza y nuestra salud: todo esto forma parte de ese campo. Así como todas las tierras están conectadas por los siete mares y todas las regiones comparten un mismo cielo, nosotros también estamos entrelazados por esta red invisible de energía.

Lo único que debemos hacer es calibrar nuestra frecuencia para permitir que esos deseos se manifiesten en nuestra realidad. La respiración es la herramienta más práctica y poderosa para lograrlo.

Todas nuestras posibles vidas futuras, pasadas y todo lo que está a nuestro alcance se encuentra contenido en el momento presente. La respiración actúa como un puente que nos conecta con un estado de conciencia en el que estamos en sintonía con este instante único.

El amor, en todas sus expresiones, así como la alegría, la felicidad, la creatividad, la pasión, la plenitud y la libertad, son distintas formas de manifestar la vibración de nuestro ser auténtico.

Nuestra frecuencia es esa energía resonante, esa vibración única que nos identifica como un aspecto singular y, al mismo tiempo, como parte de un todo.

Podemos aplicar esa frecuencia característica a aquello que nos genera una inmensa emoción o alegría, sin expectativas ni suposiciones sobre el resultado; sino permitiendo que la sincronía revele las oportunidades que encierra. Cuando dejamos que la alegría sea nuestra guía, descubrimos que puede actuar como la fuerza impulsora, el principio organizador y el hilo conductor hacia todas las demás expresiones del amor.

La alegría también funciona como un espejo que nos muestra lo que está fuera de alineación con esa frecuencia, permitiéndonos identificarlo y reajustarnos, expandiendo así nuestra vida.

Al permitirnos vivir de esta manera, notaremos que nuestra vida se transformará en una explosión de sincronicidades, y cosas mágicas comenzarán a suceder a nuestro alrededor, porque la magia es la esencia misma de la existencia. Los milagros son el orden natural de las cosas, no la excepción.

Así es como funciona esta atracción y manifestación: al reconocer que ya estamos emitiendo, que ya estamos irradiando una vibración alineada con nuestro ser superior, entendemos que esa vibración está haciendo todo lo posible por atraer todo aquello que representa esa frecuencia.

A menudo, nuestras mentes se transforman en un torbellino de incertidumbres y "¿qué pasaría?". Estas inquietudes pueden girar incontrolablemente de una preocupación a otra, como una tormenta desatada. En un momento, te angustia la fecha límite para entregar un proyecto; al siguiente, reflexionas sobre una discusión reciente con alguien; y, de repente, te encuentras cuestionando tu trayectoria profesional o el futuro del medio ambiente.

Este espiral mental descontrolado puede resultar abrumador y angustiante. Sin embargo, la clave para transformar estas ideas en una fuente de inspiración radica en nuestra perspectiva. Al replantear estos pensamientos y enfocarnos en las soluciones en lugar de los problemas, podemos aprovechar esa energía y canalizarla hacia procesos constructivos. Una fecha límite de trabajo se convierte en una oportunidad para demostrar nuestras habilidades y dedicación; un desacuerdo con un amigo se transforma en un momento de crecimiento personal y mejora la comunicación; y las preocupaciones laborales se convierten en la motivación para adquirir nuevos conocimientos y desarrollar competencias.

De esta manera, podemos convertir los pensamientos caóticos que nuestra mente genera en catalizadores de acción positiva e inspiración. Hacemos esto a través de nuestra respiración. Cada inspiración encierra renacimiento, creación, despertar, transmutación y transformación. Nuestra percepción y realidad pueden cambiar al ritmo de nuestros latidos, ya que la realidad es un reflejo de nuestros pensamientos y emociones. Al observarla, podemos descubrir los patrones que hemos creado a partir de creencias limitantes.

Cuando tenemos pensamientos densos, podemos observarlos y preguntarnos: ¿Cómo me hace sentir este pensamiento? ¿Es este pensamiento verdadero? ¿Cómo me sentiría en este momento si redirigiera mi atención? ¿Por qué estoy apegado a este pensamiento?

Toma una respiración profunda y reemplázalo por un pensamiento que regule las mariposas en el estómago; dicho de otra manera, que active tu corazón y tu plexo solar. Puede ser la imagen de un ser querido o una situación especial. Respira profundamente, diez veces, como si estuvieras respirando a través del corazón mientras te concentras en la gratitud.

Si te resulta difícil pensar en algo diferente, haz una pausa, cambia de actividad, aunque sea por unos minutos, o, si tienes más tiempo, toma un baño, sal a caminar o haz una siesta. No tiene sentido negar la resistencia; puedes observarla y, con suavidad y sin juzgarte, dar pequeños pasos para transformarla.

Los altibajos y la polaridad pueden ayudarnos a expandirnos. Venimos a este mundo para aprender a través de los cambios, y los contrastes pueden ser una oportunidad creativa. La verdad, muchas veces, se encuentra en los matices del gris. No necesitamos quedarnos atrapados en el drama de la situación o en la exaltación de la emoción, ni caer en la exigencia y la culpa cuando vivimos situaciones que no deseamos. La vida puede ser sencilla si permitimos que nuestras bendiciones se manifiesten. No hay carencia de nada, porque todo ya está presente en nuestro campo cuántico.

Imagina elementos de una frecuencia específica listos para manifestarse en nuestras vidas, pero son retenidos. Nuestras propias creencias actúan como guardianes en la puerta, bloqueando inadvertidamente aquello que más anhelamos.

No se trata de dominar una misteriosa ley de atracción, sino de convertirnos en hábiles directores de nuestra propia sinfonía energética, orquestando un intercambio armonioso entre nosotros y el universo.

Nuestra esencia vibra con una frecuencia única, afinada para atraer ciertas experiencias a nuestra vida. Sin embargo, existen vibraciones que no están en sintonía con nuestra melodía. A menudo nos aferramos a estas por hábito, miedo o falta de comprensión, distorsionando nuestra armonía.

Aquí es donde entra el arte de la exhalación: un proceso de purga, una liberación de esas vibraciones disonantes que ya no le sirven a nuestra canción.

Por su parte, la inhalación es el acto de dar la bienvenida, de invitar a las melodías que están esperando, listas para unirse a nuestra sinfonía.

El trabajo con la respiración es una parte poderosa del proceso, pero va más allá de los simples ritmos respiratorios. Esta práctica nos invita a un viaje de autodescubrimiento, impulsándonos a ser genuinamente nosotros mismos, a vivir plenamente en el presente y a honrar la vibración única que nos define. Al hacerlo, creamos una resonancia armoniosa que permite que los elementos en sintonía con nosotros se manifiesten físicamente en nuestras vidas, transformando nuestro mundo en una sinfonía de experiencias que realmente reflejan quiénes somos.

¿Cómo podemos llevar estos conceptos a la práctica diaria?

Aprender a respirar conscientemente y vivir en un estado de gratitud es un buen comienzo. Saber que la felicidad es una elección y el amor una decisión te otorgará libertad.

No estás condenado a nada, ni genética ni energéticamente; no eres tus circunstancias ni tus posesiones. Tu vida es como un lienzo, y uno de los resultados de actuar desde un estado de amor y gratitud es el aumento de la sincronicidad, donde todo ocurre en el momento adecuado. Y cuando no sea así, debemos tener fe y confiar en nuestro camino, pues nuestra alma hizo acuerdos para vivir estas lecciones mucho antes de nacer.

El propósito de nuestra vida reside en la alegría de conocernos a nosotros mismos, a los demás y en el impacto que tenemos sobre ellos, permitiéndonos sorprendernos en el proceso.

A estas alturas, probablemente te estés preguntando: "pero ¿Cómo?". Pues bien, puedes empezar dándote la oportunidad de vivir tu vida desde una zona auténtica. Comienza aceptando lo que es y elevando tu frecuencia; el resto llegará por sí solo.

La autenticidad consiste en la presencia, en vivir el momento con convicción y confianza, manteniéndonos fieles a nuestro espíritu.

Siempre tienes una elección: el miedo o el amor. Ser feliz es una elección, el amor propio y la gratitud son elecciones, al igual que la bondad. Lo mismo aplica a la forma en que tratamos nuestro cuerpo, cómo nos percibimos a nosotros mismos y cómo interactuamos con los demás. Nuestros pensamientos, palabras, emociones y acciones cuentan, y todos son igualmente importantes para la maestría de nuestra energía.

Tenemos poco control sobre las circunstancias externas, pero cómo nos sentimos y lo que elegimos hacer con ellas depende completamente de nosotros. Debemos sentir alegría; es nuestro derecho de nacimiento, y debemos regresar a ese estado de gozo cada vez que nos alejemos de él, porque así es como elevamos nuestra frecuencia, a través de una emoción elevada. Y es desde ese lugar desde donde queremos crear nuestra realidad, no desde las frecuencias más bajas.

La verdad puede ser un catalizador: una verdad hermosa, una verdad dolorosa, una verdad caótica, dificultades genuinas, desafíos, los contrastes de la vida, los altos y bajos, lo profundo y lo superficial, todo.

Aun así, contamos con recursos como los elementos para limpiar nuestra energía y comprender las leyes de la naturaleza a través de estas experiencias humanas. El fuego para quemar lo irrelevante, la respiración para moverlo, las lágrimas para regarlo, la tierra para enraizarnos como los altos árboles, y el espacio como vacío luminoso, que es la base de las experiencias espirituales más elevadas.

En estas páginas, exploraremos ideas y prácticas que te invitarán a cuestionar todo lo que percibes, ves y sientes. Estas te ayudarán a despejar tu mente y a convertirte en la persona alegre, flexible y resiliente que naciste para ser.

Realidad

Los Ángeles, California no es un cliché; es un vórtice. Tal vez porque se encuentra en una región geológicamente activa, donde convergen fuerzas tectónicas que despiertan una energía singular, palpable en cada rincón. Aquí, las personas viven impulsadas por una creatividad desbordante, y como resultado, muchas logran materializar la vida que han soñado: una existencia más libre, más auténtica. Lo percibo en cada calle, en cada mirada. Gente de todos los rincones del mundo converge en esta ciudad, compartiendo ideas, construyendo sueños y sembrando esperanzas.

Es un crisol de aspiraciones, un espacio donde la magia se manifiesta y lo imposible se transforma en posibilidad.

Medellín no es una ciudad peligrosa; es un eterno paraíso de primavera. Una tierra vibrante donde el amor, la cultura y el color florecen con generosidad. La calidez humana se refleja en cada sonrisa y en cada gesto amable. El aroma a buñuelo recién hecho y el dulzor del guandolo nos guían como una memoria sensorial profundamente arraigada.

¿O acaso eso es simplemente lo que elijo ver? Tal vez la percepción de nuestro entorno sea, en esencia, un reflejo de nuestro estado mental y emocional.

Imagina que tienes un olfato extraordinario, capaz de distinguir cada nota en un perfume, de detectar el rastro de una flor llevada por el viento... y aun así decides enfocar tu atención en el olor de los desechos. Es una elección, ¿verdad? Podemos pasar nuestros días en esta Tierra culpando, quejándonos y luchando contra todo y todos, o podemos decidir crear y atraer aquello que verdaderamente anhelamos.

Porque para transformar el mundo, primero debemos transformarnos a nosotros mismos.

Moldear nuestra realidad implica refinar la percepción de todo lo que experimentamos. Sin embargo, para desarrollar esta capacidad y convertirnos en un canal para una fuerza suprema, necesitamos alcanzar un estado de claridad. Para ello, recurrimos a prácticas que nos permiten limpiar nuestro cuerpo físico, nuestro cuerpo emocional y nuestro cuerpo energético.

Quizás mis palabras te resulten familiares, o tal vez sea difícil imaginar cómo sería sentirse en paz de manera constante. Y está bien, porque la permanencia no existe.

Incluso los maestros más sabios atraviesan desafíos profundos: enfrentan crisis de salud, dificultades en sus relaciones o tensiones financieras.

Y, aun así, se permiten sentir lo que necesitan sentir. Es momento de soltar las ideas de castigo, la vergüenza y las expectativas irreales de un éxito impecable.

Todos estamos aquí para aprender una lección. El universo es una proyección multidimensional de nuestra conciencia, y cada persona que conocemos representa una manifestación distinta de nuestro proceso de despertar del espejismo de la separación.

Las emociones son una parte fundamental de la experiencia humana. No se trata de negar la existencia del dolor, la pérdida, la tristeza o el miedo. Fingir que no existen es caer en la negación. La verdadera transformación comienza cuando dejamos de preguntarnos "¿Por qué me está pasando esto a mí?" y comenzamos a preguntarnos "¿Qué me está enseñando esto?" Amar a alguien implica asumir la responsabilidad por el impacto que generamos, no solo por nuestras intenciones. No se trata de encajar con un tipo ideal de persona, sino de aprender a sintonizarnos con su frecuencia para poder sentirla auténticamente. El reto real está en transmutar nuestras emociones y los pensamientos que las originan en energía alineada con nuestra versión más elevada, más consciente y más compasiva.

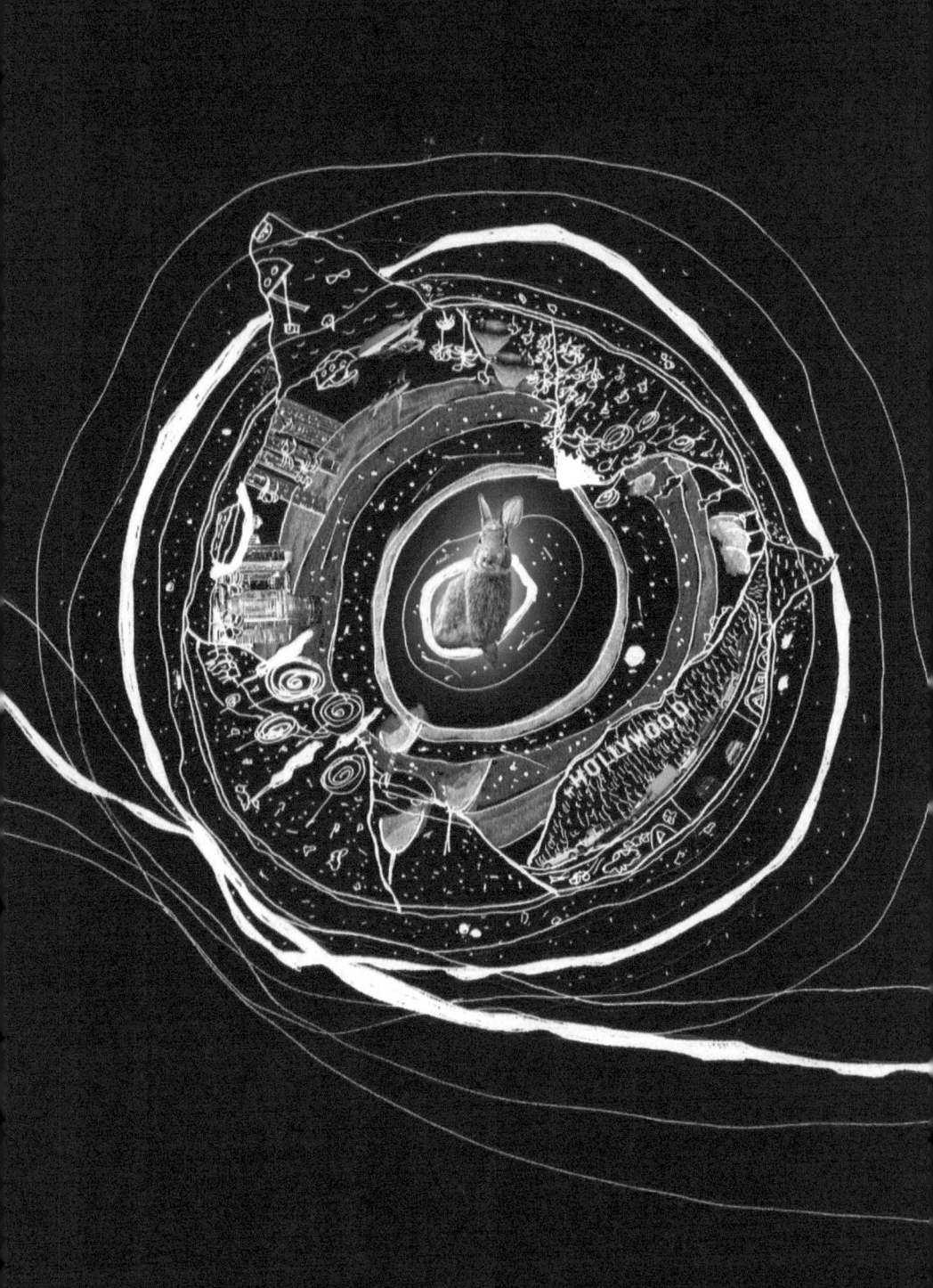

CAPÍTULO 2

Observando el cuerpo

El cuerpo humano

La vida mejora cuando aprendemos a confiar en esos desvíos inesperados, guiados por la sabiduría interior que, de forma sutil, nos orienta hacia donde verdaderamente necesitamos estar. Tu brújula interna —una combinación de intuición, experiencia y señales somáticas— sabe más de lo que imaginas. A menudo, las curvas, las pausas y los cambios de dirección contienen las lecciones más significativas para tu evolución personal. Y tu cuerpo, con su inteligencia biológica, lo reconoce incluso antes de que tu mente lo comprenda. Tómate un momento para apreciar la magnificencia de tu ser, para deleitarte con el milagro que eres. No eres simplemente una colección de células y órganos; eres una obra maestra de la naturaleza, única e irrepetible.

Cada respiración es un recordatorio del poder que reside en ti, de la sabiduría infinita que tu cuerpo alberga. Tu cuerpo no es simplemente un vehículo para tu espíritu, sino un aliado constante en tu travesía por la vida. Es tu brújula interior, tu sistema de guía, una tecnología biológica de extraordinaria precisión.

Ha llegado el momento de honrarlo, de celebrar la belleza que lo habita y reconocer los dones únicos que aportas al mundo. Tus emociones, tu intuición y tu resiliencia no son señales de fragilidad, son expresiones auténticas de tu fuerza vital.

Tómate un instante para percibir el ritmo de tu cuerpo, para sintonizar con las fuerzas naturales que te rodean. Permítete asombrarte ante la complejidad y la belleza de tu humanidad, y reconoce con gratitud la maravilla que eres.

La sanación está profundamente vinculada a las frecuencias y a las vibraciones. Muchos fenómenos que no siempre podemos medir, ver o tocar se manifiestan, sin embargo, en el cuerpo como síntomas o desequilibrios.

La consciencia —esa capacidad de percibir, integrar y transformar— es, en última instancia, la que dirige el proceso de sanación y determina su curso.

Juntos, podemos imaginar y construir una realidad nueva: una humanidad más consciente, libre del sufrimiento innecesario, capaz de trascender incluso las fronteras de este mundo. Porque eres mucho más de lo que alguna vez te dijeron. Eres una expresión viva de la posibilidad infinita.

Longevidad

Nos sentimos fascinados por el concepto de la juventud eterna y la posibilidad de una existencia sin fin en el planeta Tierra. Aunque el envejecimiento es un proceso natural e inevitable, la ciencia ha demostrado que podemos influir mediante elecciones de vida conscientes, promoviendo energía, vitalidad, bienestar físico y claridad mental.

Como arquitectos de nuestras experiencias y guardianes de la Tierra, podemos diseñar hábitos que optimicen nuestra longevidad, mejoren la calidad de vida y favorezcan el equilibrio en los ciclos de crecimiento y regeneración celular. A través de este enfoque, podemos disfrutar de una vida vibrante y saludable, preservando nuestra agudeza mental y fortaleza física; mientras abrazamos con plenitud cada etapa de nuestra existencia.

El sistema de diseño humano plantea que los seres humanos tienen el potencial de disfrutar de una vida saludable durante un mínimo de ochenta y cuatro años. Esta teoría se basa en la correlación entre nuestros cuerpos y el ciclo de ochenta y cuatro años del planeta Urano, lo que sugiere que el declive físico debería iniciarse solo después de alcanzar este hito.

Sin embargo, vivir de manera fiel a nuestra esencia puede ampliar significativamente este potencial de longevidad. Nuestro cuerpo alberga un sistema de defensa antioxidante que actúa como una fuente natural de juventud, ayudando a preservar nuestra vitalidad.

La longevidad y la capacidad de combatir y eliminar virus no se limitan únicamente a seguir una dieta equilibrada o mantener rutinas de ejercicio. Estas prácticas son esenciales, pero el verdadero enfoque debe dirigirse hacia el cuidado integral que fomente la regeneración celular.

La pregunta fundamental es: ¿Estamos realmente haciendo todo lo que está a nuestro alcance para promover la regeneración de nuestras células?

Observando el trauma

El trauma no siempre resulta evidente. A menudo, se oculta en los rincones más profundos de nuestra mente, disfrazado como patrones de comportamiento que hemos llegado a aceptar como normales. Sin embargo, si nos detenemos a observar con atención, descubriremos que estas heridas emocionales influyen en nuestra percepción del mundo, en cómo interactuamos con los demás y, sobre todo, en la manera en que nos tratamos a nosotros mismos.

La relación entre el cuerpo y la mente es tan compleja como fascinante: cuando el cuerpo experimenta una sensación de seguridad, esta se extiende a cada aspecto de nuestro ser.

Nuestros cuerpos son guardianes de memorias, archivos vivientes de experiencias pasadas que nos ofrecen pistas para entender el presente y anticipar las posibilidades del futuro. Con el paso del tiempo, el cuerpo nos envía mensajes neurobiológicos que condensan la esencia de nuestra existencia. Estas señales no solo narran nuestra historia, también nos inspiran a explorar el vasto potencial de lo que podemos llegar a ser.

Uno de los ejemplos más reveladores de esta conexión se refleja en la forma en que el cuerpo y la mente responden al trauma. Los acontecimientos de la vida, las heridas emocionales y, especialmente las experiencias traumáticas, dejan marcas profundas que moldean patrones persistentes en nuestros comportamientos y en nuestras respuestas fisiológicas.

Las vivencias que hemos atravesado, en particular las traumáticas, suelen resonar en nuestro ser físico de diversas formas. Estas pueden manifestarse como dolores crónicos o desencadenar respuestas emocionales cuando enfrentamos estímulos que evocan el recuerdo del evento traumático.

Un ejemplo claro de esto es mi último accidente automovilístico. El impacto no solo dejó una huella mental, sino que quedó grabado en mi cuerpo. Tras el incidente, comencé a experimentar ansiedad y molestias físicas cada vez que un vehículo se acercaba rápidamente. Era como si mi cuerpo hablara, recordando el trauma a través de estas sensaciones físicas, reflejo de patrones emocionales y neurológicos originados por aquel evento.

Al comprender esta conexión entre las experiencias físicas y la información que nuestro cuerpo almacena, podemos reconocer que el camino hacia el bienestar comienza escuchando estos mensajes. Debemos prestar atención a las señales y esforzarnos por entender los patrones crónicos que puedan estar presentes.

Solo mediante un esfuerzo consciente podemos transformar esos viejos esquemas en otros más positivos y saludables.

En mi caso, mi camino hacia la sanación comenzó con la práctica de la respiración consciente. Al enfocarme en esto, pude observar el origen de mi dolor, lo que me permitió liberarlo emocional y físicamente; pues se había vuelto una constante en mi vida. También me brindó la oportunidad de experimentar mi cuerpo de una forma completamente nueva. Mientras más practicaba, más notaba cómo mi percepción del dolor físico se transformaba, disminuyendo de forma gradual.

Al profundizar en esta conexión, descubrí un auténtico sentido de compasión hacia el dolor que había cargado en silencio durante tantos años. Ya no era algo que debía reprimir o del que debía huir; en cambio, se transformó en una valiosa oportunidad para crecer. Esta renovada perspectiva, junto con la compasión que emergió, reveló una faceta oculta de mi identidad, iluminando mi capacidad para sanar, evolucionar y transformar mi vida.

El trauma y la comprensión de sus efectos en nuestro bienestar

Aunque a simple vista puede parecer que hemos sanado, muchas veces las marcas del trauma persisten, escondidas en lo más profundo de nuestro ser, afectando la manera en que pensamos, sentimos y actuamos.

Todos, en algún momento de nuestras vidas, enfrentamos algún grado de trauma. Puede tratarse de la pérdida repentina de un ser querido, un accidente, un desastre natural, una infancia difícil o incluso el sufrimiento continuo causado por el abuso. Sin importar su origen, el trauma puede dejar huellas duraderas en nuestro bienestar mental, físico, social, emocional y espiritual. Reconocer estas experiencias es el primer paso hacia la sanación, una oportunidad para transformar el impacto del trauma en crecimiento y fortalecimiento del espíritu.

Cuando enfrentamos un suceso traumático, el sistema nervioso activa la liberación de hormonas como el cortisol y la adrenalina, fundamentales para la respuesta de lucha o huida. Este proceso fisiológico es una adaptación evolutiva que permite responder eficientemente ante situaciones de peligro inminente. No obstante, la exposición sostenida a estos compuestos químicos puede impactar negativamente el desarrollo neurológico y deteriorar habilidades cognitivas esenciales.

Entre las afecciones psicológicas más conocidas asociadas con experiencias traumáticas se encuentra el trastorno por estrés postraumático (TEPT). Esta condición, derivada de vivencias directas o indirectas de eventos perturbadores, puede manifestarse a través de síntomas persistentes como evocaciones involuntarias, angustia crónica, estados depresivos y alteraciones del sueño.

El trauma puede alterar significativamente los mecanismos cerebrales implicados en el procesamiento y almacenamiento de recuerdos. Las vivencias traumáticas suelen quedar registradas de manera fragmentada, a menudo en forma de imágenes o sensaciones somáticas, que puede activarse ante determinados estímulos, generando episodios de reviviscencia o estados de desconexión emocional.

Asimismo, el trauma impacta profundamente en la autoimagen, en la regulación emocional frente al estrés y en las dinámicas interpersonales. Muchas personas desarrollan conductas adictivas como un medio para mitigar emociones difíciles y patrones de pensamiento negativos vinculados a heridas psicológicas no resueltas.

Los efectos del trauma no se limitan únicamente a quien lo vive; también pueden trascender generaciones. Esta impresión puede dejar una marca epigenética en nuestros genes que se transmite a las generaciones futuras. Aunque no genera una mutación genética, sí puede modificar cómo se expresan los genes, aumentando el riesgo de desarrollar condiciones de salud mental como la ansiedad y la depresión en los descendientes. Ahora bien, hay esperanza. El cuidado informado sobre el trauma es un área de conocimiento en constante avance que nos brinda herramientas para comprender mejor cómo apoyar a aquellos que han atravesado experiencias difíciles.

Este enfoque reconoce que el trauma no solo afecta a la persona directamente, también al entorno que la rodea y a las relaciones que cultiva. Su propósito es ofrecer espacios seguros, llenos de comprensión y apoyo, donde se fomente la sanación y la resiliencia, siempre respetando la profundidad y complejidad de sus efectos.

Si estás enfrentando los efectos del trauma, quiero recordarte que no estás solo o sola. Buscar el apoyo de un profesional de la salud mental especializado en cuidado informado sobre el trauma puede marcar la diferencia. Con el acompañamiento adecuado, es posible sanar, recuperar el equilibrio y transformar tu bienestar. La sanación puede tomar tiempo, pero con los recursos correctos y el apoyo necesario, el camino hacia una vida más plena es absolutamente posible. Te mereces esa oportunidad.

Tipos de Trauma

En la vida, todos enfrentamos desafíos que dejan marcas indelebles en nuestra esencia. Estas huellas, profundas o sutiles, son lo que llamamos traumas.

No todos los traumas se manifiestan de la misma manera ni generan el mismo impacto en cada persona. Sin embargo, reconocer y comprender los distintos tipos de trauma es un paso fundamental hacia la sanación y el crecimiento personal.

Hoy te invito a abrir tu corazón y tu mente para explorar juntos esas experiencias que, aunque dolorosas, pueden convertirse en catalizadores de fortaleza, claridad y transformación.

El trauma puede describirse como la respuesta emocional a un evento que desborda nuestra capacidad de afrontarlo, generando un impacto significativo en nuestra psique. Según la psicología y la neurociencia, los traumas pueden clasificarse en tres categorías principales: trauma agudo, trauma crónico y trauma complejo. Cada uno afecta a las personas de manera única, dependiendo de su historia personal, su contexto y sus recursos internos para enfrentarlo.

Trauma agudo: Imagina que alguien camina tranquilamente por una calle cuando, de repente, un ave grande lo ataca sin previo aviso, causándole un corte profundo en el brazo. Es un evento único, inesperado y abrupto que genera una respuesta inmediata de alarma y estrés y suele estar relacionado con situaciones aisladas, como accidentes, desastres naturales o agresiones.

Trauma crónico: Ahora, piensa que esa misma persona debe recorrer la misma calle todos los días durante una semana, y cada vez el ave lo ataca, dejándole nuevas heridas y moretones. El trauma crónico es una experiencia traumática que se repite de manera constante, acumulando daño físico y emocional a lo largo del tiempo. Este tipo de trauma es común en situaciones como el abuso prolongado, la negligencia o la exposición constante a entornos hostiles.

Trauma complejo: Finalmente, imagina que, además del ataque del ave, esta persona enfrenta un vecino que lo insulta cada vez que lo ve o un jefe en el trabajo que lo menosprecia y abusa de su posición de poder. Este escenario representa el trauma complejo o la combinación de eventos traumáticos, frecuentemente de origen interpersonal, que pueden generar un sentimiento de indefensión profunda. Este tipo de trauma es particularmente desafiante porque afecta múltiples dimensiones de la vida de quien lo experimenta.

Entender los diferentes tipos nos permite abordar sus consecuencias con mayor claridad y compasión, tanto hacia los demás como hacia nosotros mismos. Las experiencias traumáticas no solo afectan nuestra salud mental, sino que pueden influir en nuestra percepción del mundo, relaciones y capacidad de afrontar futuros desafíos.

Aunque el trauma puede dejar cicatrices profundas, también nos brinda la oportunidad de sanar y crecer. Con el tiempo y los recursos adecuados, es posible transformar estas experiencias en herramientas para el fortalecimiento personal. Desde la terapia psicológica hasta prácticas como la meditación, el arte y el apoyo comunitario, existen múltiples caminos hacia la recuperación. Te invito a reflexionar sobre las siguientes formas de trauma desde una perspectiva de empatía y apertura.

Heridas de la infancia: Las experiencias traumáticas en la niñez, como el abuso, la negligencia o ser testigos de la violencia, pueden dejar cicatrices que resuenan en nuestro desarrollo emocional y psicológico, moldeando nuestra esencia de maneras inesperadas.

El peso de la desaprobación: El síndrome de desaprobación parental, caracterizado por reproches constantes de quienes desempeñaron un papel fundamental en nuestra crianza, siembra en nuestra mente semillas de inseguridad que, con el tiempo, germinan en formas de ansiedad y depresión.

La espada de doble filo de la mente: Una mente desregulada puede volverse en nuestra contra, alimentando un ciclo de pensamientos negativos que amplifica el trauma y crea una red asfixiante de desesperanza e impotencia.

El llamado subconsciente del vacío: Arraigado en traumas no resueltos, un impulso inconsciente hacia la autodestrucción puede albergar un inquietante deseo de desaparecer.

Sombras de vidas pasadas o paralelas: Desde una perspectiva espiritual, algunos traumas pueden interpretarse como vestigios de experiencias previas o paralelas, huellas kármicas que emergen en nuestra vida actual en busca de comprensión y sanación.

El desamor: La ruptura de una relación puede golpear profundamente, especialmente cuando ha estado marcada por el abuso o ha formado parte significativa de nuestras vidas.

Cicatrices escolares: La escuela, un espacio que debería ser una fuente de aprendizaje y crecimiento, a veces se convierte en un campo de batalla marcado por el acoso y las exigencias académicas.

Cicatrices religiosas: El trauma puede arraigarse en las fisuras de nuestra fe, emergiendo a través de doctrinas rígidas, sentimientos de vergüenza o experiencias de exclusión dentro de los sistemas religiosos.

El cruel impacto del abuso: El abuso físico, psicológico o sexual puede dejar huellas profundas en la psique, generando un trauma persistente. Sus efectos perjudiciales son consecuencia directa de las conductas ejercidas por otros, y suelen tener repercusiones duraderas en la salud mental, emocional y relacional de la persona afectada.

El regalo no deseado de la enfermedad: Enfrentar una enfermedad potencialmente mortal puede activar respuestas profundas en el cuerpo y la mente. Más allá de los desafíos físicos, estas experiencias pueden ser percibidas como altamente impactantes o traumáticas. Sin embargo, al resignificar lo vivido y conectar con nuestros propios recursos internos es posible transformar el dolor en una oportunidad para el autoconocimiento, la compasión y la sanación integral.

La niebla crepuscular: Los cambios cognitivos que suelen presentarse en la vejez —como la confusión, la desorientación o la pérdida de memoria— pueden generar una forma particular de trauma. Especialmente cuando los entornos que alguna vez ofrecieron seguridad y familiaridad comienzan a sentirse ajenos. Esta transformación silenciosa del paisaje interno desafía no sólo la mente, también el alma, invitándonos a mirar con ternura los umbrales de la conciencia que se desdibujan.

El vacío de la pérdida: La partida repentina de un ser querido puede sumergirnos en un oleaje abrumador de dolor y duelo. Es una herida silenciosa que atraviesa el alma, dejando una huella de trauma que se manifiesta en lo más íntimo del ser, allí donde las palabras no alcanzan y solo la respiración nos recuerda que seguimos aquí.

Crueldades accidentales: Algunos accidentes; ya ocurran en la vía, en el entorno laboral o en la cotidianidad, pueden abrir la puerta a un trauma repentino, cuya carga emocional suele ser tan inesperada como devastadora. Son momentos en los que la realidad se fractura sin previo aviso, dejando cicatrices visibles e invisibles que alteran la percepción del cuerpo, del entorno y del tiempo.

Ecos del dolor colectivo: El trauma histórico o colectivo es transmitido de generación en generación o compartido por comunidades unidas por la raza, la cultura o la geografía, que puede dejar una impronta silenciosa y persistente en la psique individual y de la masa. Desastres naturales, guerras, actos de terrorismo o sistemas de discriminación estructural entretejen un sufrimiento compartido que se manifiesta como un eco profundo, resonando en cuerpos que no siempre vivieron el evento, pero sí cargan su energía emocional. Esta red de dolor compartido puede influir en nuestras decisiones, emociones y vínculos, sin que seamos conscientes de su origen.

Trauma de segunda mano: Ser testigos del sufrimiento profundo de otros puede generar un trauma propio; silencioso, pero real. Profesionales como los socorristas, el personal de salud o aquellos que ejercen roles de contención emocional suelen cargar con el peso del dolor ajeno, absorbiendo fragmentos de experiencias que no les pertenecen, pero que impactan su cuerpo, su mente y su respiración. Esta forma de trauma vicario nos recuerda que la empatía también necesita cuidado y límites.

La respuesta humana al trauma es tan diversa como sus causas. Transitar por sus aguas requiere acompañamiento profesional, prácticas de autocuidado y el sostén de una comunidad que abrace con presencia y compasión. Juntos, estos elementos entrelazan un tapiz de sanación y resiliencia, donde el dolor encuentra contención y el alma, espacio para volver a respirar.

Diferentes formas de responder al trauma

Tus reacciones pueden ser tan únicas como tus huellas dactilares y, aun así, con frecuencia transitan por paisajes emocionales similares. Profundicemos en estos territorios psicológicos.

Negación: Es como ese portero terco que se planta entre tú y una verdad que duele. Es el arte sutil y a veces feroz de evitar, de rechazar mirar de frente el trauma o sus posibles efectos en tu vida. Es tu mente susurrando: "Esto nunca pasó".

Miedo: Puede sentirse como una sombra sigilosa que se desliza por los bordes de la conciencia. Es ese escalofrío que recorre el cuerpo, el ritmo del corazón que se acelera sin previo aviso, la respiración que se contiene como rehén. El miedo susurra que no estás preparado para atravesar la tormenta, y si se le da demasiado poder, puede hacerte dudar de tu propia fortaleza.

Tristeza: Es como un peso silencioso que se aferra al pecho y hunde con fuerza. Es ese torrente interno que ahoga el aliento vital, una sensación de vacío que se expande como un horizonte sin luz. Puede hacerte creer que el camino hacia un futuro más claro se ha desvanecido, dejándote atrapado entre los escombros de lo que fue.

Vergüenza: Imagina una marca que pasa desapercibida para el mundo, pero que arde con fuerza dentro de ti. Así se manifiesta la vergüenza: como una voz persistente que te culpa sin tregua, que insiste en que debiste prever, reaccionar, ser diferente.

Confusión: ¿Alguna vez has sentido que caminas sin rumbo, como si estuvieras atrapado en un laberinto sin salida? Así se experimenta la confusión tras el trauma. Es como si te entregaran un mapa en el que todo está invertido: arriba es abajo, izquierda es derecha. La realidad se distorsiona, las emociones se desordenan y, de repente, comienzas a cuestionarte el sentido de tu viaje y las decisiones que tomaste en el camino.

Navegar estas respuestas puede sentirse como recorrer un laberinto emocional. Comprender lo que ocurre no es un primer paso, sino parte de un proceso continuo de transformación. Y lo más importante: no estás sola o solo en este camino.

Cambios comportamentales más comunes

Tendencia al aislamiento: Alejarse de manera intencional de personas o entornos que puedan traer a la memoria el evento doloroso o estresante. Esta conducta no siempre obedece al deseo de estar a solas, sino a la necesidad de protegerse emocionalmente mientras se procesa la experiencia vivida.

Desgaste del gozo: Una apatía progresiva que despoja de sentido y encanto aquellas actividades que antes despertaban entusiasmo y alegría.

Reactividad o hipersensibilidad: Tendencia a la irritabilidad, donde cualquier estímulo, por mínimo que sea, puede desencadenar una respuesta emocional intensa o desproporcionada.

Autoacusación: Tendencia a asumir la culpa por situaciones dolorosas, aun cuando las circunstancias objetivas no lo justifiquen. Es una forma silenciosa de castigo interior que suele surgir del deseo de encontrar sentido en lo incomprensible.

Externalización de la culpa: Tendencia a responsabilizar a otras personas de manera injustificada, sin considerar su participación real o grado de responsabilidad en los hechos.

Transformaciones mentales:

Fragmentación de la atención o del enfoque: Dificultad para concentrarse, retener información y completar tareas de manera consistente.

Desconexión emocional: Sensación persistente de desapego afectivo, que dificulta el acceso a las propias emociones y a la empatía hacia otras personas.

Terrores nocturnos: Pesadillas recurrentes e invasivas, teñidas por los matices emocionales del evento traumático.

Desesperanza: Sentimiento creciente de que el futuro no traerá mejoría alguna, acompañado de la percepción de que la vida ha perdido su sentido.

Culpabilidad: Sentimiento de culpa, remordimiento o responsabilidad por lo ocurrido, incluso cuando no existía forma de evitarlo o prevenirlo.

Estos cambios y transformaciones son tan diversos como las personas que los experimentan. No existe una secuencia fija ni una combinación única. Algunas vivencias se manifiestan a través de unas pocas respuestas, mientras que otras atraviesan una amplia gama de reacciones emocionales, cognitivas y conductuales.

¿Cómo se recupera nuestro sistema después de un trauma?

En lo más profundo de nuestro complejo sistema habita una red resiliente de mecanismos diseñada para ayudarnos a sanar del trauma de manera natural. Es una danza sutil entre el cuerpo y el cerebro, una sinfonía de comunicación entre la amígdala, el hipocampo y la corteza prefrontal.

Siempre atenta, la amígdala actúa como un sistema de alarma interno, activándose ante posibles amenazas. El hipocampo, por su parte, nos permite recordar y aprender cómo mantenernos a salvo, almacenando tanto las memorias asociadas al peligro como aquellas vinculadas a la seguridad. La corteza prefrontal, con su capacidad de regulación, organiza nuestras respuestas emocionales y conductuales frente a estos eventos.

Incluso las almas más fuertes pueden tambalear. Sin embargo, cuando perdemos el equilibrio, existen caminos para restaurarlo. Para quienes han atravesado experiencias traumáticas, la recuperación tal vez no se sienta como un paseo tranquilo, pero sí es posible y está al alcance.

Con el acompañamiento de profesionales en salud mental, el apoyo de un estilo de vida consciente y equilibrado, y la práctica constante de técnicas de atención plena, podemos aprender no solo a manejar los síntomas, también a mirar de frente la raíz de nuestro dolor y transformarla.

A través del trabajo con la respiración, es posible calmar la tormenta interior y volver a habitar nuestro centro. Podemos entrenar al sistema nervioso para recuperar su resiliencia y sostenerse incluso en medio de los desafíos más intensos.

Con cada día que pasa, es posible percibir mejoras reales en la salud y en la calidad de vida, irradiando una luz interior más firme y serena.

El trauma no define nuestro destino. No debemos perder la esperanza, porque habitamos una fuerza innata que muchas veces pasamos por alto. Al abrazar el proceso de recuperación, encontramos consuelo en saber que nuestro organismo posee la capacidad de sanar de forma natural, siempre que contemos con las herramientas adecuadas y el apoyo necesario.

El sistema nervioso y la teoría polivagal

La Teoría Polivagal fue formulada por el Dr. Stephen Porges, un destacado psiquiatra y neurocientífico estadounidense. Presentó esta teoría por primera vez en 1994, el mismo año en que nació mi hijo, y desde entonces la ha desarrollado ampliamente a través de publicaciones académicas y conferencias especializadas. La propuesta del Dr. Porges ofrece una visión profunda y matizada del sistema nervioso humano, particularmente de cómo responde al entorno en función de la percepción de seguridad o amenaza. Esta teoría enfatiza que no reaccionamos únicamente a lo que sucede, sino a cómo lo interpretamos a nivel neuro-fisiológico, incluso antes de ser plenamente conscientes de ello.

El nervio vago (que da nombre a la teoría) desempeña un papel central en esta dinámica. Es el nervio craneal más largo, con trayectos que van desde el cerebro, atraviesan el cuello y el tórax, y llegan hasta el abdomen. Regula funciones vitales como la frecuencia cardíaca, la presión arterial, la digestión y los niveles de glucosa.

Por su relevancia, se le considera un componente esencial del sistema nervioso parasimpático, también conocido como el sistema de "descanso y digestión", encargado de restaurar el equilibrio corporal después de una experiencia de estrés o peligro.

Según la Teoría Polivagal, el sistema nervioso autónomo puede entenderse como una red compuesta por tres ramas principales, cada una con funciones distintas:

<u>Estado Vagal Ventral:</u> Denominado también el sistema de conexión social, favorece la calma, la seguridad y el vínculo con otras personas. Cuando nos encontramos en este estado, el cuerpo se relaja, la mente se abre y emerge la capacidad de comunicarnos, empatizar y colaborar.

<u>Estado Simpático-Adrenal:</u> Este estado está asociado con las respuestas de lucha o huida. Se activa ante la percepción de amenaza, generando respuestas fisiológicas como el aumento de la frecuencia cardíaca, la respiración acelerada y una mayor agudeza sensorial, todo con el fin de preparar al organismo para enfrentar o escapar del peligro.

<u>Estado Vagal Dorsal:</u> Vinculado con la respuesta de congelamiento o inmovilización, se manifiesta cuando la amenaza parece abrumadora o inevitable. En este estado, el cuerpo reduce su actividad, conservando energía y amortiguando la percepción del dolor como un mecanismo de protección frente a lo que no puede evitarse.

Estos estados no surgen únicamente como reacción ante eventos externos, sino que están mediados por la neurocepción: un proceso inconsciente mediante el cual el sistema nervioso evalúa el entorno en busca de señales de seguridad o amenaza. En personas con experiencias traumáticas previas, esta evaluación puede volverse hipersensible, haciendo que incluso situaciones neutras o seguras se perciban como peligrosas.

Comprender estos estados y su relación con la percepción de seguridad puede abrir la puerta a prácticas eficaces para regular el sistema nervioso. Actividades como cultivar relaciones positivas, practicar respiración consciente, mantener el movimiento corporal regular o participar en cánticos y expresiones vocales pueden favorecer la activación del estado vagal ventral. Incluso la risa, respaldada científicamente por sus efectos reguladores sobre el estrés, puede ayudarnos a restablecer un estado interno de calma y conexión.

Trauma colectivo

Tenía apenas doce años cuando mi inocencia se desmoronó. Pero, para ser justos, no era la clase de inocencia que comúnmente se imaginan. Crecer en Colombia; una tierra vibrante y diversa en el norte de Sudamérica, implicó estar en constante contacto con una realidad marcada por la violencia colectiva y pérdidas personales que dejaron huellas profundas en mi interior.

Desde los primeros años de vida hasta la adultez, me vi envuelta en eventos traumáticos que moldearon mi experiencia de forma radical.

Estas vivencias se imprimieron en la esencia misma de mi ser, influenciando tanto a nivel físico, como energético. Al mirar hacia el pasado, puedo ver ahora una correlación directa entre esos eventos y mi bienestar físico y mental.

Cuando atravesamos emociones intensas, el patrón de nuestra respiración cambia de manera automática. En algunos casos, incluso dejamos de respirar por completo sin darnos cuenta. Estos cambios pueden interrumpir el flujo natural de la energía vital en nuestro cuerpo.

Cuando nos vemos arrastrados a la agonía por emociones intensas, nuestros patrones de respiración se alteran de forma natural, y en ocasiones incluso podemos encontrarnos conteniendo la respiración.

Estas variaciones pueden generar interrupciones en el flujo de nuestra energía. Es importante ser conscientes de los momentos en que la respiración se detiene o se acelera. Sin embargo, también es crucial afrontar la vida con una mentalidad abierta y un corazón dispuesto a aceptar los cambios.

Tenemos que comprender que el camino hacia el autodespertar no es lineal. Más bien, es un flujo constante, un ciclo en continua evolución que nunca permanece igual. Abandona la necesidad de tener expectativas rígidas sobre cómo deberían desarrollarse los acontecimientos y mantente receptivo al crecimiento que acompaña estas experiencias.

Como estudiante de la vida, permítete experimentar las etapas del duelo: negación, ira y depresión. Sé tú mismo, plena e incondicionalmente.

Una vez que te hayas permitido transitar el duelo, tómate un momento para reconocer las estrategias de adaptación que has desarrollado a lo largo del camino. Por ejemplo, en mi propio proceso, descubrí que mi deseo de independencia me había llevado a sentirme aislada. No fue hasta que identifiqué esta estrategia de afrontamiento que pude abordar la causa raíz y adaptarla para satisfacer mejor mis verdaderas necesidades.

Más aún, empecé a notar una conexión entre mis lesiones crónicas de espalda y la sensación persistente de falta de apoyo.

El peso que cargaba, tanto física como metafóricamente, se manifestaba como una presión dolorosa en mi espalda baja. Era como si estuviera soportando las cargas de otros sin darme cuenta del costo que esto tenía para mí.

A lo largo de todo esto, he aprendido que la verdadera liberación llega cuando nos aceptamos plenamente a nosotros mismos y a nuestras circunstancias. Al permitirnos sentir, iniciamos el proceso de sanación. Podemos rendirnos a las emociones que nos recorren, reconociendo su presencia como una forma de ganar consciencia. Este conocimiento, a su vez, nos ayuda a identificar dónde nos encontramos, a replantear nuestras experiencias y, en última instancia, a cultivar nuevos sentimientos armoniosos que se alineen con nuestro ser superior.

La sanación radica en escuchar, aceptar, rendirse y
sostener el espacio tanto para nosotros mismos como para los demás.

Escuchar y honrar al cuerpo

¿Alguna vez has sentido que algo no estaba del todo bien en tu cuerpo, pero lo ignoraste y seguiste adelante? ¿O quizás intentaste controlar tus pensamientos y emociones en lugar de aceptarlos tal como son?

Esta es una programación común, pero no necesariamente la más eficiente. Escuchar a nuestro cuerpo implica sintonizar con las sensaciones y señales físicas que nos envía, como una indigestión, una tensión muscular o un cansancio repentino. Al prestar atención y responder con conciencia, podemos cuidarnos mejor, prevenir molestias mayores e incluso evitar lesiones.

Pero no se trata únicamente del cuerpo físico, también de desarrollar una relación más profunda con nosotros mismos y comprender nuestra biología como una aliada.

¿Y qué ocurre con la aceptación? Puede resultar difícil aceptar nuestros pensamientos y emociones cuando son incómodos o desafiantes. Sin embargo, al permitirnos sentirlos sin juzgar ni resistir, aprendemos a procesarlos de manera más saludable y compasiva.

Aceptar significa abrazarnos tal como somos: nuestro cuerpo, nuestra historia, nuestras emociones. Es soltar la necesidad de criticar o cambiar constantemente, y en su lugar cultivar una relación de respeto y amabilidad con nosotros mismos. Cuanto más nos aceptamos, más fácilmente podemos aceptar a los demás. Cuando escuchamos a nuestro cuerpo y aceptamos la realidad tal como es, cultivamos una poderosa mentalidad de autocuidado. Aprendemos a navegar desde nuestra tecnología interna; esa sabiduría biológica y emocional, respondiendo a sus señales de forma que honre nuestras verdaderas necesidades. Siempre hay espacio para la expansión, pero todo comienza con la aceptación amorosa y la claridad.

Calibrando el cuerpo físico

Cultivar el arte de afinar el cuerpo físico puede transformar profundamente nuestra salud, bienestar y rendimiento integral. Más allá de prevenir lesiones y enfermedades, esta práctica fomenta una calidad de vida más elevada y duradera. A través de esta calibración consciente del cuerpo, es posible optimizar sus funciones naturales y acercarnos a su máximo potencial. A continuación, te comparto diversas estrategias para armonizar y cuidar el cuerpo físico:

Dormir entre 4 y 9 horas por noche: El descanso nocturno es fundamental para la reparación tisular, la regeneración celular y el equilibrio hormonal. Cada ser humano gestiona su energía de manera distinta; lo importante es reconocer y respetar las propias necesidades de reposo.

Siestas energéticas: Una siesta breve de 20 minutos puede revitalizar el sistema nervioso y restaurar la claridad mental.

Actividad física diaria: Dedicar al menos 20 minutos al día a mover el cuerpo, elevar la frecuencia cardíaca y fortalecer la musculatura es una inversión en salud física y emocional.

Movimiento consciente: Baila, practica deportes, camina o realiza cualquier actividad que mantenga el cuerpo activo y en conexión con la alegría del movimiento.

Estiramiento regular: Realizar estiramientos al menos dos veces al día mejora la flexibilidad, previene tensiones y estimula la circulación.

Fortalecimiento: Incorporar ejercicios que fortalezcan tus huesos y músculos sostiene la vitalidad a largo plazo.

Recuperación: Honra los tiempos de reposo después de esfuerzos físicos para permitir que el cuerpo se regenere adecuadamente.

Nutrición funcional: Explora la alimentación antiinflamatoria y basada en alimentos integrales ricos en nutrientes que fomentan la regeneración celular.

Hidratación consciente: Bebe agua limpia, vital y, cuando sea posible, alcalina. La hidratación adecuada sostiene las funciones metabólicas, apoya la desintoxicación y promueve la claridad mental.

Nutrición equilibrada: Opta por una alimentación basada en productos frescos y mínimamente procesados. Limita o elimina el consumo de bebidas azucaradas, cafeína, estimulantes, gluten, lácteos, alimentos ultraprocesados, grasas trans y alcohol. Estas decisiones fortalecen el sistema inmunológico, disminuyen la inflamación y promueven una salud integral.

Si en algún momento eliges incluir alguno de estos productos, procura que provenga de fuentes responsables; existen opciones orgánicas de excelente calidad, como ciertos vinos y alimentos artesanales que pueden disfrutarse con moderación y consciencia.

Elección de productos saludables: Elimina el uso de productos que contengan flúor, evita el agua de grifo sin filtrar y selecciona opciones de limpieza y cuidado personal libres de compuestos tóxicos. Todo lo que entra en contacto con tu piel y tu entorno influye en tu biología.

Gestión del estrés: Integra prácticas de relajación que regulen el sistema nervioso, como la respiración consciente, la meditación o el contacto con la naturaleza. Cultivar una relación saludable con el estrés es esencial para sostener el equilibrio físico, mental y emocional.

Ayuno intermitente o estacional: Permitir espacios sin ingesta alimentaria facilita procesos naturales de depuración y reinicio metabólico. Escucha a tu cuerpo y consulta con profesionales si decides integrar esta práctica.

Inmersiones en agua fría: Realizadas de forma regular y segura, estimulan la circulación, refuerzan el sistema inmune y fortalecen la mente frente a la incomodidad.

Sauna y baños de vapor: Utilízalos entre dos y cuatro veces por semana para apoyar la eliminación de toxinas, relajar los tejidos profundos y favorecer la regeneración celular.

Biohacks y terapias regenerativas: Explora herramientas basadas en evidencia científica que optimicen tu biología y promuevan longevidad, como la luz infrarroja, la crioterapia o la suplementación adaptada.

Conexión con el agua: Más allá de su uso higiénico, el agua puede convertirse en un canal de renovación emocional y energética. Báñate con atención plena y establece una relación respetuosa con este elemento sagrado.

Automasajes: Masajea tu cuerpo con regularidad para liberar tensiones acumuladas, oxigenar los tejidos y reconectar con tu energía vital.

Cepillado en seco: Realiza esta práctica sobre la piel seca para exfoliar suavemente, activar la linfa, mejorar la circulación y favorecer procesos de desintoxicación.

Postura corporal: Alinea tu estructura física. Una postura erguida refleja coherencia interna, mejora la respiración y sostiene la integridad del sistema músculo-esquelético.

Sexualidad consciente: Participa en prácticas sexuales seguras, respetuosas y placenteras que nutran el vínculo con el cuerpo, desde el gozo y la conexión.

Limpiezas internas: Con acompañamiento profesional, considera prácticas como la hidroterapia de colon o los enemas terapéuticos para apoyar la eliminación de toxinas y mejorar la digestión.

Desintoxicaciones estacionales: Realiza limpiezas periódicas que permitan al cuerpo liberarse de lo que ya no necesita, restaurando su equilibrio natural.

Diálogo interno compasivo: Habla con tu cuerpo como lo harías con alguien que amas: con dulzura, respeto y gratitud. Las palabras también nutren.

Amor propio: Mira tu reflejo con aprecio. Reconócete como fuente de luz, digna de cuidado y merecedora de bienestar.

Límites saludables: Aprende a establecer límites claros que protejan tu energía, tu tiempo y tu integridad emocional.

Expresión creativa: Explora formas artísticas que te permitan expresar tu mundo interno. Pintar, escribir, cantar o tocar un instrumento son canales de liberación emocional y expansión espiritual.

Conciencia corporal: Permanece en sintonía con las sensaciones físicas. Observa cualquier molestia o tensión como un mensaje, y responde con atención oportuna, compasiva y profesional.

Risoterapia natural: La risa es medicina. Ríe más, ríe sin motivo, ríe con otras personas. La alegría también transforma.

Comparte a continuación algunas formas de equilibrar tu cuerpo físico:

_____

_____

_____

_____

_____

_____

_____

_____

_____

_____

_____

_____

_____

_____

_____

_____

_____

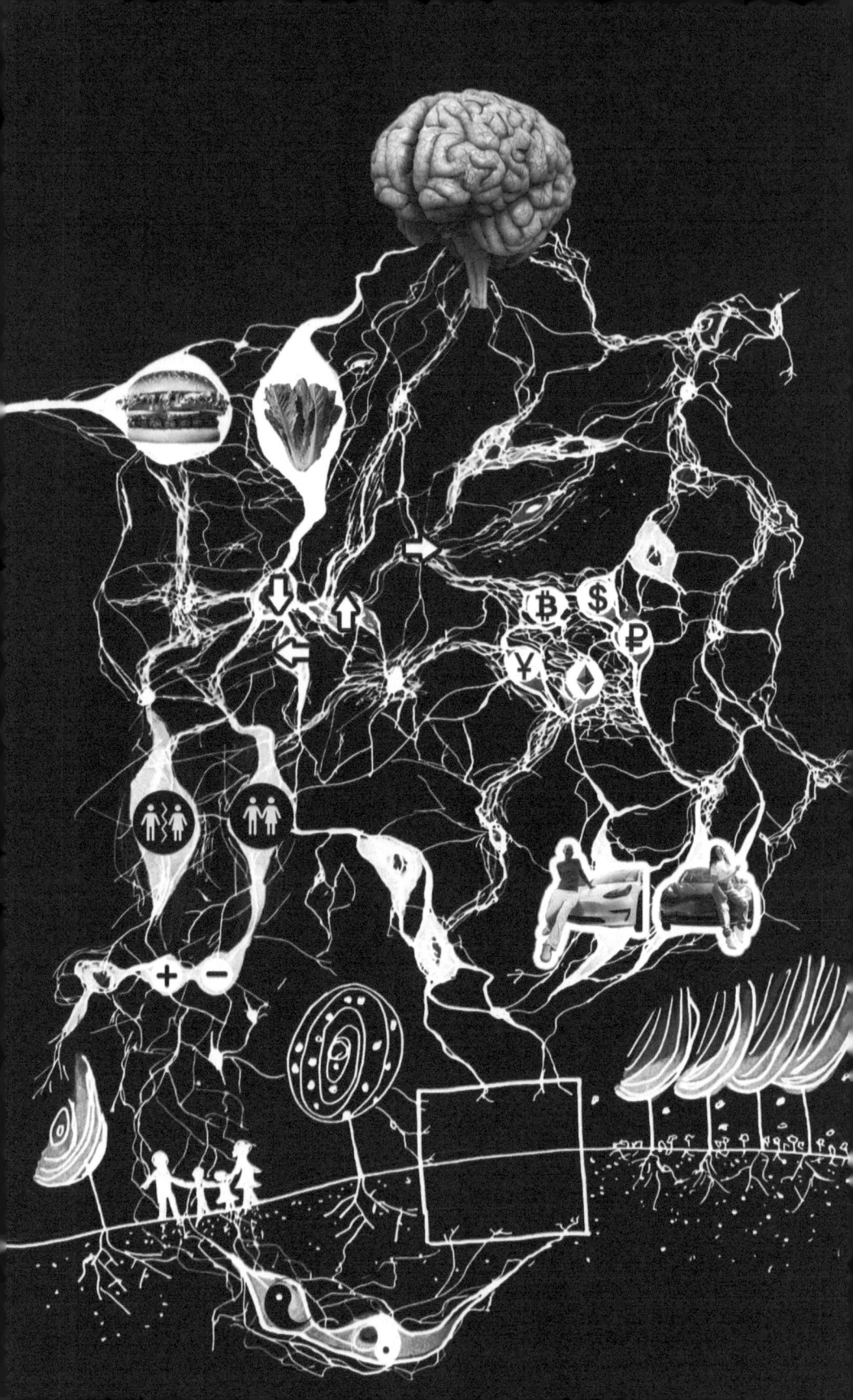

CAPÍTULO 3

Observando la mente

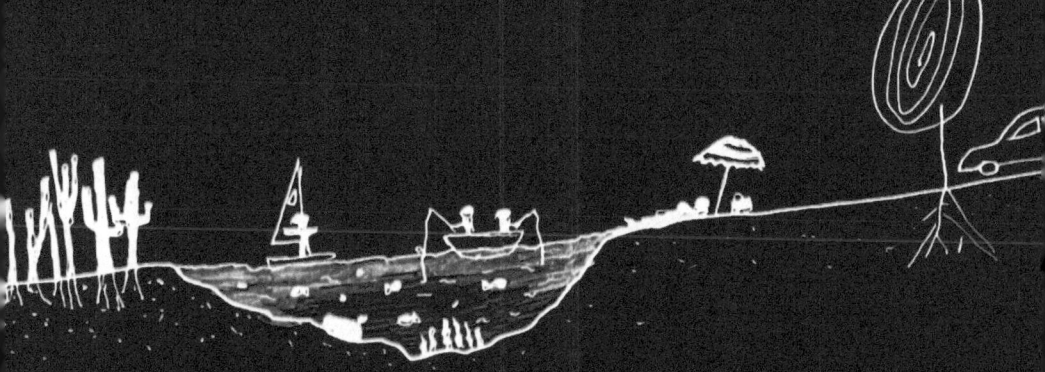

La mente es un instrumento esencial, no autoridad soberana

La mente es el asiento de la conciencia y del pensamiento y, sin duda, una herramienta esencial en la experiencia humana. Nos permite percibir y comprender el entorno, estimula el pensamiento crítico y creativo, y facilita el reconocimiento y la vivencia de una amplia gama de emociones y sensaciones.

A pesar de su inmenso poder, la mente no toma decisiones por sí sola.

La toma de decisiones es un proceso complejo, en el que la mente juega un papel fundamental al generar ideas, recuerdos y emociones que influyen en nuestras elecciones. Sin embargo, la decisión final no le pertenece exclusivamente. La voluntad consciente; ese espacio donde confluyen la intuición, los valores y la presencia, es la que asume, en última instancia, la responsabilidad de elegir.

Comprender esta distinción nos invita a utilizar la mente como una aliada sabia, sin entregarle el mando absoluto. Nos recuerda que somos más que nuestros pensamientos, y que la verdadera dirección emerge desde un lugar más profundo, más silencioso y auténtico.

La mente actúa como una guía informativa, pero la responsabilidad de tomar decisiones recae en cada persona. Esto requiere un nivel profundo de autoconciencia, ya que es necesario reconocer y gestionar los pensamientos, las emociones y los prejuicios para elegir con claridad y sabiduría. La mente es vulnerable a múltiples influencias externas: la publicidad persuasiva, la presión social y las normas culturales pueden nublar el discernimiento y alejarnos de lo que realmente favorece nuestro bienestar.

Ante estas circunstancias, cultivar la atención plena y el conocimiento de sí resulta esencial. Solo así es posible resistir las fuerzas externas y tomar decisiones que estén en sintonía con el alma, los valores y los propósitos personales.

Aunque la mente es una herramienta poderosa con un papel fundamental en el proceso de decidir, no tiene la capacidad de hacerlo por sí sola. Cada cual tiene el poder de dirigir su vida con conciencia, tomando decisiones informadas, libres y en armonía con su verdadera esencia.

Transformar creencias limitantes en posibilidades infinitas

¿Alguna vez te has detenido a reflexionar por qué tomas ciertas decisiones o por qué reaccionas de una manera específica ante determinadas situaciones? La raíz de estas elecciones y respuestas se encuentra en tu sistema de creencias.

Piensa en ese sistema como el núcleo operativo de tu mente. Es el que moldea tu percepción del mundo y de ti mismo, ya sea potenciando tus capacidades o, por el contrario, limitándolas. La buena noticia es que podemos observar, cuestionar y transformar estas creencias para crear otras que nos empoderen.

Por ejemplo, si has internalizado la creencia de "No soy lo suficientemente bueno", es probable que busques validación constante en los demás y te esfuerces sin descanso por hacer más y ser mejor. Ahora imagina un giro profundo: adoptar la creencia de "Soy suficiente, tal como soy". El alivio y la paz que esa aceptación puede traer son inmensos.

De forma similar, si vives bajo la idea de "No puedo confiar en nadie", podrías quedar atrapado en un estado de defensa que impida vínculos auténticos y significativos con otros. Pero al cambiar esa perspectiva por una más abierta, como "Estoy dispuesto a confiar y a cultivar relaciones genuinas", te abres a nuevas oportunidades y experiencias profundamente enriquecedoras.

Lo esencial es identificar las creencias que te limitan y desafiarlas con honestidad. Pregúntate si realmente te sirven o si están obstaculizando tu crecimiento. Luego, sustitúyelas de forma consciente por creencias que te fortalezcan. Aunque estos patrones mentales puedan ejercer una influencia poderosa sobre tu vida, al reconocerlos y transformarlos con claridad, puedes iniciar un proceso profundo de cambio hacia un mundo de posibilidades ilimitadas. Las afirmaciones son he- rramientas valiosas para modificar patrones de pensamiento negativos, fortalecer la motivación y nutrir la autoestima. Estas frases positivas, cargadas de intención y emoción, pueden reprogramar tu mente si las repites con convicción, guiándote hacia una versión más auténtica y poderosa de ti.

La sombra

El trabajo con la sombra, desarrollado por Carl Jung, se refiere a un proceso profundo y transformador de autoconocimiento. Consiste en explorar las partes de nuestra psique que hemos reprimido, negado o excluido: emociones, impulsos, recuerdos y creencias que no encajan con la imagen que deseamos proyectar o con las expectativas del entorno. Estas sombras no desaparecen por el simple hecho de ignorarlas; al contrario, se manifiestan de manera sutil, y a veces dolorosa, en nuestras relaciones, decisiones y reacciones.

Este trabajo implica observar esas sombras con honestidad, sin juicio, integrándolas para liberarnos del peso que nos imponen. Aceptar la sombra no significa justificar el dolor que nos ha formado, sino reconocerlo, comprenderlo y transformarlo.

Este acto de valentía nos permite recuperar aspectos esenciales de nuestra autenticidad y avanzar con mayor conciencia, compasión y libertad interior.

Jung creía que enfrentarse a la sombra es esencial para el crecimiento personal, la individuación y la autenticidad. Solo así podemos alcanzar una mayor integridad psíquica, libertad emocional y una conciencia plena de nosotros mismos.

Resiliencia

Imagina que eres como una banda elástica: cambiante, adaptable a distintas circunstancias, pero siempre con la capacidad de volver a tu centro. De eso se trata construir la resiliencia. Es un camino de crecimiento en el que una mentalidad y desarrollas habilidades capaces de afrontar los desafíos de la vida con gracia y serenidad.

Consiste en aprender a fluir, transformarte y crecer frente a la adversidad.

Ser resiliente no significa que no sentirás estrés, dolor o tristeza. No se trata de inmunidad emocional, sino de la fortaleza para gestionar esas emociones de manera saludable. Piensa en ello como un entrenamiento para la mente y el alma. Podemos comenzar a fortalecer la resiliencia a través de la práctica de la atención plena, estableciendo metas alcanzables, cultivando vínculos auténticos y reconectando con nuestras fortalezas. Estas acciones ayudan a generar una actitud positiva, disminuir el estrés y elevar nuestro bienestar integral. A medida que desarrollas tu resiliencia, notarás su impacto transformador en la vida.

Te sentirás más seguro, más presente y mejor preparado para enfrentar lo que venga.

La resiliencia no es un destino; es una expedición. Un proceso continuo de autodescubrimiento y evolución. Abrázalo. Y nunca dejes de volver a ti.

Abraham Hicks dice que nuestros cuerpos son como globos: se inflan y se desinflan mientras navegamos el presente y la energía que nos trae cada respiración.

Podemos engancharnos al dolor, a los pensamientos o a las emociones... o simplemente aceptarlos, soltarlos y permitir que se transformen. Al inflar un globo, este pasa de estar vacío a expandirse en distintos grados. Si se infla demasiado, estalla. ¿Cómo podemos dirigir ese flujo de aire para seguir expandiéndose sin rompernos? Tal vez la clave no sea en lo que introducimos en el globo, sino en nuestra capacidad de adaptarlo, de convertirlo en algo placentero.

Los árboles toman el dióxido de carbono y lo transforman en oxígeno. Cuando respiramos, somos parte de ese mismo flujo creativo: permitir, soltar y disfrutar. Cuanto más presentes estamos en la respiración, menos apegos tenemos y mayor es nuestra capacidad de resiliencia. La adaptación no se trata solo de absorber. Si solo recibimos, sin transformar, corremos el riesgo de colapsar. La vida y su expansión siempre vienen acompañadas de contrastes, y es precisamente el contraste el que nos ayuda a definir nuestros deseos, a clarificar lo que queremos y lo que ya no queremos. Así es como el universo sigue expandiéndose una y otra vez. Cuando recibimos, lo recibimos todo. Inflamos el globo con todo lo que somos. Pero también necesitamos liberar aire, aligerar el peso, permitir el cambio. Esa es la mutación: el movimiento hacia lo nuevo. Y el propósito, siempre, es disfrutar. Disfrutar del presente, de lo que es. Mantenernos felices, y compartir esa alegría con los demás.

Todo lo que deseamos (ya sea un gran amor, una fortuna o cualquier experiencia) lo anhelamos porque creemos que seremos más felices al tenerlo. Pero no necesitamos que ocurra nada afuera para sentirnos así. Podemos cambiar nuestras emociones antes de que se manifieste cualquier deseo, sin necesidad de una justificación externa. Cuando comprendemos esto, nos convertimos en los creadores poderosos que vinimos a ser.

Desde ahí, usamos nuestras creaciones para expandir la vida, sin temor a estallar. Podemos adaptarnos, transformarnos y seguir creciendo en cualquier situación. Pero si seguimos necesitando una manifestación para cambiar nuestra emoción, si seguimos esperando que las circunstancias dirijan nuestro sentir, viviremos sin control. Seremos marionetas de nuestras emociones o de las emociones ajenas. Y en realidad, no hay nada que controlar. Solo necesitamos soltar. Rendirnos a la vida. Rendirnos a nuestro ser interior. Y todo encontrará su lugar.

Lo único que realmente podemos controlar es nuestra atención. Cuanto más tiempo nos enfocamos en algo positivo, como la respiración, más tiempo permanecemos conectados a nuestra sabiduría interna. Y desde ahí, observamos la película de la vida con alegría. La clave para una profunda armonía interior está en el arte de dominar la respiración: un portal hacia una experiencia verdaderamente transformadora.

Y como un regalo extraordinario, cuando soltamos la necesidad de justificar nuestra felicidad y simplemente la elegimos, confiando en que el universo orquesta cada detalle a nuestro favor, abrimos el espacio para que la danza de la manifestación ocurra con gracia. Una expresión majestuosa de la Ley de Atracción, tal como la enseñan las sabias palabras de Abraham Hicks.

La vida puede ser fácil

Aceptar nuestra bondad innata y permitirnos recibir sin forzarnos ni sacrificar nuestro bienestar puede resultar todo un desafío. Sin embargo, es posible soltar la necesidad constante de demostrarnos. Al liberar la resistencia y entregarnos al ritmo natural de la vida, comenzamos a generar un impulso que nos permite materializar nuestros deseos con fluidez y disfrute. La clave está en identificar pensamientos que nos transmitan calma y bienestar, y usarlos como anclas para enfocar nuestra atención hacia el amor, el éxito y la aceptación de quienes somos.

La idea de que "hay que trabajar duro" o que "el esfuerzo lo es todo" ha sido repetida por generaciones. Pero existen otros caminos hacia el éxito. Podemos vivir una vida más ligera y armoniosa si aprendemos a actuar desde la inspiración, no desde la obligación. Nuestra realidad refleja aquello que vibra dentro de nosotros, por eso, la verdadera estrategia está en cultivar una energía que sintonice con nuestros anhelos. Todo lo que deseamos ya existe en nuestra realidad; solo necesitamos abrirnos a conectarlo. Esa conexión se da a través de la inteligencia infinita, no por medio de la lucha constante ni del sacrificio agotador. La era del desgaste ha terminado.

Neuroplasticidad

¿Sabías que tu cerebro es un verdadero artista del cambio? Aunque no lo veas, en tu cabeza hay una red brillante y viva que se reinventa a cada instante. La ciencia la llama *neuroplasticidad*, y es, sin exagerar, uno de los superpoderes más fascinantes que tenemos.

Imagina que tu cerebro es como una ciudad en movimiento. Cada vez que aprendes algo nuevo, que tomas un camino distinto o que te atreves a salir de la rutina, estás construyendo puentes, abriendo atajos, rediseñando calles y ampliando avenidas internas. ¡Esa remodelación constante ocurre todos los días!

Durante mucho tiempo se creyó que el cerebro se volvía rígido con los años, como una plastilina que ya no se puede moldear. Pero hoy sabemos que no es así. Nuestro cerebro *nunca* deja de cambiar. No importa si tienes 9 o 90 años: mientras estés vivo, puedes seguir creciendo.

Cada experiencia, cada reto, cada emoción profunda tiene el potencial de reorganizar nuestras conexiones neuronales. ¿Quieres activar esa magia cerebral? Haz algo que te emocione: aprende a tocar ese instrumento que siempre quisiste, cambia de ruta al caminar, empieza a estudiar ese idioma que te llama. Cualquier cosa que te saque un poquito de lo conocido es como decirle a tu cerebro: "¡Vamos a jugar!"

Y, por supuesto, igual que una planta necesita luz, agua y amor, tu cerebro también necesita cuidados para florecer. Haz ejercicio, duerme rico, aliméntate con conciencia y rodéate de inspiración. Así lo ayudas a renovarse, a sanar, a sorprenderte. Tu mente es un jardín en expansión. Si la cultivas con curiosidad y cariño, será capaz de transformarse en formas que aún no puedes imaginar. Y lo mejor de todo: no necesitas ser científico para experimentarlo. Solo necesitas estar dispuesto a decirle a la vida… sí, quiero seguir aprendiendo

Programación neurolingüística: el lenguaje de la mente

La Programación Neurolingüística *PNL*, es un enfoque multidisciplinario que explora las complejas interrelaciones entre el lenguaje, el comportamiento y los procesos cognitivos. Se trata de un conjunto de herramientas y técnicas diseñado para mejorar la comunicación, fortalecer vínculos interpersonales y facilitar transformaciones positivas en la vida cotidiana.

Imagina que quieres convencer a una amiga de emprender un viaje por carretera. Aplicando los principios de la PNL, prestarías especial atención a las palabras que eliges y a la forma en que las expresas, con el propósito de despertar en ella una emoción genuina. En lugar de decir simplemente "Deberíamos hacer un viaje", podrías invitarla con una imagen más envolvente: "Imagina los paisajes que vamos a descubrir y los recuerdos inolvidables que vamos a crear en esta aventura." Al usar un lenguaje más sensorial y evocador, se despierta un interés más profundo y una conexión emocional inmediata.

La PNL también ofrece estrategias útiles para comprender y sintonizar con la perspectiva del otro, lo cual facilita la creación de una conexión auténtica. Por ejemplo, si tu interlocutor se comunica con un tono sereno y pausado, adaptar tu forma de hablar para reflejar esa misma energía puede generar un vínculo inmediato y una mayor receptividad hacia tus ideas. Esta técnica de espejear conscientemente el estilo del otro es una de las claves para establecer una relación de confianza y entendimiento.

La programación neurolingüística fue desarrollada en la década de 1970 por Richard Bandler, estudiante de psicología, y John Grinder, lingüista, en la Universidad de California en Santa Cruz.

Ambos se sintieron profundamente atraídos por la relación entre los procesos neurológicos *(neuro)*, el lenguaje *(lingüístico)* y los patrones de comportamiento aprendidos (programación).

Su objetivo era identificar las estrategias utilizadas por personas altamente eficaces en sus campos, y crear modelos replicables de esos comportamientos exitosos. Se inspiraron en las técnicas terapéuticas de figuras como Fritz Perls, Virginia Satir y Milton Erickson, reconocidos por la profundidad y efectividad de su trabajo clínico.

A partir de sus observaciones surgió un modelo práctico que ha evolucionado con el tiempo, y que hoy se aplica en áreas tan diversas como la psicología, la educación, las ventas y la negociación. La PNL empodera a las personas para superar bloqueos internos, alcanzar metas personales y mejorar su calidad de vida.

Actualmente, la programación neurolingüística sigue perfeccionándose, manteniéndose como un enfoque influyente en el desarrollo personal y la comunicación consciente.

La práctica de las afirmaciones

Ya hemos hablado de cómo la mente puede reconfigurarse, y de cómo nuestros pensamientos modelan nuestra realidad. En esta misma línea, las afirmaciones (también conocidas como manifestaciones conscientes) son declaraciones positivas que nos ayudan a transformar creencias limitantes y a reprogramar el subconsciente con nuevas verdades que nos fortalecen.

Imagina, por ejemplo, que llevas mucho tiempo cargando con la creencia de que no eres lo suficientemente capaz. Una manera de comenzar a disolver esa idea sería repetir una afirmación que contra- rreste ese patrón mental: *"Soy digno y capaz de alcanzar mis metas."* Al repetirla con regularidad, tu mente subconsciente empieza a abrirse a esa posibilidad, y poco a poco lo notarás en tu forma de actuar, de pensar y de verte a ti mismo.

Otra forma poderosa de trabajar con afirmaciones es combinarlas con visualización. No basta con decirlas: visualízate en el presente como si ya hubieras alcanzado lo que deseas. Si tu meta es hablar en público con confianza, imagínate haciéndolo, sintiendo seguridad, claridad y fluidez. Si deseas alcanzar un estado óptimo de salud o éxito profesional, respira dentro de esa imagen y siéntela como verdadera ahora.

Las afirmaciones también son una herramienta poderosa para fortalecer la autoestima y la confianza. Puedes comenzar con frases como: *"Confío en mí y en mis decisiones,"* o *"Soy digno de amor y respeto."* Su repetición constante no solo cambia tu diálogo interno, sino que refuerza la base emocional sobre la que construyes tu vida.

Una afirmación solo funciona si resuena con tu interior. Si al repetir "Soy millonario" tu cuerpo se tensa y una voz interna te recuerda lo lejos que estás de ello, esa frase estará generando resistencia, y en lugar de impulsarte, te frenará. No porque sea incorrecta, sino porque no estás aún en sintonía vibratoria con ella. En ese caso, afina la intención. Haz la afirmación más amplia, más amable.

Por ejemplo: *"Cada día tengo nuevas oportunidades para mejorar mi situación financiera."* Y cuando sientas que esa afirmación te inspira, puedes ser más específico: *"Al gestionar sabiamente mis recursos, este año generaré 222 millones de dólares."*

La clave está en que tus afirmaciones sean creíbles para tu sistema.

Que te inspiren, no que te generen ansiedad. Que relajen tu mente, no que te hagan sentir un impostor. Porque su verdadero propósito no es forzar un cambio, sino abrir un canal para experimentar una emoción deseada; una emoción que, en sí misma, ya es el inicio de la transformación.

Anclas

Anchors are specific stimuli, such as words, phrases, or actions, that tr"El anclaje es un proceso mediante el cual un estímulo externo se asocia con una respuesta interna, de forma que esa respuesta pueda ser evocada deliberadamente en el futuro mediante el estímulo."
— *Richard Bandler y John Grinder (fundadores de la PNL)*

Las anclas son estímulos específicos (como palabras, frases, aromas o gestos) que evocan un estado emocional o comportamiento determinado. La premisa es sencilla pero poderosa: ciertos estímulos pueden vincularse a emociones o conductas, y al utilizar estos estímulos, es posible revivir esos estados cuando lo necesitemos.

Por ejemplo, alguien puede asociar el aroma de la lavanda con una sensación de calma y, al olerla, inducirse deliberadamente ese estado. Otra persona podría vincular el sonido de una campana con un impulso de motivación y recurrir a ese sonido para activarse cuando lo necesite.

Existen varias formas de establecer un ancla. Una de las más efectivas es crear una asociación mientras se experimenta de forma genuina el estado emocional deseado.

Así, si en un momento de tranquilidad profunda decides inhalar el aroma de lavanda, tu mente asociará ese olor con la calma vivida.

Otra forma es mediante la repetición. Si cada vez que te sientes motivado escuchas la misma canción, eventualmente tu sistema nervioso empezará a vincular esa melodía con la energía del entusiasmo, permitiéndote usarla como disparador en el futuro.

Las anclas pueden convertirse en herramientas valiosas para mejorar el rendimiento, transformar emociones difíciles o aumentar la motivación. Funcionan tanto en la práctica individual como en procesos terapéuticos o de coaching.

Aquí te comparto algunas formas prácticas de aplicarlas:

- Para mejorar tu desempeño: Si eres deportista, puedes crear un ancla que active sensaciones de confianza y enfoque. Por ejemplo, apretar suavemente tu puño cada vez que anotas un punto. Más adelante, ese mismo gesto puede ayudarte a entrar en un estado óptimo antes de una competencia.
- Para transformar emociones negativas: Si lidias con ansiedad, puedes asociar una respiración profunda con el aroma de la lavanda para inducir una sensación de paz. Con el tiempo, bastará con ese estímulo para ayudarte a regular tu estado emocional.
- Para recuperar la motivación: Cuando sientas que la energía flaquea, puedes usar el sonido de una campana, una canción específica o incluso una frase poderosa que hayas vinculado con momentos de inspiración. Al activarla, tu cuerpo recordará cómo se siente tener impulso y dirección.
- Para fortalecer la autoconfianza: El cuerpo también puede ser un ancla. Si cada vez que te sientes seguro adoptas una postura erguida, con los hombros hacia atrás y la mirada al frente, tu mente empezará a reconocer esa posición como símbolo de fortaleza interna. Con el tiempo, al adoptar esa postura, recuperarás esa sensación de seguridad en ti.

Crear un ancla requiere constancia y conciencia. Mientras más veces la repitas en un estado emocional auténtico, más efectiva será. Incluso puedes combinarlas: usar una para activar confianza y otra para estimular la motivación.

Funde tu mente con la mía, porque si nuestras orejas se unieran, nacería un corazón, pintado con pensamientos vibrantes.
En ese espacio, el sonido y el silencio, la palabra y la pausa, se entrelazan.
Esos momentos se convierten en los escultores de nuestra percepción.
Lo que alimenta a nuestros oídos fluye hacia la mente, florece en el corazón y, al final, da forma al mundo que habitamos.

Las palabras que absorbemos y los sonidos que escuchamos no son solo vibraciones en el aire; son los verdaderos arquitectos de nuestra existencia.
-Mana Universal

Activación de la glándula pineal

En lo más profundo del laberinto cerebral, latiendo al compás del universo, se encuentra un órgano diminuto y poderoso: la glándula pineal. Conocida como el tercer ojo.

Esta glándula endocrina con forma de piña es mucho más que la productora de melatonina, la hormona que regula nuestros ciclos de sueño y vigilia. Es una especie de portal estelar, un punto de encuentro entre el mundo físico que habitamos y el campo cuántico que sostiene toda creación.

Desde tiempos antiguos, los buscadores de sabiduría han considerado la glándula pineal una antena celeste, un receptor de consciencia superior. Este tercer ojo no se limita a lo biológico: es un umbral entre lo conocido y lo desconocido, con la capacidad de sintonizar con el campo cuántico, esa capa invisible y misteriosa donde todas las posibilidades coexisten.

Activar el tercer ojo no requiere de ceremonias secretas ni rituales esotéricos. Es una invitación universal a profundizar en la relación con uno mismo y con el cosmos, un llamado a sumergirse en el océano cuántico de las infinitas potencialidades.

La meditación, con su ritmo sereno, actúa como puente hacia ese campo cuántico. Al aquietarse la mente, las partículas frenéticas del pensamiento se desaceleran. Se funden, colapsan en ondas, hasta que dejamos de percibirnos como entidades separadas y nos integramos al mar universal de consciencia, en un estado que los físicos cuánticos describen como superposición.

La respiración consciente también participa en esta danza sutil. Con cada inhalación, intercambiamos átomos con el universo. Con cada exhalación, nos rendimos al flujo de la vida, creando un ritmo, una frecuencia vibratoria que sintoniza con la energía del campo cuántico.

El yoga, con su antigua alquimia de asanas y pranayama, entrelaza cuerpo, mente y espíritu en armonía con la trama energética del universo. Es una coreografía de materia y energía que afina la glándula pineal al pulso del cosmos.

La naturaleza también ofrece su sabiduría en esta sinfonía cuántica. Ciertos alimentos y suplementos (regalos de la Madre Tierra) vibran a frecuencias que invitan a la glándula pineal a alinearse con el campo energético universal. Son como diapasones que ayudan a afinar nuestro instrumento interior. Así, la glándula pineal, nuestro tercer ojo, es mucho más que un órgano endocrino: es un portal sagrado, un receptor cuántico que conecta nuestra realidad personal con los vastos reinos de lo posible. A través de la meditación, la respiración, el yoga y una nutrición consciente, podemos explorar esta conexión cósmica y despertar a la sinfonía vibrante del universo que ya vive en cada uno de nosotros.

Calcificación de la glándula pineal

La calcificación de la glándula pineal es un proceso mediante el cual esta pequeña estructura, ubicada en el centro del cerebro, se endurece por la acumulación de cristales de fosfato de calcio. Este fenómeno puede deberse a diversos factores, como el envejecimiento, la exposición prolongada al fluoruro y la inflamación crónica.

Cuando la glándula pineal se calcifica, su capacidad para segregar melatonina (la hormona que regula los ritmos circadianos) puede verse comprometida. Esta alteración afecta no solo la calidad del sueño, sino el equilibrio emocional, favoreciendo trastornos como la depresión. Además, disminuye su sensibilidad a la luz, lo que interfiere con el ciclo natural de vigilia y descanso.

No obstante, existen formas de cuidar tu salud. Evitar el contacto con el fluoruro, mantener una alimentación rica en antioxidantes y minerales esenciales, y adoptar prácticas que reduzcan el estrés, como la meditación, el contacto con la naturaleza y una respiración consciente, ayudan a preservar su vitalidad y sensibilidad.

Proteger esta glándula va más allá del bienestar físico: es abrir la puerta a una existencia más lúcida, armónica y profundamente conectada con la esencia del ser.

Nuestro sistema no necesita sustancias para explorar la consciencia

Bienvenido a un mundo donde lo místico y lo biológico convergen. Un espacio en el que la respiración (base de la vida) se convierte en una puerta hacia experiencias trascendentales. Un lugar donde la sabiduría ancestral se entrelaza con el conocimiento científico contemporáneo.

Aquí, el aliento no es solo una función autónoma que nos mantiene vivos; es una llave capaz de abrir los reinos ocultos de nuestra conciencia. En este universo interior, entra en escena la DMT, o N,N Dimetiltriptamina, un compuesto psicodélico que la naturaleza dispersa generosamente a lo largo del reino biológico, tejiéndose en el entramado de la vida: desde los seres humanos y los animales, hasta plantas sagradas como la Ayahuasca.

La Ayahuasca, también conocida en diversas regiones de la Amazonía como yagé, es una decocción ceremonial ancestral preparada a partir de la combinación de dos plantas maestras: Psychotria viridis –conocida como Chacruna– y la liana Banisteriopsis caapi. Las hojas de la Psychotria viridis contienen N,N Dimetiltriptamina, un compuesto psicodélico de acción breve pero profunda, considerado uno de los más potentes encontrados en la naturaleza.

No obstante, cuando la DMT se ingiere por vía oral, normalmente es inactivada por la enzima monoaminooxidasa (MAO) presente en el sistema digestivo. Es aquí donde interviene la Banisteriopsis caapi, que, aunque no contiene DMT, alberga alcaloides betacarbolínicos –como la harmina, la harmalina y la tetrahidroharmina–, que actúan como inhibidores reversibles de la monoaminooxidasa (IMAO). Estos compuestos permiten que la DMT permanezca activa el tiempo suficiente para cruzar la barrera digestiva, llegar al sistema nervioso central y desplegar sus efectos visionarios.

Este delicado equilibrio químico no es fruto del azar, sino evidencia de la sabiduría milenaria de los pueblos indígenas amazónicos, que, a través de prácticas rituales y conocimiento transmitido por generaciones, han utilizado el yagé como un puente hacia la sanación, la expansión de la conciencia y el diálogo con el mundo espiritual.

Es conveniente resaltar que lo que hace que la DMT sea aún más fascinante no es solo su presencia extendida en la naturaleza, sino su íntima relación con el cuerpo humano.

No somos solo espectadores en este teatro psicodélico; somos parte integral de la obra. La glándula pineal se ha postulado como una posible fuente endógena de DMT, entrelazando este compuesto con lo más esencial de nuestro ser. Incluso nuestros pulmones, órganos del aliento, podrían contener enzimas necesarias para metabolizar DMT, lo que refuerza aún más su conexión con la respiración y las experiencias trascendentes que pueden surgir de ella. Y, sin embargo, el universo de la DMT y su potencial terapéutico ha permanecido velado por el misterio. Durante décadas, su estudio fue interrumpido, su valor subestimado y su poder marginado por el estigma social y las restricciones legales impuestas sobre las sustancias psicodélicas.

Hoy los tiempos están cambiando. Una nueva ola de interés impulsa el resurgimiento de la investigación psicodélica, y la DMT ha vuelto al centro del escenario científico. Paralelamente, se multiplican los testimonios de personas que, a través del simple acto de respirar, han vivido experiencias comparables a las inducidas por la DMT.

La respiración, esa función vital a menudo subestimada, podría estimular la producción natural de DMT en el cuerpo, dando lugar a experiencias profundas, transformadoras y, en muchos casos, sanadoras. Sin embargo, no debemos olvidar que el cuerpo humano no es un terreno de juego, sino un templo.

A medida que exploramos los territorios inexplorados de la conciencia para fines terapéuticos y científicos, y honramos el uso ceremonial de las plantas, es fundamental mantener una actitud de respeto hacia la intención y el entorno. Nuestros cuerpos albergan potenciales aún no comprendidos, y a través del trabajo consciente con la respiración, podemos iniciar un viaje extraordinario hacia nuestro propio cosmos interior y hacia la evolución del ser.

Nota legal y cultural:

El contenido de este libro se ofrece exclusivamente con fines informativos y educativos. No constituye, en ninguna circunstancia, asesoramiento médico, diagnóstico clínico, indicación terapéutica ni recomendación para el uso de sustancias psicoactivas. Aunque existe un creciente interés científico por los posibles beneficios terapéuticos de la N,N. Dimetiltriptamina (DMT) y el potencial del trabajo respiratorio para inducir estados de conciencia ampliados, estos campos siguen siendo objeto de estudio, y su comprensión completa aún no ha sido alcanzada por la comunidad científica. Asimismo, este libro reconoce y honra profundamente a las comunidades indígenas que, desde tiempos ancestrales, han utilizado plantas como la Ayahuasca (o yagé) dentro de contextos rituales, espirituales y medicinales. Estas prácticas sagradas forman parte de un patrimonio cultural invaluable que debe ser protegido y respetado. Su uso fuera de dichos contextos tradicionales, sin la debida preparación, guía ceremonial y comprensión cultural, puede resultar inapropiado, riesgoso y, en muchos casos, ilegal.

El uso, posesión, preparación y distribución de la DMT y de otras sustancias psicodélicas está estrictamente regulado en numerosos países y territorios. Cualquier acto relacionado con estas sustancias debe realizarse únicamente conforme a las leyes locales vigentes y, cuando corresponda, bajo la supervisión de profesionales autorizados o dentro de marcos legales y éticos claramente establecidos.

Del mismo modo, aunque el trabajo respiratorio es generalmente seguro, puede generar respuestas físicas o emocionales intensas. Se recomienda encarecidamente practicarlo bajo la guía de profesionales debidamente formados, especialmente en personas con condiciones médicas preexistentes o antecedentes de trauma.

El lector asume total responsabilidad por sus decisiones y experiencias. Ni la autora ni los editores de esta obra serán responsables, directa o indirectamente, por el uso indebido de la información aquí contenida.

Creatividad y expresión

Cada espíritu humano brilla con una chispa innata de creatividad.

La creatividad es la capacidad de concebir ideas o soluciones nuevas. Activa la imaginación, la originalidad y la visión a futuro para dar forma a lo que antes no existía. Puede manifestarse de incontables maneras: al componer una melodía que conmueve, al preparar un platillo memorable, al diseñar un espacio armónico, al formular una teoría científica innovadora o al idear una estrategia empresarial audaz.

Este aspecto de la expresión humana es esencial y puede cultivarse mediante la práctica y la exposición a una diversidad de experiencias y perspectivas. Las influencias culturales, sociales y ambientales, así como los rasgos de personalidad y las capacidades cognitivas individuales, moldean nuestra potencia creativa.

Con frecuencia, limitamos la creatividad al ámbito de las artes, como si fuera patrimonio exclusivo de aquellos que juegan con colores, armonías o versos. Sin embargo, esta visión apenas roza la vastedad del universo creativo. La creatividad también florece en el laberinto lógico de las ecuaciones matemáticas, en la precisión de un análisis financiero, o incluso en el acto cotidiano de cepillarse los dientes con presencia y atención.

Crear es invocar lo no visto y darle forma. A veces surge como una idea revolucionaria que emerge del vacío; otras, como una nueva disposición de elementos conocidos. En realidad, es esta última forma (la reinvención de lo familiar) la que suele protagonizar nuestras creaciones. Es parte de nuestra naturaleza: dotar de sentido a lo cotidiano, reimaginar lo habitual, y así parir lo inédito.

Imagina, por ejemplo, a un analista financiero que diseña un método innovador para interpretar datos económicos. ¿No es también un acto creativo? Al igual que el escultor revela una obra maestra en un bloque de mármol, este analista transforma información en conocimiento mediante un uso original de sus herramientas y saberes. La creatividad es un lenguaje universal que trasciende disciplinas y fronteras.

Descansar no siempre implica inactividad. A veces, basta con sentir a tu dios interior y dejar que el pensamiento creativo fluya.

Creamos nuestra realidad constantemente. La respiración consciente puede reducir el estrés, la ansiedad y las emociones negativas, factores que suelen bloquear el flujo creativo. Al promover la relajación y el enfoque, la práctica respiratoria genera un terreno fértil para que surjan ideas y soluciones nuevas.

La respiración profunda aumenta el flujo de oxígeno hacia el cerebro, lo que favorece el rendimiento cognitivo y la creatividad. Una técnica especialmente útil es la respiración alterna por las fosas nasales. Consiste en cerrar una fosa nasal mientras se inhala por la otra, luego cerrar esa y exhalar por la primera. Este patrón se repite, alternando con cada respiración. Esta práctica equilibra los hemisferios cerebrales, armonizando razón e intuición, lo cual estimula tanto la concentración como la creatividad.

Existen muchas otras técnicas de respiración que ayudan a calmar la mente, enfocar la atención y relajar el cuerpo. Todas ellas favorecen un estado interno más receptivo, donde la inspiración puede surgir con naturalidad.

Purificación de la mente

Iniciar el proceso de purificación mental requiere observar con plena consciencia los propios pensamientos. Al hacerlo, es posible reconocer patrones negativos y transformarlos desde su raíz. Este acto demanda un nivel elevado de introspección y autoconocimiento. Una vez identificadas esas tendencias mentales limitantes, puedes comenzar a disolverlas mediante afirmaciones, visualizaciones y otras prácticas diseñadas para reconfigurar tu estado interno.

El estudio de textos sagrados y escrituras antiguas es también una vía poderosa de purificación. Estas obras milenarias ofrecen sabiduría profunda y revelaciones sobre la naturaleza de la realidad, lo cual permite ampliar y elevar la perspectiva.

La repetición de mantras es otra herramienta esencial en este camino. Los mantras, con sus vibraciones sonoras, actúan como bálsamos para la mente, apaciguando el ruido interno y elevando el estado de consciencia.

El caos, aunque común, consume tiempo y energía vital. En lugar de dejarte arrastrar por él, permite que la gracia y la gratitud guíen el curso de tus pensamientos. Una mente enfocada en lo positivo tiene la capacidad de multiplicar la energía y, desde allí, obrar milagros. Confiar en el fluir de la vida abre el espacio para que cuerpo y mente alcancen la quietud. Al encontrar refugio en el ritmo de tu respiración, la mente comienza a aquietarse, a purificarse, hasta que solo queda la vibración creativa del ser.

¿De qué maneras expresas tu creatividad?

_____

_____

_____

_____

_____

_____

_____

_____

_____

Ayúdanos a compartir la magia

Tu reseña puede encender una transformación. Las mejores aventuras no están en tierras lejanas, sino en los corazones que tocamos en el camino.

¡Hola, spiritual mamis y panas conectados!

¿Saben algo? Quienes comparten su luz con el mundo, brillan todavía más.

Por eso este propósito que estamos construyendo juntos me emociona tanto. Porque esto no se trata solo de leer un libro... se trata de crecer, de recordar quiénes somos, y de acompañar a otros en su propio despertar.

Y hoy quiero pedirte un pequeño gran favor: ¿Te animas a tenderle la mano a alguien que, como tú en algún momento, está buscando una guía para comenzar a moldear su realidad?

Mi misión es clara: hacer que la magia de MOLDEANDO NUESTRA REALIDAD se convierta en una luz para todos. Cada palabra, cada página, cada paso que doy, está dedicado a eso. Pero para llevar esta luz al mundo... ¡te necesito a ti!

Verás, muchas personas eligen un libro basándose en lo que otros dicen sobre él. Por eso, hoy te pido este acto de amor, en nombre de un alma que aún no conoces:

¿Podrías dejar una reseña de este libro? Tus palabras, que te tomarán menos de un minuto escribir, podrían cambiarle la vida a alguien. Tu reseña puede ayudar a que:

- Un lector joven descubra su fuerza interior.
- Un padre o madre se conecte de una forma nueva con su hijo(a).
- Un maestro inspire a toda su clase.
- Alguien que se siente solo descubra que pertenece a algo más grande.
- Otro soñador dé su primer paso hacia el cambio.

¿Sabías que compartir algo hermoso crea una ola de alegría?

Si crees que este libro puede iluminar el camino de alguien más, ¿por qué no regalarle esa chispa?

Para dejar tu huella mágica y hacer una diferencia real, solo tienes que dejar tu reseña.

Es fácil, rápido y significa el mundo para mí:

Escanea el código QR aquí abajo para dejar tu reseña.

Si estás sonriendo al pensar en ayudar a alguien que aún no conoces… entonces eres verdaderamente especial.

Bienvenido(a) al círculo de los moldeadores de realidades, los respiradores conscientes, los creadores de cambio.

Estoy feliz de ayudarte a explorar, crecer y transformar tu vida con más rapidez, facilidad y alegría de lo que imaginaste.

Gracias.

Ahora sí… ¡sigamos con nuestra aventura!

Con cariño infinito.

CAPÍTULO 4

Observando
el corazón

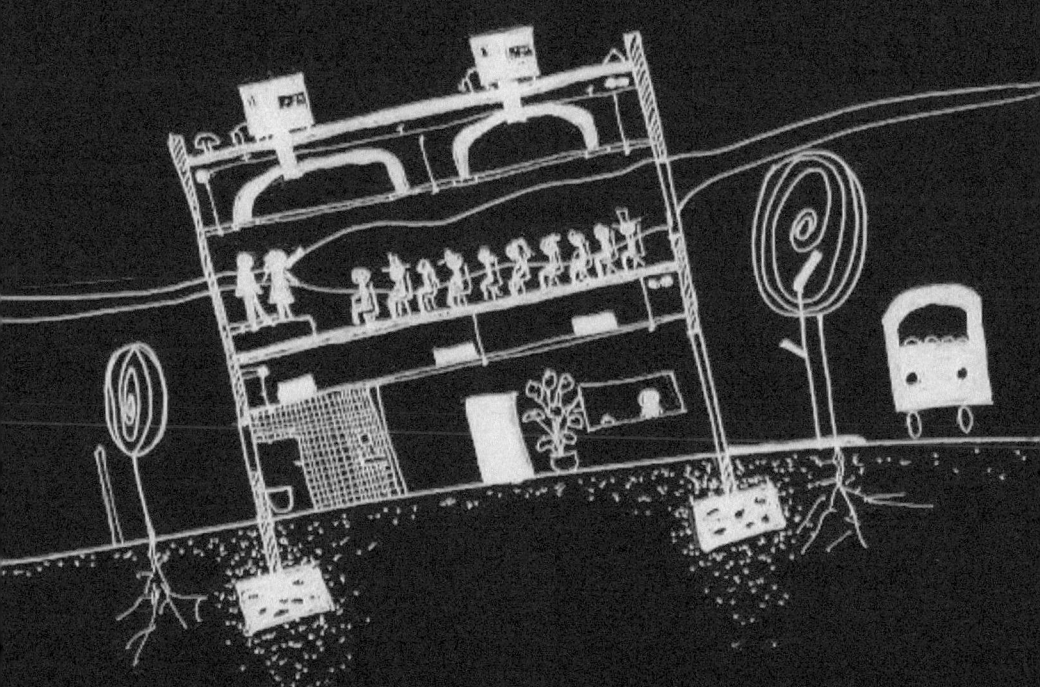

El corazón

Nuestra percepción del corazón está evolucionando; ya no lo vemos únicamente como una bomba que impulsa sangre, sino como un participante activo en nuestra fisiología y psicología. El corazón y el cerebro están profundamente entrelazados; de hecho, el corazón envía más señales al cerebro que de modo contrario. En su interior alberga una compleja red neuronal, conocida como el *cerebro del corazón*, capaz de almacenar memoria, aprender e incluso tomar decisiones de manera independiente del cerebro craneal.

Las emociones positivas (como la gratitud, el cuidado y la compasión) actúan como catalizadoras de la coherencia cardíaca, un estado de armonía en la comunicación entre el corazón y el cerebro que favorece la salud y reduce el estrés. Una práctica eficaz para acceder a estos beneficios es la respiración centrada en el corazón: una técnica que consiste en respirar de forma rítmica mientras se enfoca la atención en el área cardíaca.

El corazón genera un campo electromagnético potente, que se extiende más allá de los límites físicos del cuerpo. La intensidad de este campo sugiere una interconexión a gran escala, cuya magnitud aún no comprendemos del todo debido a las limitaciones de nuestros instrumentos de medición actuales. La ciencia del corazón nos invita a explorar esa interconexión, no solo dentro de nosotros mismos, sino también con todo lo que nos rodea y quizás, con el universo entero.

El Dr. J. Andrew Armour, reconocido neurocardiólogo, revolucionó nuestra comprensión de la interacción entre el sistema nervioso y el corazón al introducir en 1991 el concepto del corazón-cerebro funcional.

Su investigación se centró en descubrir y caracterizar una red especializada de neuronas que forma un puente funcional entre el sistema nervioso autónomo y el corazón. Esta red, a la que denominó *sistema nervioso cardíaco intrínseco*, desempeña un papel fundamental en la regulación de la función cardíaca y ha abierto nuevas perspectivas para el diagnóstico y tratamiento de enfermedades cardiovasculares.

Uno de sus hallazgos más relevantes fue la identificación de un conjunto de neuronas localizadas en el epicardio (la capa más externa del corazón) que reciben información directa del sistema nervioso central. Este descubrimiento cuestionó la visión tradicional de que el corazón estaba regulado únicamente por el sistema nervioso autónomo y dio lugar a nuevas líneas de investigación sobre el papel del sistema nervioso cardíaco intrínseco en la salud cardiovascular.

A lo largo de sus estudios, el Dr. Armour ha demostrado que estas neuronas intrínsecas no solo integran, sino que también modulan las señales provenientes de las ramas simpática y parasimpática del sistema nervioso autónomo, afectando directamente el ritmo, la frecuencia y la contractilidad del corazón.

Además, su trabajo ha arrojado luz sobre la participación del sistema nervioso cardíaco intrínseco en diversas patologías cardiovasculares. Por ejemplo, ha evidenciado que, tras un infarto de miocardio, estas neuronas pueden activarse y contribuir al desarrollo de arritmias y a la insuficiencia cardíaca.

Autor de numerosos artículos en prestigiosas revistas científicas y galardonado por sus contribuciones pioneras, el Dr. Armour ha trazado el camino hacia nuevas estrategias de tratamiento basadas en una comprensión más profunda de la neurocardiología.

Su legado científico refuerza la idea de que el corazón cumple un papel mucho más significativo en la salud y el bienestar humanos de lo que se creía. Hoy sabemos que prácticas dirigidas a mejorar la coherencia cardíaca pueden generar efectos profundamente positivos en nuestra salud integral y en la calidad de vida.

Basado en investigaciones del Instituto HeartMath, una organización sin ánimo de lucro dedicada al estudio de los efectos fisiológicos y psicológicos del corazón en la salud y el bienestar humanos.

Coherencia cardíaca

Hoy en día, algunos de los investigadores más avanzados del mundo, como el Instituto HeartMath, Gregg Braden y el Dr. Joe Dispenza, integran técnicas de coherencia cardíaca en sus programas y eventos en vivo.

La coherencia corazón cerebro se refiere a la sincronización armónica entre estos dos órganos, que comienzan a comunicarse de manera fluida y cooperativa. Esta conexión no es meramente simbólica: el corazón posee su propio sistema nervioso intrincado, conocido como el "cerebro del corazón", capaz de enviar señales directas al cerebro a través del sistema nervioso.

Estas señales inciden en funciones cognitivas, emocionales y fisiológicas, moldeando desde nuestros pensamientos hasta nuestras respuestas emocionales. Cuando el corazón y el cerebro entran en coherencia, los ritmos cardíacos se vuelven más estables y ordenados, lo que a su vez influye positivamente en las ondas cerebrales.

Este estado de sincronía ha sido vinculado con beneficios significativos: mayor claridad mental, equilibrio emocional y mejor salud física.

La coherencia entre corazón y cerebro puede cultivarse mediante prácticas como la meditación, la respiración consciente y la atención plena. Al nutrir este estado, no solo armonizamos nuestro mundo interior, también potenciamos nuestro bienestar integral y nuestra capacidad de vivir con mayor presencia y propósito.

La conexión entre el corazón y la mente

«El corazón humano es mucho más que una bomba eficiente que sostiene la vida. Es un portal hacia una fuente de sabiduría e inteligencia a la que podemos recurrir para vivir con mayor equilibrio, creatividad e intuición».
—*Gregg Braden*

Respirar desde el corazón es nuestra conexión con la vida: una fuerza inconsciente, pero poderosa que habita en nuestro interior, esperando ser reconocida, canalizada y cultivada.

Mana te llama a detenerte por un instante y escuchar los sonidos del corazón, mientras entabla una conversación eterna con el cerebro. La respiración Mana es un viaje hacia la empatía consciente. Esta práctica te anima a sintonizar frecuencias más elevadas, como si giraras el dial de tu emisora interior y descubrieras melodías jamás escuchadas. Abraza la respiración, y ella te llevará al aquí y al ahora: un estado sereno donde cesan las olas implacables de la mente.

En esa calma se abre un espacio infinito de paz, que se expande como el universo, libre de las ataduras del tiempo.

En este espacio de quietud, la mente y el corazón entonan un mismo acorde, vibran en armonía y dan origen a la conciencia. Es un lugar suspendido entre los pensamientos, un santuario donde florece tu verdadero ser.

Observar no es una cualidad de la mente, sino una expresión de la conciencia. La esencia de la respiración consciente reside en trascender la mente analítica, pues actúa como un puente entre lo consciente y lo inconsciente.

Al observar sin juzgar, comprendes tu forma de estar en el mundo. Respirar de manera consciente despeja el desorden mental y abre espacio para que puedas manifestar tu destino. Observa tu mente. Mira tus pensamientos como hojas que flotan sobre un río, pero evita sumergirte en su corriente. En el instante en que el juicio aparece, la observación se desvanece.

Eres mucho más que tus urgencias y pensamientos. Tu esencia no se define por lo que tienes ni por lo que deseas. Cuanto más insistes en ser el observador, más fácil se vuelve atravesar las construcciones mentales formadas por experiencias y percepciones pasadas que yacen en tu inconsciente.

Respirar desde el corazón te permite ser observador, oyente y creador. Es una invitación a volver a la esencia del ser: observar, respirar y existir dentro del gran diseño de la vida. Esta práctica te ayuda a resonar con la sinfonía armónica de tu existencia, recordándote que cada latido de tu corazón es una nota más en la gran composición del universo.

Observa tus emociones

Atrévete a mirar tus emociones de frente, no como quien las evalúa, sino como el que las abraza con curiosidad. No tienes que catalogarlas ni entenderlas del todo. Solo permite que fluyan, libres de etiquetas. Eres más que tus estados emocionales; eres el espacio que los contiene.

Tu identidad no es un molde fijo, sino un tapiz vivo que se va tejiendo con cada pensamiento, cada emoción, cada historia que te has contado para darle sentido a lo vivido. Y está bien. Pero no te pierdas en ese relato. No confundas el hilo con las manos que lo sostienen.

Empieza a observar esos hilos con atención amorosa. Cuanto más consciente seas de ellos, menos poder tendrán sobre ti. Ya no serás la embarcación azotada por la tormenta, sino el mar que la sostiene: profundo, inmenso, paciente. Las emociones son olas, y tú eres el océano. Esta comprensión no minimiza lo que sientes. Al contrario: lo enaltece. Te muestra que puedes sentir con intensidad sin perder tu centro. No eres un personaje secundario en tu historia, eres el autor. Las emociones pintan tu paisaje, pero no son quienes lo habitan.

Ahí reside tu libertad. En la capacidad de presenciar tus pensamientos y emociones sin quedarte atrapado en ellos. En honrar lo que sientes sin dejar que te limite. En recordar que eres mucho más que un instante emocional. Eres el cielo que recibe las nubes, el mar que danza con las olas, el lugar donde las emociones pasan, pero no se quedan. Sé consciente. Sé compasivo. Y, sobre todo, sé tú.

«Cuando hay coherencia entre el corazón y la mente,
el cuarto paso es un salto cuántico:
del corazón al ser, al campo unificado, al núcleo mismo de nuestra existencia.
De pronto, tu energía vital —tu individualidad— se expande y se funde con el todo.
Somos uno. No hay separación. No existe el tiempo ni el espacio.
Eres amor incondicional. Eres la vida misma en su forma más pura.
La inteligencia de tu cuerpo activa la sanación.
Sientes gratitud por todo, y esa gratitud se convierte en
la única oración verdadera».
—Gregg Braden

Practicar la técnica de HeartMath incrementa la coherencia cardíaca y fortalece nuestra capacidad de autorregular las emociones desde un centro interno más intuitivo, inteligente y equilibrado.

¿Qué son las emociones reprimidas o no procesadas?

¿Alguna vez has sentido un punto sensible en tu cuerpo que, al ser estimulado, provoca una liberación emocional tan profunda que te deja llorando? Es una experiencia poderosa.

Muchos creen que este fenómeno se debe a traumas que han quedado almacenados en el cuerpo. De hecho, los síntomas del estrés traumático también pueden manifestarse a nivel físico. Nuestro cerebro tiende a asociar ciertas zonas del cuerpo con recuerdos específicos, a menudo de forma inconsciente. Cuando estas áreas se activan, pueden desencadenarse memorias y emociones. Así, las emociones se generan de manera constante, estemos o no conscientes de ellas.

El trauma y las emociones no resueltas pueden cristalizarse como energía estancada en el cuerpo. Estas vibraciones emocionales atrapadas hacen que los tejidos circundantes vibren en la misma frecuencia de resonancia. Se considera que cada emoción retenida habita en una región particular del cuerpo, vibrando con una frecuencia específica. Esto puede generar bloqueos o acumulaciones energéticas, haciéndote más propenso a revivir ese estado emocional una y otra vez. Cuando experimentas una oleada repentina de emoción durante una práctica o tratamiento, no es solo un fenómeno mental: también se manifiesta en tu cuerpo.

Trauma y emociones atrapadas

El trauma es un acontecimiento (o una serie de ellos) que sobrepasa la capacidad de una persona para afrontarlo, dejándola en un estado de vulnerabilidad y desamparo. Puede manifestarse de muchas formas: abuso físico o emocional, agresión sexual, desastres naturales o la pérdida de un ser querido.

Casi todos, en algún momento de la vida, atravesamos por experiencias traumáticas.

Las emociones atrapadas son energías emocionales no resueltas que permanecen estancadas en el cuerpo debido a la imposibilidad de procesarlas y liberarlas adecuadamente. Su origen puede estar en traumas pasados, en estados prolongados de estrés o en conflictos internos no resueltos.

El trauma muchas veces lleva a reprimir las emociones como un mecanismo de supervivencia. Sin embargo, esta represión puede traducirse en síntomas físicos como tensión muscular, dolor crónico o enfermedades persistentes.

Cuando las emociones se quedan atrapadas en el cuerpo, interfieren con tu capacidad de vivir plenamente el momento presente. Estas cargas emocionales pueden dar lugar a ansiedad, depresión y otros desequilibrios mentales, así como a manifestaciones físicas como dolores de cabeza, fatiga y malestares recurrentes.

La acumulación de emociones atrapadas también puede aumentar la sensibilidad emocional. Cuando enfrentamos una nueva situación traumática, esas emociones latentes pueden reactivarse, intensificando la respuesta emocional y amplificando el impacto del nuevo suceso.

A través de la respiración consciente, puedes observar tanto el trauma como las emociones atrapadas, y liberar aquello que ya no te sirve. Respirar es recordar que siempre hay un camino de regreso al cuerpo, a la calma, a tu verdad más profunda.

Un lenguaje emocional

Al hablar de la conexión entre el cuerpo y las emociones, solemos recurrir a metáforas: mariposas en el estómago, el corazón que estalla de alegría o una carga sobre los hombros. Pero ¿y si estas expresiones fueran más literales de lo que imaginamos? ¿Dónde sentimos realmente las emociones?

Las emociones no son fenómenos abstractos. Son experiencias fisiológicas que se manifiestan a través del cuerpo. Cada emoción, desde las oleadas intensas del amor hasta los abismos paralizantes de la tristeza, se expresa como una sensación física concreta. El cuerpo se convierte en el instrumento que traduce y porta el susurro de esas corrientes emocionales.

Existe una danza entre tus emociones y el sistema nervioso simpático. Tu cuerpo está siempre escuchando. Cuando atraviesas una situación que percibes como amenazante o estresante, no solo lo piensas: lo sientes. Tu corazón se acelera, tu respiración se vuelve superficial, tus músculos se tensan. Esta orquesta fisiológica es dirigida por el sistema nervioso simpático, tu aliado interno en momentos de emergencia. Él decide si luchar, huir o congelarte.

Este sistema fue diseñado con una sabiduría ancestral para protegerte. Pero en un mundo donde los peligros no son un león acechando en la selva, sino un correo que no llega, una conversación pendiente o un pensamiento repetitivo, el cuerpo puede quedarse atrapado en alerta constante.

Ahí es donde entra la respiración consciente: como una llave que abre la puerta al equilibrio, como un puente que conecta tu mente agitada con el refugio sereno de tu cuerpo.

Las emociones son como mareas, y tú eres la playa. Algunas llegan suaves, apenas perceptibles. Otras rompen con fuerza, arrastrando lo que encuentran a su paso. Pero todas dejan señales: ese nudo en el estómago, la presión en el pecho, el calor que se esparce por tus mejillas.

Esas sensaciones no están ahí por casualidad. Son mensajes.

Aprender a escucharlas —sin juzgar, sin huir— es un acto de valentía y de amor propio. Al sintonizar con las señales del cuerpo, desentierras la emoción.

Es hablar el idioma del cuerpo, ese que nunca miente y que siempre supo lo que necesitabas, incluso cuando tú lo habías olvidado. Pero nadie nos enseñó este lenguaje. Nos enseñaron a silenciarlo, a ignorarlo, a disfrazarlo. Hoy, quizás por primera vez, puedes empezar a recordarlo.

Emociones no resueltas

Las emociones no resueltas son aquellas que permanecen sin ser procesadas, integradas o comprendidas. Se alojan en lo profundo del cuerpo y la mente, generando un malestar persistente que puede afectar nuestro bienestar emocional, mental y físico.

Estas emociones pueden tener múltiples orígenes: una pérdida significativa, un duelo no expresado, experiencias traumáticas, conflictos interpersonales, sentimientos de culpa o relaciones inconclusas.

Reconocerlas no siempre es fácil. A menudo se manifiestan a través del cuerpo: dolores de cabeza, malestares estomacales, insomnio o tensiones musculares que no parecen tener causa aparente. En lo conductual, pueden expresarse como evasión, irritabilidad, retraimiento o hábitos autodestructivos.

Una de las emociones más comunes que puede quedar sin resolver es el duelo. El proceso de duelo no sigue una línea recta ni tiene un plazo determinado. A veces necesitamos el apoyo de otros para transitarlo. Cuando no se expresa, ese dolor puede transformarse en ansiedad, depresión u otros trastornos emocionales.

Los conflictos no resueltos también pueden dejar una huella emocional duradera. Aunque la situación externa se haya calmado, es posible que la rabia, la tristeza o la frustración persistan si no hemos sanado la raíz del conflicto. La culpa o la vergüenza también pueden aparecer, enredando aún más nuestro mundo interno.

En otros casos, las emociones no resueltas son consecuencia de un trauma.

Este puede dejarnos con emociones tan intensas que sentimos que nos sobrepasan. La ansiedad, el miedo o el desgano profundo pueden ser señales de que algo dentro de nosotros sigue pidiendo ser escuchado. En situaciones más severas, puede desarrollarse un trastorno de estrés postraumático (TEPT), que prolonga el sufrimiento emocional.

Abordar estas emociones requiere valentía. Implica detenernos, observarnos y permitirnos sentir. Es posible que necesitemos acompañamiento: amistades cercanas, familiares, consejeros, terapeutas o guías que nos ayuden a transitar ese proceso. También puede ser útil integrar prácticas como la meditación, el movimiento consciente, la respiración, la escritura o la expresión creativa.

Sanar no siempre es inmediato. Es un camino que se recorre paso a paso, con compasión y presencia. Pero cada emoción que se reconoce, se expresa y se libera, nos acerca a una vida más íntegra y luminosa.

Recuerda: no estás solo. Hay personas en todo el mundo dispuestas a sostenerte, y dentro de ti existe una fuerza inmensa esperando ser despertada.

La respiración sanadora y la regulación emocional

La respiración nos permite conectar directamente con nuestras emociones a través del cuerpo. Como práctica capaz de activar o calmar el sistema nervioso, se convierte en un puente entre nuestras emociones y nuestro mundo físico.

Técnicas corporales como el yoga, el taichí o el masaje también pueden ser fundamentales para liberar emociones alojadas en el cuerpo. Estas prácticas promueven una conexión consciente y deliberada entre las sensaciones físicas y las vivencias emocionales. Ejercicios de atención plena y de enraizamiento ayudan a reconectar con el cuerpo, especialmente en momentos de sobrecarga emocional. Métodos como la relajación muscular progresiva (que consiste en relajar intencionalmente cada parte del cuerpo) nos devuelven al momento presente y nos permiten procesar y liberar emociones desde lo físico.

El tapping, o técnica de liberación emocional, combina la reestructuración cognitiva con la estimulación de puntos específicos del cuerpo, similares a los usados en acupresión. Puede ser especialmente eficaz frente al estrés, la ansiedad y otras emociones intensas.

Otras prácticas somáticas, como el Somatic Experiencing (SE) o los Ejercicios de Liberación de Tensión y Trauma (TRE), se centran en observar y liberar las tensiones físicas que habitualmente acompañan al estrés emocional.

La psicoterapia también cumple un rol esencial, sobre todo aquellas corrientes que integran cuerpo y mente, como la psicología somática.

Trabajar con un terapeuta en este enfoque ofrece un espacio seguro para explorar emociones y reconocer cómo se manifiestan en el cuerpo, integrando experiencias emocionales con patrones somáticos.

Escuchar al cuerpo es fundamental. Cada ser humano es único, y distintas herramientas resonarán con distintas personas. Lo más importante es encontrar aquello que funcione para ti y honrar tu proceso con compasión y presencia.

La respiración consciente es una herramienta de gran poder. Al enfocar nuestra atención en el ritmo y la profundidad del aliento, podemos modular nuestros estados emocionales: calmar la ansiedad o activar estados de ánimo decaídos. Su simplicidad y accesibilidad la convierten en una aliada poderosa para la salud emocional y el autoconocimiento.

El procesamiento emocional no es únicamente mental; involucra al cuerpo en su totalidad. Es un proceso holístico que unifica mente, cuerpo y espíritu, permitiéndonos alcanzar mayor integración y bienestar. Se trata de soltar la antigua idea de separación entre lo físico y lo emocional, y abrazar la unidad de nuestro ser completo.

No existe una forma correcta o incorrecta de liberar emociones del cuerpo. Actividades que nos aportan alegría y vitalidad pueden facilitar el manejo de nuestros estados internos. Reconocer nuestras emociones es un acto de honestidad. Implica aceptar lo que sentimos sin negar ni reprimir.

A través de la respiración podemos observar cada emoción, porque cada una se refleja en el patrón del aliento. La respiración no miente. Al reconocer lo que sentimos, nos damos permiso para experimentarlo y respirarlo, en lugar de reprimirlo.

Cada vez que observamos nuestras emociones y las dejamos ser, ejercemos un acto de valentía: nos mostramos dónde estamos, con autenticidad.

Cuando somos conscientes de cómo nos sentimos, reaccionamos con mayor ecuanimidad ante las situaciones. En cambio, al reprimir nuestras emociones pueden acumularse y derivar en ansiedad, depresión o enfermedades físicas.

Reconocerlas nos permite transitar por ellas con salud y desarrollar mayor resiliencia emocional.

Este acto de reconocimiento es como descifrar un lenguaje oculto: el lenguaje del enojo, la alegría, el miedo o cualquier otro matiz emocional. Es desenredar los nudos internos, nombrar lo que sentimos sin juicio, sin dureza. Desde ese lugar, nos permitimos habitar nuestras emociones, comprender su profundidad, abrazar su mensaje.

La expresión de estas emociones es entonces una liberación catártica. Como abrir un grifo, permitimos que fluyan en las páginas de un diario íntimo, en una conversación sincera con un amigo o en el espacio contenido de una terapia.

Desde esta aceptación nace una transformación: el estrés se convierte en resiliencia, los vínculos se vuelven más genuinos y la vida se colma de sentido. Dejamos de ser marionetas dominadas por los hilos invisibles de nuestras emociones y comenzamos a habitar el presente con plena conciencia. Al tomar un respiro, una pausa, un instante para observarnos, nos encontramos con nuestra verdad más profunda y respondemos con autenticidad. Ese giro en la conciencia abre las puertas de nuestra inteligencia emocional y alumbra el camino hacia una vida más consciente, íntegra y luminosa.

Armonía emocional

Surfeando la marea emocional

Las emociones se parecen al mar. Hay días en que sus aguas nos acarician con calma, y otros en que nos sacuden con fuerza, como si quisieran despertar algo que llevamos dormido dentro. A veces suaves, a veces feroces, siempre verdaderas. En medio del vértigo diario, olvidamos que sentir es vivir. Nos acostumbramos a contener lo que somos, a alejarnos del oleaje interior. Pero quizá ha llegado el momento de regresar al cuerpo, al pulso del alma, y sumergirnos en una nueva forma de estar con lo que sentimos.

Abrazar las mareas emocionales y el arte de aceptar

Aceptar nuestras emociones no significa rendirse; significa abrir los brazos a todo lo que somos. Cada emoción trae un mensaje, aunque al principio no sepamos descifrarlo.

Como olas que tocan la orilla, llegan para mostrarnos algo: una necesidad no expresada, un anhelo escondido, una herida que pide ser vista.

Cuando aprendemos a escuchar con el corazón, incluso la tristeza se vuelve guía, incluso el miedo puede ser un faro. No se trata de resistir el oleaje, sino de aprender a flotar en él.

Sentir para sanar y el coraje de quedarte contigo

Sentir de verdad requiere valor. En una sociedad que idolatra la prisa, sentarse a sentir parece un lujo; en realidad es un acto de profunda honestidad. Requiere quedarte contigo, incluso cuando duela. Respirar contigo. Escuchar sin querer cambiar nada. Dejar que las lágrimas, si llegan, limpien. Que la rabia te hable. Que la alegría te tome por sorpresa. Sentir es volver a casa.

Surf mental

La inteligencia emocional no es ausencia de emociones, sino presencia en medio de ellas. Es poder nombrar lo que sientes sin juzgarte. Es permitir que la emoción suba como una ola y confiar en que también va a bajar. Con práctica, aprendes a leer el mar antes de que se levante la tormenta. Y cuando llega, sabes que puedes navegarla. Porque conoces tu centro. Porque ya no eres rehén de lo que sientes: eres testigo, eres navegante.

Navegar la tormenta

Habrá días difíciles. Eso es seguro. Pero también es seguro que esos días no definen tu historia. Lo que importa no es evitar el dolor, es aprender a atravesarlo con conciencia. La resiliencia nace del permiso de sentir, de la ternura contigo misma, contigo mismo, cuando el mundo dentro de ti tiembla.

Anclarse en el presente

La respiración es tu ancla. Siempre está contigo. En medio del caos, puedes cerrar los ojos, sentir cómo entra el aire, cómo sale. Y recordar: estás aquí. Estás viva. Estás vivo. La atención plena no es otra tarea más, es un regreso suave a lo esencial. Es mirar dentro sin juicio, con curiosidad. Sentir tus emociones como se sienten las olas en los pies cuando caminas por la orilla: sin resistencia, sin miedo.

Hacia un horizonte armónico

Imagina por un momento que no tienes que controlar lo que sientes. Que puedes simplemente estar contigo. Que puedes confiar en tu capacidad de sostenerte, de transformarte. Ese es el nuevo paradigma emocional: vivir desde la armonía, no desde la lucha. Sentir sin culpa. Habitarte con presencia. Y desde ahí, caminar hacia un horizonte más claro, más tuyo. Donde la vida, incluso con sus mareas, se vuelve un lugar más amable. Donde tú, con todo lo que eres, cabes entera. Cabes completo.

Movimiento Mana

Si nada dentro de ti permanece rígido, lo externo se revelará por sí solo. Vacía tu mente. Adquiere la forma de lo informe, lo inasible. Sé como el agua. Cuando viertes agua en una taza, se convierte en la taza. Si la pones en una botella, se transforma en la botella. La llevas a una tetera, y asume la forma de la tetera. El agua puede fluir con suavidad o estrellarse con fuerza. Sé agua, amigo mío.
—Bruce Lee

Explora el templo vivo que es tu cuerpo. Ese espacio sagrado donde habita tu fuerza, tu memoria y tu espíritu. ¿Te has detenido a contemplar la gracia de un cuerpo en movimiento? Los movimientos precisos del atleta, el gesto sutil del bailarín, el juego invisible entre intención y acción. Lo que ves no es sólo técnica: es presencia, es conexión.

Cada vez que decides moverte: elevar los brazos, girar sobre ti, seguir el pulso de un tambor o lanzar una pelota al viento, tu cerebro despierta y comienza su propia coreografía. Envía señales que recorren tu cuerpo como chispas en un circuito perfecto. Los nervios conducen el mensaje, los músculos responden. Es un diálogo silencioso entre lo que sueñas y lo que haces. Pero el cuerpo no obedece: conversa. Y en ese intercambio nace la magia.

Tus sentidos se abren, absorben el entorno, ajustan cada gesto en tiempo real. El movimiento deja de ser mecánico y se vuelve expresión. Una manera de estar en el mundo. Mientras más te entregas, más afinado se vuelve el ritmo. Tu cuerpo aprende. Tu mente se aclara. Y algo dentro de ti se alinea con algo mucho más grande. Moverte con intención es un acto de creación. Un recordatorio de que estás vivo. No necesitas escenario ni espectadores. Solo escucha. Respira. Muévete como se mueve la vida: con libertad, con propósito, con alma. Porque en ese fluir, te encuentras.

Practicar la quietud y el silencio

Practicar la quietud es un acto intencional de desacelerar y observar, de sintonizar con el cuerpo y la mente para cultivar la calma y la paz interior. Esta práctica puede tomar distintas formas: desde la meditación o la respiración consciente, hasta el simple gesto de detenerse, recostarse y permitir que el cuerpo repose en su propio silencio.

En un mundo saturado de estímulos y distracciones, donde la conexión constante con la tecnología nos aleja de nosotros mismos, la quietud se convierte en un recurso valioso y transformador.

Darse el permiso de estar presente sin hacer, sin buscar, sin producir, abre un espacio fértil para la introspección y la renovación. Cultivar una práctica matutina basada en el silencio y la quietud puede traer innumerables beneficios: nos permite tomar conciencia de nuestros pensamientos y emociones, y nos guía hacia una mayor claridad, concentración, serenidad y fortaleza interior.

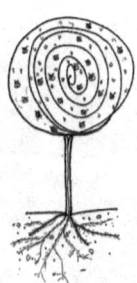

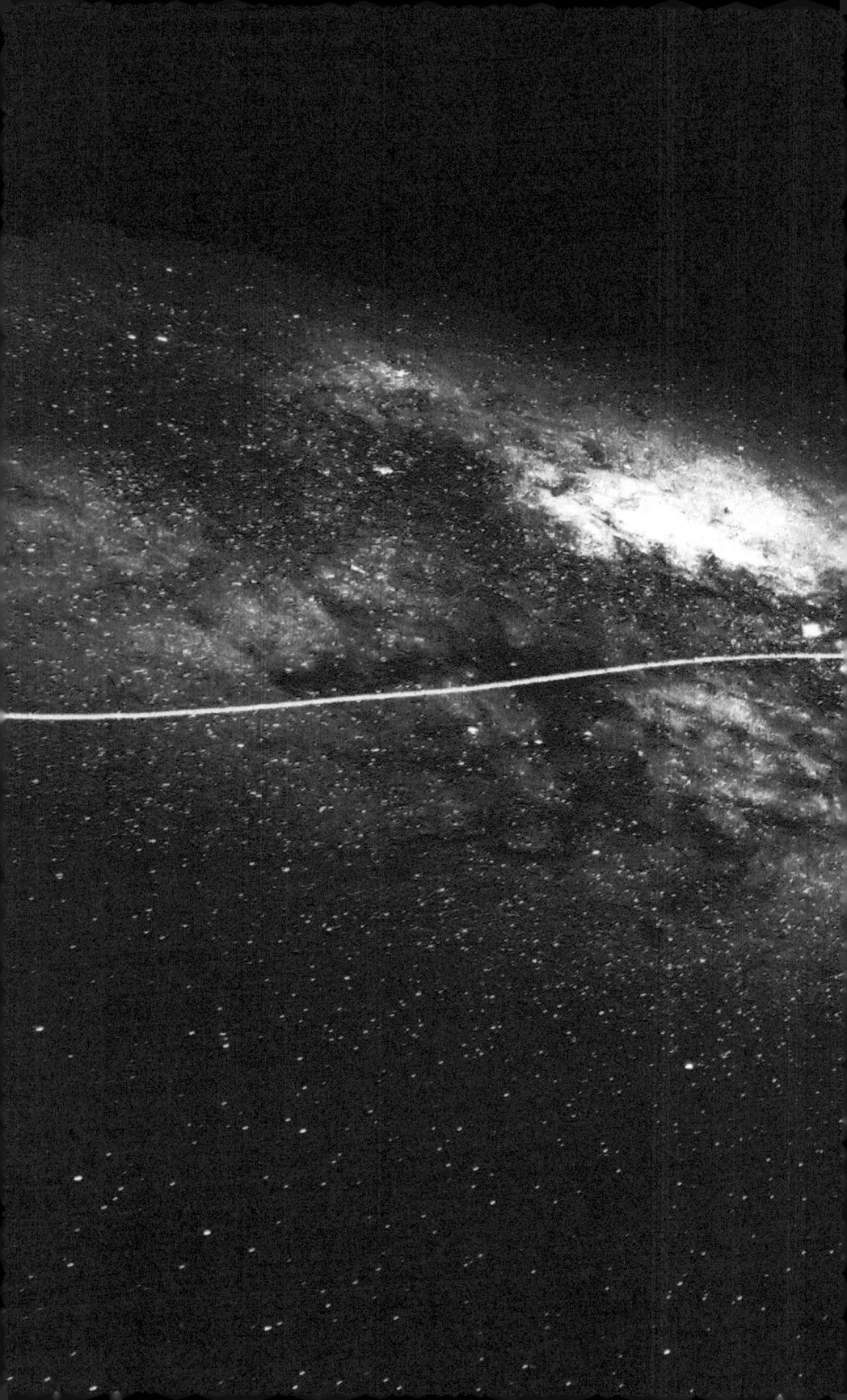

CAPÍTULO 5

Observando la energía

"Que la Fuerza te acompañe."
- Star Wars

Imagina que tienes un laboratorio donde puedes conducir experimentos en pequeñas mágicas partículas llamadas cuantones –quantum–. Estos cuantones son extraordinariamente pequeños y poseen propiedades que son gobernadas por la mecánica cuántica.

En este laboratorio, tienes un dispositivo que se llama *energizador de cuantones.* Es una máquina que, en vez de energizarlos simplemente, tiene el poder de teletransportarlos a diferentes niveles de energía, como si estuviesen saltando entre diferentes pisos de una torre.

Ahora, pensemos que, en esta torre, cada piso representa un diferente nivel de energía que un cuantón puede tener, siendo el sótano el nivel más bajo, y a medida que vas subiendo va incrementando la energía, siendo los pisos más altos los de mayor nivel de energía.

Pero el aumento de energía no tiene un aumento progresivo lineal. ¡No! El cuantón puede "saltar" entre los pisos, como si tuviesen pasajes secretos que los llevan automáticamente al nivel de energía deseada.

Para investigar el comportamiento de estos cuantones necesitas un par de lentes de realidad aumentada o dispositivos ópticos, conocidos como "gafas cuánticas". Cuando usas estas gafas y miras a los cuantones los podrás ver relucir y brillar en diferentes colores dependiendo de la energía del nivel en el que se encuentran, es un espectáculo de luces que te deja sin aliento.

Quieres ir más allá, decides explorar a profundidad y diseñas un conjunto de experimentos donde puedes manipular el energizador de cuantones para teletransportarlos a niveles más altos o bajos y así, observar su comportamiento.

En este piso, el cuantón más o menos energizado, dependiendo del nivel, interactúa de forma particular con otros cuantones y objetos. Así mismo, notas que, al moverse de nivel, estos, liberan potentes ráfagas de energía emitida en forma de luz y otros fenómenos. Es un espectáculo de fuegos artificiales sin igual.

A través de estos experimentos, puedes notar que el universo cuántico, no es un continuo, sino un "cuantizado" lo que significa que solo puede existir en cantidades específicas y discretas. Es como si estos cuantones solo pudiesen "habitar" ciertos pisos de la torre de energía pudiendo saltar entre ellos a través de sus intrigantes formas de teletransportación.

Este asombroso laboratorio y sus mágicos cuantones representan el fantástico mundo de la Mecánica Cuántica. Un Reino donde la energía se comporta de manera extraordinaria, con saltos tipo teletransportación e impresionantes exhibiciones de luces.

Durante el ejercicio de respiración consciente, exploramos las profundidades de nuestro ser, no sólo como un proceso mecánico de inhalación y exhalación, sino como una puerta de entrada a un reino expansivo de exploración energética, donde con cada inhalación atraemos fuerza revitalizante; mientras que con la exhalación liberamos energías entrelazadas, fomentando una danza dinámica entre nuestra existencia física y dimensiones energéticas.

Observar esta energía durante la respiración consciente abre la puerta a la autoconciencia y transformación personal. En este refinado proceso de autoconciencia, nos sintonizamos con el flujo de la energía, sintiendo sus sutiles matices a medida que se mueve a través de nuestro cuerpo, alimentando nuestras células y vigorizando nuestro espíritu. Este aumento en la sensibilidad nos permite reconocer y liberar los bloqueos y desbalances que impactan nuestro bienestar llevándonos a lograr la armonía y equilibrio.

La ciencia, arroja luz en la profunda influencia que nuestra respiración ejerce sobre el ser entero enlazando los reinos físicos, mentales y energéticos.

Las contribuciones de Nikola Tesla a la salud y el bienestar modernos

Tesla vio más allá de lo tangible. Él percibió el cuerpo humano no solo como carne y hueso, sino como una sinfonía de corrientes electromagnéticas resonando con la melodía de la vida, creía que al manipular estas fuerzas podría no solo dañar, sino amplificar la vitalidad corporal.

Tesla ideó equipos para manipular los campos electromagnéticos para aliviar varias condiciones de salud. Él aspiraba a llegar a la esencia de los campos de energía de nuestros cuerpos, alimentarlos, armonizar los ritmos y potencializar su equilibrio natural. Entre los inventos notables de Tesla se encuentra la *bobina de Tesla*, un dispositivo diseñado para producir corrientes eléctricas de alto voltaje y alta frecuencia. Inicialmente, concebida para revolucionar la comunicación inalámbrica y la transmisión de energía y, después, previendo su potencial para vigorizar las células del cuerpo movilizando su capacidad innata de curación.

Otro regalo de esta mente innovadora de Tesla fue la adaptación del rayo violeta, un dispositivo que emite corrientes eléctricas suaves, de alta frecuencia y bajo voltaje. Esta "varita mágica" encontró su camino a los hogares y clínicas de hoy en día, empleándose para el alivió de un amplio espectro de condiciones.

En su era, esta aproximación de Tesla al campo tecnológico de la salud se consideró radical e innovadora. Sin embargo, a medida que la rueda del tiempo gira, el velo se va desvelando, revelando el verdadero potencial de su trabajo como alternativa complementaria a la medicina convencional. El concepto, antes ridiculizado, ahora emerge como un rayo de esperanza en el ámbito de la salud y el bienestar.

Construyendo sobre los esfuerzos aportados Tesla, hoy en día la terapia electromagnética es utilizada para abordar una variedad de problemas de salud, y su legado brilla fuertemente en el mundo de la medicina energética, y su visión recibe el reconocimiento que se merece, siendo validado y puesto en práctica proveyendo consuelo y sanación.

Las nuevas conversaciones y exploraciones alrededor de los sistemas corporales energéticos nos llevan al potencial de la respiración. En lo más profundo de nuestro ser, todos somos criaturas de energía, y la capacidad de aprovechar esa energía podría ser la clave para obtener beneficios inimaginables para la salud.

Energía escalar

¿Has escuchado sobre la *energía escalar*? Esta fascinante forma de energía combina la energía eléctrica con la magnética, creando una poderosa fuerza con el potencial de influir en nuestra existencia misma.

De acuerdo con Nikola Tesla, nuestros cerebros son capaces de no solo generar, sino detectar ondas escalares a través del proceso del pensamiento. Entonces, ¿qué es exactamente la energía escalar? Es la combinación de energía eléctrica, la cual puede describirse como la energía que se expande a través de la oscilación y la fisión, con la *energía magnética*, la cual es energía que se mantiene a través de la vibración y la fusión. Las dos creando una poderosa fuerza con el potencial de afectar todo nuestro ser.

¿Cómo se relaciona la energía escalar con nuestros pensamientos? Nuestra mente es una fuente de energía que constantemente está creando patrones de energía escalar a través de los pensamientos. Estos pensamientos generan secuencias de ondas de radiación de energía bipolar (positiva y negativa) electromagnética dentro de la plantilla morfogenética personal.

Simplificando, nuestros pensamientos son patrones de onda escalar que poseen el poder de influir directamente en el funcionamiento de nuestros cuerpos, mente y espíritu y en los de los que nos rodean. En consecuencia, los pensamientos guiados adecuadamente afectan el diseño de nuestra plantilla morfogenética, influenciando los estados observables de nuestra existencia y la manifestación de los eventos.

Es un concepto fascinante que indica el poder de la mente humana y su habilidad para moldear nuestra realidad. Consideremos el increíble poder que tiene la Energía Escalar y el potencial que guarda para moldear nuestra mera existencia. Después de todo, nuestros pensamientos son más que conjuntos de ideas pasando, son fuerzas de energía fundamental que tienen el potencial de impactar el mundo que nos rodea.

Firma energética

La firma energética es el conjunto de las distintivas características energéticas de un objeto, sistema o fenómeno. Es un patrón específico de emisiones o interacciones de energía que pueden ser detectadas por un objeto o sistema de medición.

La idea enfatiza en la singularidad e individualidad de los objetos o sistemas y en la idea de que la energía puede caracterizarse y medirse de varias maneras, por ejemplo, cada elemento o molécula tiene una única y particular firma energética detectable a través de la espectroscopía. En consecuencia, todos tenemos nuestra propia firma energética distintiva.

En espiritualidad o en la medicina alternativa es la vibración o patrón de energía particular asociada a una persona u objeto. Esto se usa para describir los campos de energía sutil alrededor del cuerpo humano, o para evaluar la energía de diferentes modalidades de curación.

¿Has entrado a un lugar y has sentido la presencia de las personas que se acaban de ir? Esto es su energía impregnada. Entre más "limpia" esté nuestra energía, más fácil será detectar la energía de los demás y la nuestra.

El arte de mover energía y aire

Respirar es una herramienta poderosa para mover energía y aire por nuestros cuerpos, con práctica, se puede convertir en una forma de arte que mejora nuestros cuerpos astrales, casual y físico.

Imagina que, con cada inhalación, estás atrayendo no solo aire sino una fuerza vital que te energiza y nutre. Esta fuerza vital, algunas veces conocida como *Prana o Chi,* fluye a través de tu cuerpo y que tu respiración en el conducto para su movimiento.

Al respirar intencionadamente, puedes dirigir esta fuerza vital a las áreas dónde se necesita más, ya sea para calmar tu mente, liberar tensión muscular o fortalecer tu sistema inmunológico.

Enfócate en la sensación de tu respiración. Al inhalar, imagina que estás atrayendo energía cálida y brillante que llena tu cuerpo de vitalidad. Al exhalar, visualízate liberando cualquier incomodidad o energía negativa de tu cuerpo, permitiéndole que fluya hacia afuera con tu exhalación.

Otra técnica es la de usar patrones de respiración conscientes específicos para alcanzar diferentes efectos. Por ejemplo, puedes usar una respiración lenta para calmar tu sistema nervioso o reducir el estrés o actividad. Una respiración rápida y corta incrementa la energía y la concentración.

También, puedes usar la respiración para ayudarte a movilizar energía estancada en tu cuerpo y concertarte, esto lo puedes hacer al enfocar tu respiración en aquella área dónde sientes la tensión o molestia e imaginando que la energía fluye libremente a través del espacio.

El arte de mover la energía a través de la respiración consciente es una práctica milenaria que trae un sentido de equilibrio, balance, vitalidad y conexión con la vida misma.

Curiosidad, paciencia y dedicación te ayudará a explorar cómo tu respiración puede soportar y transformar tu experiencia.

Muchas prácticas envuelven concientización sobre el flujo de energía y aire en un espacio determinado o en el cuerpo. Cada persona interpreta y ve la energía de forma diferente, esto depende del nivel de percepción extrasensorial que posea. Ejemplos como el feng shui, o el qigong antiguas prácticas chinas dirigidas el movimiento del cuerpo u objetos para promover balance y flujo de energía.

La primera, a través de la organización de los espacios físicos donde se habita, incluye posicionamiento de muebles, plantas u otros objetos de una forma particular, así como el uso del color la luz y otros elementos para crear armonía en el ambiente. Y la segunda, un sistema de movimiento y técnicas de respiración consciente diseñadas para cultivar el balance y flujo de energía en el cuerpo empleada en la curación y en el entrenamiento en artes marciales.

Todo es percepción

Nuestra percepción da forma a nuestro entendimiento del mundo que nos rodea, en otras palabras, nuestra percepción o la forma en que interpretamos la información sensorial, determina cómo experimentamos y le damos sentido al universo.

Nuestra percepción es influenciada por varios factores, incluso nuestras experiencias pasadas, antecedentes culturales, expectativas, emociones, y enfoque atencional. Por ejemplo, dos personas pueden ver al mismo objeto de manera diferente, esta visión está basada en sus experiencias y expectativas. Adicionalmente, nuestra percepción puede ser influenciada por ilusiones, sesgos, y otros procesos cognitivos que pueden distorsionar nuestra percepción de la realidad.

Nuestra percepción no es necesariamente una representación objetiva de la realidad sino una interpretación subjetiva de la misma.

Esto significa que lo que nosotros percibimos como realidad puede diferir de lo que alguien más puede percibir y nuestras percepciones cambian con el tiempo mientras ganamos experiencia y conocimientos.

Nuestra percepción juega un rol esencial al dar forma a la comprensión que tenemos del mundo y la experimentación subjetiva sobre nuestras propias experiencias.

Sanación energética

La sanación energética trabaja con la energía natural del cuerpo o prana para promover la sanación física, emocional y espiritual. Esencialmente, es como una sintonización de nuestro sistema energético. Así como un vehículo necesita mantenimiento periódico para un adecuado funcionamiento, tus sistemas corporales necesitan ajuste para funcionar de la mejor manera.

Prana o chi, o la sanación energética es una práctica que implica tres pasos principales, escanear, limpiar y energizar.

Escanear: es el proceso de diagnóstico donde el sanador identifica áreas en el campo energético o el aura que puede estar en desbalance o bloqueo, se hace normalmente a través de la intuición, percepción sensorial, y sin contacto físico.

Limpieza: una vez se identifican las áreas en desbalance o bloqueadas, el sanador trabaja para remover obstáculos en el campo energético. Esto es hecho a través de varias técnicas.

Energizar: El paso final envuelve infundir energía positiva en las áreas a limpiar para restaurar el balance y promover la sanación.

Esto podría envolver visualización, ejercicios de respiración consciente, así como el uso de dispositivos de *biohacking* o tecnología de bioenergía. Piensa en ello como un masaje suave para el sistema energético. Al observar el cuerpo energético, los sanadores pueden ayudarte a sentirte más relajado, centrado y rejuvenecido. Es una forma no invasiva, libre de drogas y medicamentos de promover el bienestar y salud en general.

Lo más extraordinario, es que está basada en principios científicos, específicamente en los de la física, donde su base fundamental es que la energía no es ni creada ni destruida sino transformada. Al aplicar estos principios al cuerpo humano, los sanadores energéticos pueden ayudar a restaurar el balance y promover la sanación.

La conexión entre el tiempo fractal y la respiración

La vida puede sentirse como un viaje, salvaje e impredecible dónde somos lanzados al fondo de la incertidumbre, abandonados para defendernos por nosotros mismos. Es más fácil sentir que estamos a la merced del destino, que somos un peón indefenso en un juego.

Una forma de experimentar con el concepto es a través de la decodificación oculta en los patrones del universo. El científico visionario Gregg Braden fusiona los patrones modernos de la naturaleza (fractales) con la antigua visión de un universo cíclico.

A través de su investigación, Branden ha desbloqueado una nueva calculadora de código de tiempo mundial, que nos ayuda a decodificar los patrones repetitivos en nuestras vidas y el mundo a nuestro alrededor.

La calculadora de código del tiempo nos ayuda a descubrir la ocurrencia de ciertos eventos emocionales o experiencias que podrían presentarse en nuestras vidas.

Estos eventos pueden ser cualquier experiencia que nos haya marcado profundamente: desde la dicha al alcanzar un logro hasta la tristeza por una pérdida. Al observar los patrones de nuestro pasado, nuestra mente inconsciente realiza asociaciones y cálculos para anticipar cuándo podrían repetirse situaciones similares en el presente o el futuro.

Sin embargo, no se trata únicamente de predecir el porvenir, sino también de comprender que tenemos el poder de crearlo.

Cada respiración que tomamos es una oportunidad de plantar semillas en nuestras vidas, un nuevo patrón de energía que moldea nuestro destino. Y mientras estos patrones pueden no cambiar la dirección de la noche a la mañana es posible dirigirlos hacia la toma de decisiones conscientes y el emprendimiento de acciones deliberadas. Abarcando el poder del tiempo fractal, con cada respiración, se tiene la oportunidad de moldear la vida a través de patrones nuevos.

La manera más apropiada de empleo de estas condiciones para nuestro propio beneficio es, usarlas a nuestro favor, redireccionando nuestra energía desprendiéndonos de los perjuicios y observando su curso natural.

Suena fácil ¿cierto?, pero ¿cómo hacemos esto?

A través de la respiración nos mantenemos genuinos, nos permitimos sentir lo que tenemos que sentir y valoramos lo que somos, cómo somos y cómo estamos haciendo las cosas.

Respirar nos ayuda a enfocarnos en el presente, que es donde más podemos hacer cambios. Nos ayuda a ser conscientes de nuestros pensamientos, y porque nos sentimos y actuamos de ciertas maneras.

La depresión es la ira que sentimos y que no nos permitimos sentir. La ira nos muestra el dolor, miedo y frustración, y el miedo viene de las mentiras que nos creemos sobre nosotros mismos en un punto de nuestras vidas.

Entender que no es más que una conciencia de lo que no sabemos o no podemos ver y, básicamente, lo que no sabemos es nosotros mismos.

El propósito es aprender a controlar o reaccionar a la situación, es conocernos a nosotros mismos a través de las experiencias y sentimientos.

Nos juzgamos y juzgamos severamente. Al observar nuestros miedos, podemos liberar ese hilo de pensamientos y conceptos que nos mantienen en el papel de juez.

La mente dirige al cuerpo, pero es la respiración la que dirige a la mente. Para liberarnos del juicio, es necesario trascender la actividad mental, ir más allá del intelecto, hacia un espacio donde no hay razonamiento ni reflexión.

Cuando respiramos con conciencia, avanzamos en el plano físico, enraizados en el mundo localizado, pero simultáneamente, lo no local se manifiesta con plenitud, sosteniendo cada inhalación y cada exhalación.

Es un estado de contemplación profunda, serena e inalterable, inmune al miedo, al dolor, al deseo, a la ira o a cualquier otra emoción generada por el ego.

La respiración consciente Mana, es el arte de observar sin juzgarse.

Cuando reconocemos los ciclos en desarrollo, que las cosas no solo están pasando sin razón aparente, sino que podemos ver los hermosos y ordenados patrones del caos que van teniendo sentido a una gran escala; empezamos a ver dónde comienzan y donde terminan estos patrones y, este, es uno los momentos más importantes de nuestras vidas.

Estos patrones existen, pero no tenemos que ser gobernados por ellos, son como una guía que nos muestra cuando ciertas situaciones y oportunidades ocurren en nuestras vidas, pero ellos no deciden lo que nos va a suceder. Simplemente nos revelan cuándo surgen las circunstancias y oportunidades para que los acontecimientos ocurran en nuestra vida.

Una vez reconocemos estos ritmos y ciclos naturales, podemos hacer cambios positivos en nuestra vida. Cuando estamos atravesando una situación donde se reconoce el patrón, nos estamos liberamos de repetirlo al superar el juicio, y descubrimos que estamos mucho más allá de lo que pensamos; somos seres impresionantemente hermosos a cargo de nuestro destino con el poder de dirigir nuestros ciclos y esto nadie nos lo puede enseñar en el mundo. Es nuestra responsabilidad descubrirlo, pero cuando lo hallamos, lo encontraremos no sólo para nosotros, sino para todos los seres humanos porque seremos testigos en nombre de todos de que esta posibilidad existe.

A dónde va la atención va la energía.

La energía se convierte en aquello en lo que piensa.
Esta es la verdad más fundamental sobre la vida.

- Leonard Orr

Tus pensamientos son los arquitectos de tu realidad. Estas conversaciones mentales que mantienes contigo mismo son más potentes que cualquier palabra hablada, puesto que son los planos de tus experiencias y percepciones sobre el mundo.

Aun así, a menudo damos por sentado nuestros pensamientos, sin darnos cuenta del poder transformador que tienen. Como un maestro escultor tallando obras de arte en el mármol virgen de la energía, tus pensamientos dan forma a lo informe, dando vida a lo sin vida.

Pero acá está el desafío: nuestra sociedad siempre prioriza lo físico sobre lo intangible, dejándonos en un ciclo perpetuo de influencia externa e interna reflexión. Nuestros pensamientos se convierten en los ecos de los demás —nuestros padres, compañeros, medios— y no en los nuestros. Nos convertimos en prisioneros del condicionamiento cultural, viendo el mundo a través de un lente no creado por nosotros.

Ahora bien, ¿qué pasaría si nos deshiciéramos de toda influencia externa? Y, ¿qué pasaría si pudiésemos aprovechar el poder de nuestros pensamientos para dirigir continuamente la energía universal de una forma verdaderamente provechosa?

Imagina un jardín donde cada pensamiento es una semilla. Algunas germinan en hermosas flores trayendo alegría y felicidad. De otras, tal vez, nazcan malezas espinosas representando nuestros miedos e inseguridades. Nuestras mentes son ese jardín y nosotros somos los jardineros. Las semillas que decidimos regar y cuidar darán forma al paisaje.

En este escenario, el arte del discernimiento es invaluable. Aprendemos a diferenciar entre las semillas que van a ser flores de aquellas que serán maleza. Cultivamos el jardín que representa nuestros deseos y aspiraciones, al escoger conscientemente cuáles pensamientos vamos a nutrir.

Pensamos en esto no como una rebelión en contra de la sociedad, o protesta, sino como en un despertar. Este es el proceso de autosanación y condicionamiento, un viaje hacia el autodescubrimiento y el crecimiento personal. Al tomar control sobre nuestros pensamientos, tomamos control de nuestra energía universal, dirigiéndose hacia una realidad que resuena con nosotros. Esto no es un poder para desechar, sino uno a tomar. Todos tenemos esta habilidad latente esperando a ser despertada, y es el momento de empoderarnos.

Dimensiones espirituales

En la física cuántica, el observador juega un papel determinante en el estado del sistema cuántico. El acto de medir u observar, colapsa la función de onda de una partícula cuántica, la cual es una descripción matemática de los estados posibles en un estado definitivo.

A este fenómeno se le conoce como el problema de medición o el colapso de la función de onda. El observador puede ser cualquier cosa que interactúa con el sistema cuántico, como un dispositivo de medida o, incluso, otra partícula. El proceso de medida entrelaza el sistema cuántico en un estado singular que es consistente con la medida del observador. El efecto del observador se confunde constantemente al sugerir que el acto de observar cambia las propiedades del sistema físico. Sin embargo, el efecto del observador únicamente se refiere al colapso de la función de la onda y no implica ningún cambio físico al sistema.

Como seres humanos, hemos creado un lenguaje espiritual para intentar nombrar lo inefable: hablamos de dimensiones, densidades o del alma. Estos conceptos suelen surgir a través de la percepción extrasensorial, pues la ciencia aún no ha desarrollado métodos que permitan medir o verificar empíricamente estos fenómenos tal como se los concibe en contextos espirituales. Aunque estas ideas buscan aproximarse a la esencia de ciertos fenómenos trascendentes, apenas rozan la profundidad de su verdadera naturaleza. En la física cuántica, el rol del observador continúa siendo motivo de investigación y debate.

Algunas interpretaciones sugieren que la conciencia del observador influye en el resultado de los fenómenos cuánticos, mientras que otras sostienen que su papel se limita a formar parte del proceso de medición, sin alterar la realidad subyacente.

Los seres humanos accedemos a estados de conciencia ampliada —y a lo que algunos llamamos otras dimensiones— mediante prácticas como la meditación profunda, la hipnosis, los sueños lúcidos, las experiencias extracorporales, el uso ritual de plantas psicoactivas, la oración, la visión remota, el trabajo consciente con la respiración *(breathwork)* y otros caminos espirituales.

Existen creencias que sostienen que no es posible habitar físicamente dimensiones superiores a la quinta o sexta, ya que estas operan en frecuencias que trascienden los límites de nuestra corporalidad tal como la conocemos.

La dimensión espiritual de la realidad se refiere a los aspectos no físicos e intangibles de la existencia, tal como la consciencia, las emociones y el alma. Esta dimensión abarca el reino de lo no visible, de lo inexplicable y es frecuentemente asociado a la religión, misticismo y la espiritualidad.

Una forma de pensar acerca de la dimensión espiritual es reconocerla como el reino del potencial puro. Imagina un vasto universo de posibilidades, donde todos los posibles caminos de la vida, y las versiones de ti mismo están esperando a ser exploradas. Esta dimensión te permite el acceso a la sabiduría interna e intuición, y a conectar con algo mayor que tú.

La dimensión espiritual es también donde puedes encontrar la paz interior y la plenitud. Imagina un estado en el que te sientes completamente a gusto y contento, libre de preocupaciones y con un profundo sentido de conexión con el mundo a tu alrededor. Esta es la dimensión espiritual.

Muchas personas acceden a la dimensión espiritual mediante prácticas que abren el camino hacia las verdades más profundas de la existencia.

Otras encuentran esa conexión en la naturaleza, en las artes o en la música. Cada instante en el que te permites fluir y crear se convierte en una puerta hacia lo sagrado.

La clave está en sentir lo que verdaderamente resuena contigo y explorarlo a tu manera, dejando que la información se manifieste a través de ti en el trance del *flow*.

Imagina un mundo más allá de lo que nuestros sentidos humanos, tan limitados, pueden percibir. Un mundo donde la consciencia se expande más allá del cuerpo físico y se adentra en el vasto misterio.

Ese es el universo de las dimensiones de la consciencia: distintos niveles de percepción y estados del ser que aguardan a aquellos que se atreven a explorarlos.

Este concepto no pertenece únicamente al reino de la ciencia ficción. A lo largo de la historia, diversos sistemas de creencias y tradiciones espirituales han investigado y acogido la noción de múltiples dimensiones espirituales.

En lugar de concebir estas dimensiones como una jerarquía en la que unas se sitúan en niveles de evolución más avanzados que otras, una visión más iluminada las contempla como expresiones internas y externas, cada una con cualidades y atributos únicos.

Mientras nuestra realidad tridimensional se sostiene sobre las palabras que utilizamos para comunicarnos, las dimensiones más elevadas vibran en frecuencias completamente distintas, donde la comunicación fluye con mayor eficacia y se apoya menos en los conceptos, y más en una profunda sensación de unidad con el todo.

Dimensiones y densidades

A menudo se utilizan indistintamente los términos "dimensiones" y "densidades", pero en realidad aluden a conceptos distintos dentro del viaje evolutivo de la consciencia. Las dimensiones describen estructuras espaciales o niveles de realidad que coexisten, cada una con sus propias leyes y características. Las densidades, en cambio, se refieren a niveles vibracionales de consciencia; es decir, al grado de integración del alma con la totalidad del ser. No constituyen una escala jerárquica, sino un mapa sutil de evolución energética. Comprender esta diferencia nos permite recorrer el camino espiritual con mayor claridad, honrando el ritmo único de nuestra expansión interior.

Imagina la densidad como una estación de radio cósmica que emite tu frecuencia vibratoria.

Así como las emisoras operan en diferentes bandas, cada ser y cada objeto emite su propia vibración, en correspondencia con la densidad que manifiesta en el universo. Al sintonizar una frecuencia determinada, accedes a una dimensión de experiencias compartidas con otros que vibran de forma similar. La densidad en la que vibras influye también en tu grado de iluminación cósmica.

A mayor frecuencia, más cerca te encuentras de la *fuente divina*, y mayor es la capacidad de sostener conciencia y sabiduría en tu cuerpo de luz.

Por el contrario, al operar en frecuencias más bajas, estás más arraigado al mundo físico y a su estructura densa. La próxima vez que te sientas tan liviano como una pluma o tan pesado como una piedra, recuerda que esa sensación no es meramente física: es también un reflejo de tu densidad energética.

La realidad es una sinfonía de dimensiones que coexisten en un mismo espacio, cada una vibrando en su propia frecuencia. Un cambio en tu armonía vibracional puede abrir portales hacia nuevas perspectivas, permitiéndote experimentar el mundo desde una mirada completamente renovada. Hemos descubierto que el dominio consciente de la respiración es una de las formas más poderosas para expandir la consciencia más allá de las limitaciones del plano físico.

Liberando los contratos energéticos

La idea de un contrato del alma está cimentada en varias creencias, que plantean que poseemos un conjunto de acuerdos o contratos preexistentes con determinadas almas, poderes superiores o el universo mismo que esboza experiencias, relaciones y lecciones predestinadas en nuestras vidas. Este concepto sugiere que nuestras vidas no son simples eventos aleatorios, algunas cosas están destinadas a ser.

Los contratos del alma son creados antes de nuestro nacimiento cuando yacen en el reino espiritual.

Estos contratos son el plan de nuestras vidas, detallando las personas que vamos a conocer, los desafíos que vamos a enfrentar y los roles que jugaremos tanto en nuestras como en las de los demás.

Todas las almas han mutuamente acordado esto para facilitar su crecimiento y desarrollo. El reconocer que tenemos todo el poder es una idea que revoluciona nuestros sistemas de creencias.

Es un pensamiento que me sirve para concientizar de que debo dejar a las personas en mejor estado del que las encontré o resolver las relaciones kármicas. Podemos poseer múltiples contratos con diferentes almas, cada uno sirviendo un propósito único en nuestras vidas.

Así mismo, podemos terminar estos contratos con estas almas al tener conciencia de esto. Hay libertad en aceptación de los roles que juegan en nuestras vidas los miembros de nuestra familia, amigos, parejas y adversarios ya que todos ellos están destinados a ayudarnos a crecer. Cada acuerdo en nuestra vida, puede ser una lección que al comprenderla la podemos dejar ir y olvidarla para siempre. Todos tenemos el poder de absolver cualquier experiencia de vida pasada o deudas con otros al observar cada relación como realmente lo es, un reflejo de una experiencia compartida de vida humana en una clase para el alma.

Una vez se entienda y se acepte esto, podemos seguir adelante sin tener que cargar el peso de estas experiencias.

El proceso de liberar estos contratos incluye intención, motivación y trabajo energético, como meditación y visualización. Liberar los contratos del alma puede ser un proceso muy poderoso y transformador. A continuación, una forma de lograrlo:

1. Empieza por fijar una intención. Antes de empezar tómate un tiempo para reflexionar en qué esperas ganar al liberar este contrato con un alma. ¿Qué áreas de tu vida han sido impactadas por este contrato? ¿Qué quieres experimentar a cambio de esto?

2. Entra un estado de meditación. Puedes usar la práctica con la que te sientas más cómodo, puede ser meditación guiada, respiración consciente o *mindfulness*, la meta es callar la mente y conectar con tu yo interior.

3. Imagínate de pie al frente de una gran puerta adornada. Esta puerta representa la salida a estos contratos del alma, al acercarte a ella podrás notar que está trancada o cerrada.

4. Toma una respiración profunda y visualízate abriendo la puerta. Al cruzar el umbral, te encuentras en un amplio espacio abierto.

5. Al ingresar a este espacio, puedes notar que hay varios espacios o habitaciones que representan las diferentes áreas de tu vida. Podrías ver una habitación con el letrero de profesión o relaciones.

6. Al explorar estos espacios, presta atención a cualquier sentimiento o sensación que haya sobrevenido. ¿Hay áreas que te hacen sentir incomodidad o pesadez? ¿Hay áreas donde sientes felicidad o libertad?

7. Cuando llegues a un área que te haga sentir incómodo imagínate caminando hacia una mesa o altar en esa habitación o espacio. En esa mesa verás un documento símbolo que representa el contrato que te está afectando.

8. Toma una respiración profunda y con intención, libera este contrato al visualizarte rompiéndolo. Mientras haces esto, imagina que estás liberando la energía e influencia de estos acuerdos y permítete seguir adelante con libertad y este nuevo aprendizaje.

9. Repite este proceso en cada uno de los espacios o habitaciones que encuentres. Puedes quedar en este estado meditativo el tiempo que

sea necesario y cuando sientas que has terminado de liberar todos aquellos contratos que necesitabas liberar.

10. Finalmente, cuando estés listo, imagínate caminando de regreso hacia la puerta y retornando al momento presente. Reflexiona y fija una intención de cómo quieres seguir adelante en tu vida.

Conversaciones con tu ser infinito

Al entrar en estados meditativos o de trance, es posible recibir, o como me gusta decir, integrar información proveniente de inteligencias superiores, guías espirituales, maestros ascendidos, ángeles, seres de luz, o incluso entidades extraterrestres.

Algunas personas experimentan esta integración a través de una voz clara, mientras que otras perciben imágenes, sensaciones, intuiciones o símbolos que llegan mediante canales sutiles. El propósito de esta práctica es buscar guía, sabiduría, sanación o expansión espiritual. Como con toda experiencia mística, se requiere una mente abierta, acompañada siempre por discernimiento.

Volvamos al ejemplo de la radio. Imagina que deseas escuchar una canción específica en una emisora, pero no estás sintonizada en la frecuencia correcta. Sabes que esa estación existe, sabes que la melodía que buscas está sonando allí, así que decides ajustar la frecuencia. De pronto, comienzas a captar señales que no habías escuchado antes. Las voces y la música parecen venir de otro mundo y, sin embargo, están llegando hasta ti a través del receptor.

Eso es, precisamente, lo que significa integrar: en lugar de sintonizar una emisora convencional, te abres a una frecuencia distinta, a una vibración superior, y permites que los mensajes lleguen a ti desde otros planos.

Es una experiencia profunda e inspiradora, capaz de ofrecerte una guía a la que difícilmente accederías por medios tradicionales. Para mí, integrar es fundirse con otras dimensiones de consciencia.

Quiero compartir contigo algunos conceptos que han sido clave en mi camino y que quizás también resuenen contigo, especialmente si estás comenzando a explorar estos planos más sutiles de existencia

Mediumnidad: A lo largo de los años, he conocido personas con la capacidad de sentir, ver o escuchar mensajes provenientes de otros planos. Se les conoce como médiums, y pueden comunicarse con seres queridos que han partido, guías espirituales u otras entidades. Algunas veces, esa comunicación llega en forma de imágenes o sonidos internos (como una especie de visión o susurro) y otras, a través de manifestaciones más físicas como la escritura automática o incluso movimientos inexplicables de objetos.

La mediumnidad no es algo exclusivo de unos pocos, sino una sensibilidad que muchas personas pueden cultivar con práctica y respeto.

Canalización: Este concepto me fascina porque lo he vivido en carne propia. Canalizar es abrirse como un puente entre dimensiones. Es recibir información o guía desde una consciencia más elevada, que puede presentarse como palabras, ideas, símbolos, sensaciones o mensajes que no provienen de tu pensamiento racional, sino de algo mucho más amplio. A veces siento que estoy recordando algo que siempre supe, aunque nunca lo había escuchado antes.

Canalización en trance: Esta forma es un poco más profunda. Implica entrar en un estado alterado de conciencia, algo que puede lograrse a través de la meditación, el movimiento consciente o incluso ciertos ritos ancestrales.

En estos trances he sentido la presencia de energías amorosas que guían, enseñan o simplemente acompañan.

Es como si una parte de mí se hiciera a un lado para dejar que otra hable a través de mí.

Escritura automática: Esta ha sido una de mis herramientas más reveladoras. A veces me siento frente al papel, cierro los ojos, respiro profundo y dejo que mi mano se mueva. No siempre entiendo lo que estoy escribiendo al momento, pero con el tiempo, esos mensajes cobran un sentido profundo.

No intervengo con mi mente consciente; simplemente dejo que la energía fluya. Es como abrir una puerta a lo desconocido y dejar que algo más escriba por mí.

Escritura inspirada: A diferencia de la escritura automática, aquí sigo presente, pero algo dentro de mí (mi ser superior, mi intuición) empieza a tomar la palabra. Es un diálogo sutil, como si mis guías me dictaran entre líneas. No siempre hay una voz clara, pero sí una certeza interna. Esta forma de escritura ha sido una fuente inagotable de guía y sanación, y muchas páginas de este libro nacieron así: como un susurro del alma convertido en palabra.

Transmisiones espontáneas

Diario, 24 de enero de 2023

"Hoy me siento guiada. Una vez más, experimento una conexión profunda con la Fuente. Me siento como un conducto de algo mucho más grande que mi cuerpo físico. La integración fue humilde e inmensamente inspiradora.

Pude ver la vastedad del universo y la sabiduría infinita que existe más allá de nuestro plano. Percibí claramente la información que me fue implantada y la paz inmensa que inundó mi ser.

Mis ojos se sentían especialmente pesados, más que en cualquier otra transmisión que haya vivido. No estaba llorando, pero mi rostro estaba completamente empapado por las lágrimas que fluían durante la canalización. Aún puedo sentir la expansión, el amor, el hormigueo en la piel y la presencia palpable del amor incondicional.

Recibí nuevas perspectivas, como si hubiera despertado de un largo sueño y ahora pudiera ver con claridad lo que siempre estuvo allí. Es un saber absoluto. Hoy fue un día profundamente revelador. Me tomó tiempo integrarlo todo. Ahora, en mi corazón, siento un propósito claro. Conozco mi camino y entiendo cómo cada experiencia ha estado perfectamente alineada para conducirme hasta aquí."

Desde mi infancia, fui sensible a aquello que otros no veían. Palabras flotaban hacia mis oídos desde fuentes invisibles. Figuras se manifestaban a mi alrededor, aunque para los demás no existían. Con el tiempo, comprendí que estas experiencias me preparaban para algo más profundo: transmisiones, canalizaciones y descargas de información.

Recuerdo con total claridad la primera vez que sucedió. Fue en el año 2021, un día aparentemente común. Estaba en la ducha, con el agua bañando mi cabeza, cuando sentí un calor abrumador en el pecho y extremidades. Mi cuerpo se llenó de energía, vibrando como un diapasón sintonizado con las frecuencias del universo.

Una claridad envolvente me dejó tambaleante, incapaz de expresarla con palabras.

Con esa transmisión llegaron lágrimas, no de tristeza ni de alegría, sino de una conexión pura con el agua que me rodeaba.

Sentí que me limpiaban, que me purificaban. Me transportaron a los ríos y océanos, reforzando mi vínculo con el agua y la tierra. La energía que recorrió mi columna fue revitalizante, casi eléctrica.

Durante esas transmisiones, los deseos físicos se desvanecían. El hambre desaparecía, reemplazada por una sensación de satisfacción infinita y de profunda dicha. Algunas experiencias eran breves, de menos de una hora; otras se extendían por más de seis horas, en las que el tiempo parecía plegarse ante la sabiduría que se comunicaba conmigo. La información recibida variaba en cada ocasión. Algunos mensajes eran íntimos, dirigidos únicamente a mí. Otros, en cambio, estaban destinados a ser compartidos, pues su sabiduría era demasiado valiosa para guardarla en silencio. Muchos de los temas que exploro en este libro nacen de esas canalizaciones.

Mi camino ha sido extraordinario, un testimonio viviente de los misterios asombrosos del universo. Mi madre, profundamente fascinada por mis habilidades, suele pedirme que la visite usando visión remota. En nuestro espacio de meditación, ubicado en la isla de San Pablo, han ocurrido numerosos fenómenos que escapan a la explicación convencional. Estas experiencias me han enseñado a mantener el corazón y la mente abiertos, a valorar cada instante y a abrazar lo desconocido con amor y gratitud.

Este año completé mi entrenamiento en la exploración de la conciencia del Instituto Monroe, en Virginia. Estudiar junto a otras personas con dones similares, y descubrir que incluso organizaciones de inteligencia investigan los estados expandidos de consciencia, me ha dado la confianza necesaria para compartir estas vivencias.

"Los dos días más importantes de tu vida son
el día en que naces y el día en que descubres por qué."
- Mark Twain

Regresiones a vidas pasadas

Las regresiones, también conocidas como saltos a vidas pasadas o paralelas, son empleadas en la hipnoterapia y en la respiración consciente como herramientas para acceder a memorias de experiencias anteriores o alternas. La creencia fundamental que sustenta estas prácticas es que nuestra alma o conciencia ha existido más allá de la vida presente, y que ciertos conflictos personales o karmas provenientes de esas vidas pasadas pueden influir en nuestro ser actual. La hipnosis, entendida como un estado profundo de sugestibilidad y relajación, permite acceder a niveles más profundos de la mente inconsciente, facilitando así el contacto con esas memorias ocultas que pueden tener un impacto en nuestro bienestar presente.

Durante una regresión a vidas pasadas a través de la hipnosis, un sujeto es guiado por un especialista que accede a sus memorias de estas vidas pasadas. El proceso incluye relajar el cuerpo y la mente y luego guiar a la persona a través de una serie de preguntas o instrucciones para acceder a las memorias e información de sus vidas pasadas.

La respiración consciente también te permite acceder a memorias de vidas pasadas, la respiración energética ayuda a aquietar la mente, liberar la tensión física y acceder a niveles más profundos de conciencia.

Por medio de una regresión a vidas pasadas por medio de respiración consciente, la persona es guiada a través de los patrones respiratorios y luego instruida a acceder a estas memorias de sus vidas pasadas.

Tanto en la hipnosis como en la respiración consciente, la meta es acceder a memorias sobre vidas pasadas para obtener conocimiento sobre conflictos, patrones u otros desafíos que pueden estar presentándose en la vida actual.

Las memorias obtenidas en este proceso pueden ser o no literal o históricamente precisas, pero, aun así, pueden brindar valiosa información y sanación. La regresión a vidas pasadas da un sentido de conexión con una consciencia espiritual o universal que va más allá de la vida actual.

El despertar colectivo

El despertar colectivo es la toma de conciencia de nuestra interconexión y unidad espiritual con todos los seres. Es reconocer que nuestras acciones tienen un impacto directo en los demás y en el planeta entero.

Se trata de un cambio profundo en la consciencia que nos permite ver más allá del ego y de la ilusión de separación, y nos invita a vivir de forma más holística, empática y responsable. Este despertar no es exclusivo del individuo; es un fenómeno global que se manifiesta cada vez con mayor fuerza. A medida que más personas despiertan a su verdadera naturaleza, emerge una comprensión más clara de nuestra conexión con todas las formas de vida y de la necesidad urgente de adoptar estilos de vida más sostenibles y armónicos.

Este proceso no es lineal ni predecible; es una evolución constante de la conciencia, un viaje que exige apertura, receptividad y la valentía de dejar atrás creencias, hábitos y patrones que ya no nos sirven, ni a nosotros ni a nuestro entorno.

Al despertar juntos, comenzamos a ver el mundo con nuevos ojos. Descubrimos posibilidades antes invisibles y abrimos espacio para el crecimiento y la transformación.

Comprendemos que los desafíos que enfrenta nuestra sociedad no pueden resolverse desde la individualidad; requieren de una visión colectiva y de soluciones colaborativas.

Este cambio profundo también transforma nuestros valores y prioridades: dejamos atrás el materialismo, la codicia y la competencia para abrazar la colaboración, la compasión y la sostenibilidad. El llamado es hacia un respeto profundo y una reverencia genuina por todas las formas de vida, y hacia el reconocimiento de que todos estamos conectados e interdependientes.

Es un tiempo de esperanza, de potencial latente. Una invitación a construir, desde el trabajo conjunto, una civilización unida. Un futuro más luminoso y armónico para todos.

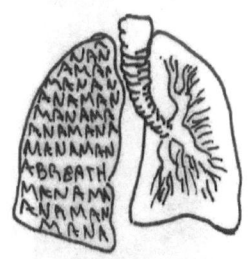

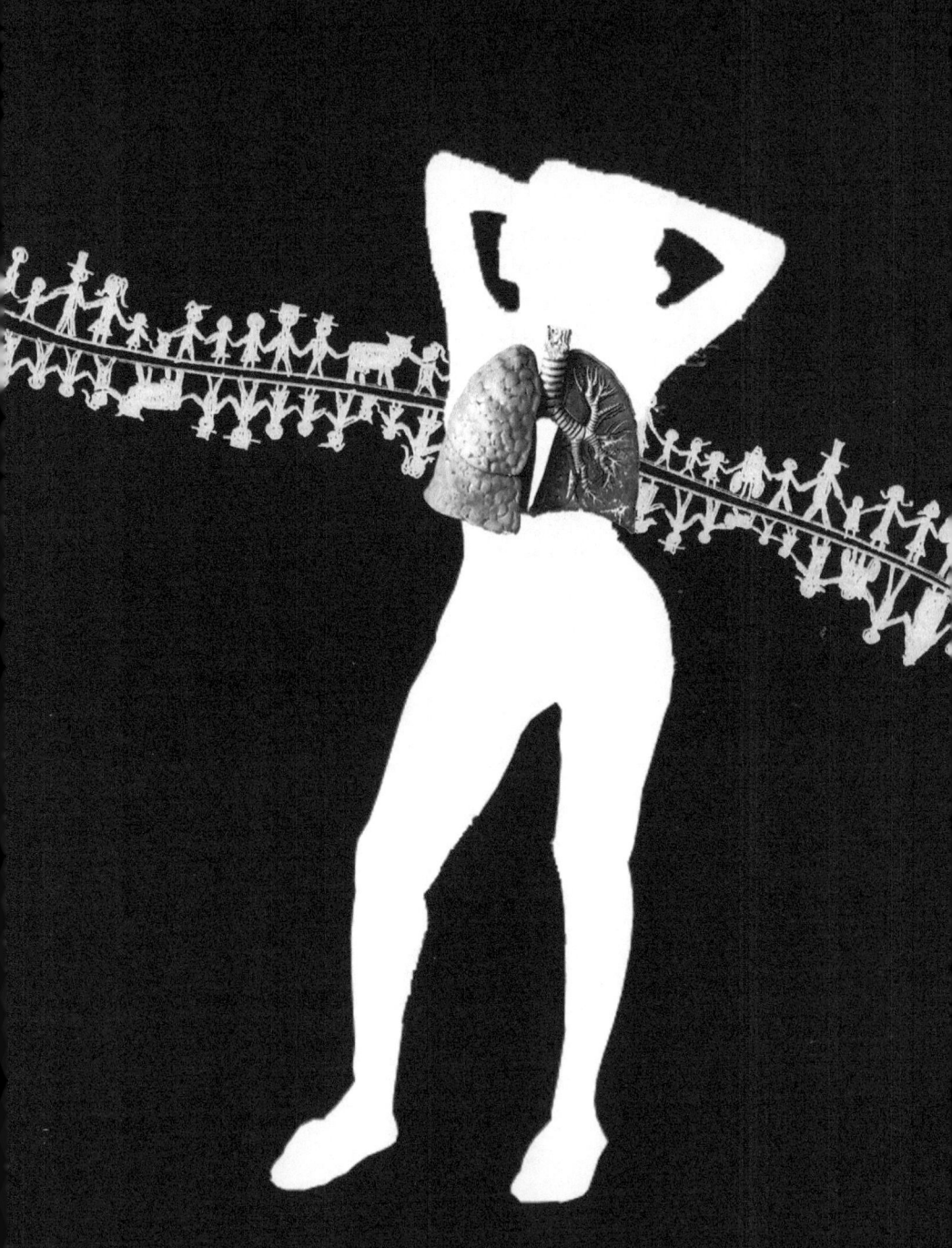

CAPÍTULO 6

Observando la respiración

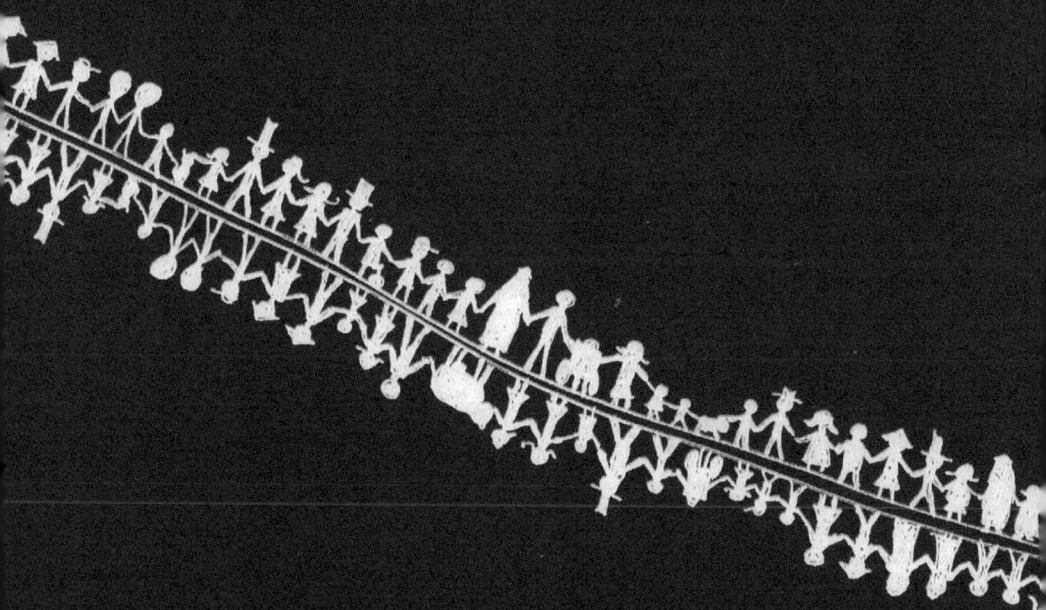

Respira

Respira profundamente, inhalando el aire fresco que llena tus pulmones, cargándolos de vitalidad y energía. Exhala, liberando el estrés y la tensión que has sostenido en tu interior. Suelta lo que ya no tiene relevancia.

A medida que respiras, te vuelves consciente del poder que habita en tu respiración. Comprendes que no es solo una función fisiológica: es un puente hacia otros estados de conciencia.

La maestría de la respiración no implica únicamente movilizar aire dentro y fuera del cuerpo; se trata de movilizar energía, transformar la percepción, abrir caminos de conexión y acceder a la sabiduría interior. Con cada respiración, estimulas la autosanación y la transformación, acercándote a tu verdadera esencia.

A medida que prácticas, te conviertes en un observador más consciente de tus pensamientos y emociones, y aprendes a soltar el apego hacia ellos. Comienzas a reconocer patrones y comportamientos que no son más que antiguos condicionamientos, y los dejas ir.

La respiración continua y circular establece un ritmo que armoniza todo tu ser, generando una sensación de calma profunda y relajación. Con cada inhalación, permites que más oxígeno nutra tu cuerpo, revitalizando tus células y órganos.

Una sensación de ligereza y claridad comienza a expandirse, y te vuelves más receptivo a nuevas ideas y perspectivas.

Con la práctica constante, comprendes que no solo estás desbloqueando tu mecanismo respiratorio, también reiniciando tus patrones de vida.

Estás cultivando una nueva manera de existir, basada en la conciencia, el amor propio y el empoderamiento. Ya no te ves como víctima de las circunstancias, sino como una persona moldeando su realidad.

La Respiración Consciente Mana es un viaje hacia el autoconocimiento, una senda hacia una vida más plena y gozosa. No se trata solo de una técnica: es una forma de vivir, un recordatorio constante de que eres un ser poderoso, capaz de diseñar su propio destino.

Aquí aprenderás a optimizar tu respiración. Para lograrlo, entraremos en planos más técnicos. Inhala profundamente y permite que el poder de tu respiración te guíe hacia tu mayor potencial.

La ciencia de respirar

Cierra los ojos e imagina que estás al borde de un lago cristalino. El aire es fresco y limpio, y los árboles a tu alrededor se mueven con la brisa suave. Inhalas profundamente y sientes cómo ese aire puro llena tus pulmones, revitaliza tu cuerpo y aclara tu mente.

Respirar es como beber un sorbo de este lago prístino. Pero en lugar de agua, estás absorbiendo la esencia misma de la vida. Con cada inhalación recibes oxígeno, el gas vital que alimenta cada célula y sostiene tus funciones más esenciales.

Es como añadir leños nuevos a una fogata, avivando su llama para que brille con más fuerza. Pero al igual que ese fuego, tu cuerpo también genera desechos.

Con cada exhalación eliminamos dióxido de carbono, el subproducto natural del metabolismo celular. Expulsarlo es como remover las cenizas del fuego; permite que la llama continúe ardiendo sin obstáculos.

Así como el fuego necesita oxígeno para mantenerse vivo, tu cuerpo requiere un flujo constante de aire para funcionar en equilibrio.

Tus pulmones actúan como globos que se expanden y contraen para captar lo nuevo y liberar lo que ya no sirve. Y al igual que el fuego depende de condiciones adecuadas para mantenerse encendido, tu organismo necesita una proporción balanceada de oxígeno y dióxido de carbono para operar en su máximo potencial.

Cuando respiramos de forma consciente y rítmica, influimos directamente en nuestro estado mental, emocional y fisiológico.

La respiración está íntimamente conectada con el sistema nervioso autónomo, que regula funciones involuntarias como la frecuencia cardíaca, la digestión y la respuesta al estrés. Este sistema se divide en dos ramas: la simpática, que activa la respuesta de lucha o huida, y la parasimpática, que promueve la calma, el descanso y la restauración.

A través de una respiración activa y rítmica, podemos modular este equilibrio interno y transformar nuestra experiencia corporal y mental. La respiración rítmica (también conocida como respiración pausada) consiste en regular la frecuencia, profundidad y consistencia del flujo respiratorio. Practicarla es una forma poderosa de reconectar con el cuerpo, restaurar el equilibrio y acceder a estados de mayor claridad, vitalidad y bienestar.

Cuando lo haces correctamente, puede llevar a los siguientes resultados:

Relajación profunda: Respirar profundamente, con un ritmo constante al inhalar y exhalar, es una invitación al sosiego. Este acto sencillo activa el sistema nervioso parasimpático, que a su vez despierta una respuesta natural de relajación en el cuerpo. Foco y concentración profundizados: La respiración activa y rítmica favorece la claridad mental y agudiza la atención. Al anclarnos en el momento presente, cultivamos una conciencia más plena del cuerpo y sus sensaciones, lo que permite que la mente se enfoque con mayor precisión. Esta práctica actúa como una forma de meditación en movimiento, fortaleciendo nuestras capacidades cognitivas y nuestra presencia.

Mejor regulación emocional: Respirar de forma consciente y rítmica ofrece un ancla estable en medio de la turbulencia emocional. Al enfocar la atención en la respiración, es posible modular la actividad del sistema nervioso y recuperar equilibrio interno.

Mejora del rendimiento atlético: Muchas personas deportistas incorporan la respiración rítmica como parte esencial de su entrenamiento.

Sincronizar la respiración con el movimiento optimiza la eficiencia del cuerpo, mejora la oxigenación muscular y aumenta la resistencia física. Esta conexión entre respiración y desempeño potencia no solo la fuerza, también la conciencia corporal durante la actividad física.

Regulación fisiológica: Respirar de forma rítmica influye en la variabilidad de la frecuencia cardíaca (VFC), que mide los intervalos de tiempo entre cada latido del corazón. Una VFC más alta se asocia con una mayor resiliencia al estrés y una mejor salud cardiovascular.

Promoción de un sueño reparador: Respirar de manera rítmica antes de dormir ayuda a aquietar la mente, reducir la frecuencia cardíaca y preparar al cuerpo para un descanso profundo y restaurador.

Aunque estos beneficios están bien documentados, es fundamental reconocer que cada organismo responde de forma distinta. Lo que resulta eficaz para una persona, podría no serlo para otra. Por eso, vale la pena explorar distintas técnicas de respiración hasta encontrar la que mejor se adapte a las necesidades y al ritmo interno de cada uno.

¿Es posible la inmortalidad física?

Podríamos imaginar los telómeros como las puntas plásticas que protegen los extremos de los cordones de unos zapatos. Así funcionan en nuestros cromosomas: resguardan la información genética y permiten que las células se dividan y se regeneren de manera adecuada.

Con el paso del tiempo, estos telómeros se acortan de forma natural. Este proceso puede provocar daño celular, abrir la puerta a diversas enfermedades y, finalmente, llevar al cuerpo a su deterioro y muerte. Pero es precisamente aquí donde el concepto de longevidad adquiere un giro fascinante.

Ahora bien, imagina que pudieras alargar la vida de esas pequeñas puntas protectoras, o incluso regenerarlas. ¿Y si todo dependiera de un acto tan sencillo como respirar, algo que haces cerca de 23.000 veces al día? La ciencia de la respiración ha comenzado a explorar cómo el modo en que inhalamos y exhalamos puede influir en la salud de nuestros telómeros, afectando directamente nuestra longevidad.

Existe una relación entre ciertas prácticas respiratorias y la actividad de una enzima llamada telomerasa, capaz de reparar y alargar los telómeros. Respirar, entonces, no solo nos mantiene con vida. También podría ser una llave hacia una vida más larga y plena.

Respirar de forma profunda y rítmica (como lo hacemos en la meditación, el yoga o en una práctica consciente de *breathwork*) ayuda a generar calma y equilibrio en el cuerpo. Esta calma no solo se siente; también actúa. Disminuye el estrés y la inflamación, dos factores clave que aceleran el desgaste de los telómeros, esas pequeñas estructuras que protegen nuestro ADN. Cuando el estrés se reduce, les damos a los telómeros un ambiente más amable para hacer su trabajo. Y así, sin darnos cuenta, podríamos estar retrasando la aparición de enfermedades relacionadas con la edad y extendiendo los años de salud y vitalidad.

En este viaje que es la vida, el simple acto de respirar —tan natural que muchas veces lo damos por hecho— puede convertirse en una de nuestras herramientas más poderosas para vivir mejor y por más tiempo. La respiración, con su ritmo constante, casi como una canción que siempre nos acompaña, podría estar revelándonos el secreto de una existencia más larga, más plena. Y lo mejor es que está aquí, ahora, a nuestro alcance. No cuesta nada. Solo pide presencia.

La invitación está abierta. A conectar. A transformar. A recordar que, tal vez, nuestra historia de vida no está escrita en piedra. Entonces, ¿qué tal si replanteamos nuestra narrativa vital? ¿Y si, en lugar de estar predeterminados por el tiempo, fuésemos criaturas en constante evolución?

La forma en que respiramos tiene una importancia fundamental. Nuestros cuerpos albergan un sistema de defensa asombrosamente complejo, un guardián silencioso que trabaja sin descanso para preservar la vitalidad y protegernos de amenazas como los virus. Y en el corazón de este sistema hay protagonistas muchas veces olvidadas: las células, junto a sus pequeñas centrales de energía conocidas como mitocondrias.

Como una maquinaria finamente calibrada, las mitocondrias producen una molécula esencial llamada trifosfato de adenosina, o ATP, un combustible de alta calidad, indispensable para que cada función de nuestro cuerpo se lleve a cabo. Desde los latidos del corazón hasta los pensamientos más sutiles, todo lo que somos y hacemos depende, en última instancia, de esta chispa vital.

¿Y si te dijera que algo tan esencial y, muchas veces, automático como la forma en que respiramos tiene un impacto profundo en nuestro bienestar?

Aquí es donde todo se vuelve fascinante: cuando respiramos de manera profunda, pausada y constante, activamos el potencial máximo de las mitocondrias, esas pequeñas fábricas de energía que habitan en cada célula. Así, se optimiza la producción de trifosfato de adenosina, o ATP, el combustible que impulsa cada función vital del cuerpo. Esta activación no solo mejora la salud general, también eleva la vitalidad. Es como llenar un vehículo de alto rendimiento con el mejor combustible disponible: la respuesta del sistema es más ágil, más potente.

Este hallazgo científico transforma por completo nuestra comprensión de lo que significa mover el cuerpo. El ejercicio aeróbico ya no es solo una forma de fortalecer los músculos o mantenerse en forma. Es una manera de potenciar la capacidad del organismo para generar energía, usando algo tan accesible como la respiración.

Pero eso no es todo. Respirar va más allá de proveer oxígeno para la producción de energía. Al inducir un estado de calma y reducir tanto el estrés como la inflamación, la respiración profunda puede estimular la actividad de la telomerasa. Esta enzima, crucial para la protección del ADN, puede favorecer la salud celular, ayudar a prevenir enfermedades y, en algunos casos, contribuir a una mayor longevidad.

Inhalar. Exhalar. Es mucho más que un acto automático. Es una llave silenciosa que puede abrir la puerta a una vida más saludable, más vital y quizás, más extensa.

La ciencia detrás de la respiración es compleja, sí; pero su práctica es directa, cercana y siempre disponible. Es una historia que se escribe dentro de nosotros con cada aliento.

Existe una importancia fundamental en la forma en que respiramos.

Respirar, en su forma más simple, es el susurro esencial de la existencia: un diálogo sereno y rítmico entre el cuerpo y el aire que lo rodea, vital y a la vez discreto. Ya sea en reposo, en estado meditativo o en el punto más alto del esfuerzo físico, este intercambio ocurre sin cesar, un vaivén silencioso que sostiene la vida y roza, con delicadeza, los límites de la fragilidad.

Cuando hay calma, el organismo mantiene un ritmo armonioso. Inhala y exhala con una cadencia que murmura al fondo de la conciencia, alrededor de 12 a 20 veces por minuto, como un recordatorio silencioso de que se está aquí, habitando este momento, respirando. Pero la vida no siempre transcurre en calma. Cuando el cuerpo se sumerge en la actividad física, las exigencias aumentan y se elevan las necesidades de oxígeno.

La respiración, antes serena, se vuelve una conversación intensa. El ritmo se acelera, alcanzando 30, 40 o incluso 50 inhalaciones por minuto. Es como si el cuerpo dijera con fuerza: "Estoy aquí, estoy dando todo de mí, necesito más para seguir adelante".

Los más pequeños, los niños, tienen una manera única de respirar. Aunque comparten el mismo diseño fundamental, sus cuerpos en crecimiento traducen ese patrón de forma distinta. En un recién nacido, la respiración es como una canción apurada. Con pulmones aún en desarrollo, conducen una melodía veloz de entre 30 y 60 respiraciones por minuto. A medida que crecen y sus pulmones ganan capacidad, ese ritmo se suaviza y se acerca al de una persona adulta.

Sin embargo, incluso en reposo, su respiración sigue siendo más rápida, un recordatorio tierno del ímpetu vital que los habita. Así, mientras vivimos, nos esforzamos o descansamos, la respiración acompaña cada instante. Es el pulso constante de la vida, una sinfonía delicada que se despliega con belleza desde el primer aliento hasta el último.

Las tradiciones curativas ancestrales y diversas filosofías espirituales han reconocido desde hace siglos el vínculo profundo entre la respiración y la salud. La respiración es una vía para nutrir el cuerpo y conectar con el universo. Al inhalar, se absorbe oxígeno y energía vital, esenciales para regenerar las células. Al exhalar, se liberan dióxido de carbono y otras sustancias de desecho. Este proceso, más allá de lo biológico, despeja la mente, reduce los niveles de cortisol, relaja la musculatura y eleva el bienestar integral. La respiración fortalece el sistema inmunológico incluso a nivel genético.

Cuando se practica de manera sostenida y consciente, el cuerpo comienza a absorber más oxígeno de lo habitual, lo que modifica la concentración de dióxido de carbono y abre la puerta a estados fisiológicos y mentales distintos.

Con suavidad, se accede a un estado ampliado de conciencia, en el que pueden emerger recuerdos, imágenes, emociones o sensaciones físicas. Todo se presenta para ser observado, liberado e integrado. Es permitir que el ritmo de la vida fluya a través de uno mismo.

Cultivar el arte de respirar (esa sinfonía sagrada de la existencia) es como aprender a danzar con la propia vida. Sintoniza con el compás interno del cuerpo, de la mente y de la energía circundante. Una melodía que siempre estuvo presente, esperando ser escuchada con atención.

Con cada respiración consciente, se accede a la fuente de la autoconciencia. Se aflojan los nudos emocionales y físicos tejidos en las sombras del pasado. Con la sabiduría suave del aliento, esas sombras se iluminan y se integran en un tapiz de experiencias significativas y crecimiento interior.

La vida fluye cuando se vuelve la mirada hacia el universo interior, hacia la orquesta cósmica de células que da forma al ser. Así como un músico necesita las notas adecuadas para crear armonía, el cuerpo requiere nutrientes precisos. Son los guiones vitales que transforman las células en estrellas radiantes, vibrantes de energía.

La existencia, sin embargo, no está libre de disonancias. Las toxinas, esas notas ásperas que alteran el ritmo interno, forman parte del entorno. Aun así, existe el poder de modular su impacto. Al reducir la intensidad de estas interferencias, se restablece el equilibrio y se crea un paisaje sonoro sereno en el que las células pueden expresarse con plenitud.

En el corazón de esta ópera celular se encuentran las mitocondrias, diminutos maestros que dirigen la sinfonía energética del organismo. Ciertos nutrientes, como virtuosos solistas, apoyan a estas mitocondrias, amplificando la producción de ATP: la expresión más elocuente de la energía celular.

Tomemos como ejemplo la epopeya de desarrollar masa muscular. Así como una persona escultora moldea la arcilla, se esculpe el cuerpo a través del ejercicio y el entrenamiento de fuerza. Esta creación de músculo no es sólo un logro estético, sino una obra funcional que afina el metabolismo y potencia la capacidad física.

La quietud de la atención plena, la serena melodía de la meditación aporta una paz suave y sostenida. Invita a escuchar, observar y aceptar. En el eco silencioso de estas prácticas se descubre armonía emocional, resiliencia y una hermosa apertura hacia las complejidades de la vida.

La existencia es un tributo al movimiento. Es el *ballet* constante entre el cuerpo y la gravedad, un testimonio de la vitalidad que nos habita. Los beneficios de esta danza no se limitan a la forma física; se extienden y alcanzan también los espacios del bienestar mental y emocional. Y al final del día, el descanso se convierte en una canción de cuna para el sistema. En esa serenata nocturna, el cuerpo orquesta procesos invisibles de reparación, depuración y renovación, susurrando la promesa de un nuevo amanecer.

Este recorrido poético; cultivar la respiración, optimizar la nutrición, reducir la carga tóxica, apoyar la producción de energía celular, desarrollar masa muscular, practicar la atención plena, abrazar el movimiento y garantizar un descanso profundo, compone una sinfonía de salud integral. Estas prácticas no son simples recomendaciones de una guía de bienestar; son versos del gran poema de la vida, expresión de nuestro potencial para el autoconocimiento, el autodominio y la transformación. Son las líneas que escribimos día a día en el libro de nuestra existencia, convirtiéndonos no sólo en protagonistas, también en autores conscientes de nuestro propio bienestar.

"Spirare" es la palabra latina para "respirar". Proviene de raíces como spiro, spiratum y spiritus, que significan infundir aliento a la vida del alma. En su sentido más profundo, evoca el acto de llevar la energía del aire al ser a través de las fosas nasales, renovando así la esencia de lo que somos.

Las superficialidades de la respiración

¿Cómo fue que terminamos respirando tan cerca de la superficie? A medida que transitamos de una sociedad agraria a una industrial y luego a una digital, las actividades cotidianas y las exigencias físicas y emocionales sobre nuestros cuerpos cambiaron de manera radical. Nuestra relación con la respiración ha sido una de las víctimas silenciosas de esta transformación.

En tiempos remotos, quienes nos precedieron llevaban una vida físicamente activa. Pasaban buena parte del día al aire libre, sembrando, recolectando o cazando. Estas actividades, por su naturaleza, fomentaban una respiración profunda, rítmica y vital.

El ritmo de vida era más pausado, con menos distracciones. La simplicidad cotidiana ofrecía espacios para el descanso y la introspección, condiciones ideales para una respiración más saludable y consciente.

Con la llegada de la era industrial, los entornos cambiaron. Las fábricas se convirtieron en centros de labor, con jornadas prolongadas en espacios cerrados y poco ventilados. La creciente contaminación afectó la calidad del aire, y como respuesta, el cuerpo comenzó a adoptar un patrón de respiración más superficial, como una forma de protección.

Más adelante, la revolución digital transformó nuestra manera de vivir de formas sin precedentes. El trabajo de oficina, el tiempo prolongado frente a pantallas, los estilos de vida sedentarios y la sobrecarga constante de información añadieron nuevas capas de tensión, ansiedad y estímulos. Como resultado, nuestra respiración se volvió aún más breve, irregular y entrecortada, reflejo directo de la activación continua de la respuesta de lucha o huida.

Factores sociales también han contribuido. Pensemos, por ejemplo, en los ideales impuestos sobre la imagen corporal. Estos han promovido el uso de prendas ajustadas que limitan la expansión natural del diafragma. A su vez, las normas culturales que desalientan la expresión emocional suelen traducirse en contención respiratoria, en una respiración fragmentada que reprime tanto el cuerpo como el sentir.

Con el tiempo, estos condicionamientos han arraigado hábitos que nos alejan de nuestro patrón respiratorio innato. Así, nos hemos desconectado de la respiración profunda que nos pertenece por naturaleza. Recuperarla implica un proceso de desaprendizaje y reconexión: una invitación a cultivar prácticas que restauren esa relación esencial y orgánica con nuestra forma de respirar.

Esta desconexión con la respiración es, sin duda, una epidemia silenciosa del mundo moderno, una consecuencia del ritmo vertiginoso del *ajetreo*. Muchas veces estamos tan inmersos en las obligaciones diarias que ni siquiera notamos cómo respiramos. Sin embargo, la respiración es la corriente vital que sostiene todo lo que somos: oxigena nuestras células, limpia nuestros sistemas, regula nuestras emociones y mantiene el equilibrio interno.

Respirar es más que un acto fisiológico: es una metáfora de nuestra existencia. Es un puente entre nuestro interior y el mundo exterior.

Cada inhalación puede convertirse en un ancla, un instante de conciencia plena. Una pausa para habitar el presente, para sentir y habitar el cuerpo desde adentro. Y, sin embargo, hemos sido condicionados a vivir desconectados de ese acto sagrado. A respirarlo todo sin notarlo.

¿Qué pasaría si decidiéramos cambiar eso? ¿Si hiciéramos el espacio para escuchar la respiración, percibir su ritmo, su intención, su dirección?

Al tomar conciencia de cómo respiramos, comenzamos a habitar nuestro cuerpo con más presencia. Detectamos señales sutiles: tensiones escondidas, pausas imprevistas, bloqueos que antes pasaban desapercibidos. Esa sensibilidad abre la puerta a transformar nuestros hábitos respiratorios y, con ellos, nuestra manera de vivir.

Respirar no es solo una necesidad biológica. Es una vía para entrar en contacto con nuestras emociones, miedos, alegrías y memorias. Con cada inhalación, permitimos que el mundo entre en nosotros; con cada exhalación, le entregamos algo de nuestro ser. En esa danza de dar y recibir, encontramos equilibrio. Encontramos sentido. Y, sobre todo, conexión. El camino hacia una respiración más profunda y libre es, al mismo tiempo, un viaje hacia el interior. Una práctica de observación, de descubrimiento y de presencia. Es una forma de recuperar partes perdidas de nuestra humanidad: la capacidad de habitar el presente, de sentirnos vivos, de estar realmente aquí.

Respirar, en su forma más íntima, es un acto de amor propio. Es una decisión consciente de cuidar nuestra vida desde lo más esencial. Es una promesa silenciosa de vivir con plenitud, con intención. Una plegaria sin palabras que nos acompaña en cada paso, recordándonos que estamos aquí, que pertenecemos, y que el mundo también respira con nosotros.

Probemos este ejercicio:

A diferencia de los latidos del corazón, el ritmo de la respiración puede regularse de forma voluntaria. Cambia en respuesta a nuestros estados emocionales; como cuando sentimos miedo o entusiasmo, pero también puede modificarse de manera consciente, como en este ejercicio. Al observar estos cambios sutiles, ya has dado un paso hacia la atención plena, hacia una comprensión más profunda de cómo la mente y el cuerpo se relacionan ante distintos estímulos.

Aunque parezca simple, este ejercicio revela una verdad fundamental: la conexión constante entre mente y cuerpo. En medio del ritmo acelerado de la vida contemporánea, dominada por lo digital, solemos ignorar esta relación esencial. Pero está siempre presente, moldeando nuestra experiencia de manera silenciosa y constante.

También resalta otro aspecto crucial: la naturaleza subjetiva de nuestras percepciones. Dos miradas, un mismo objeto y, aun así, interpretaciones distintas. ¿No refleja esto lo que ocurre en nuestras relaciones cotidianas? Cada persona vive los mismos eventos desde perspectivas únicas, influidas por sus creencias, historias y emociones.

Ya sea al notar cómo nuestros ojos nos permiten percibir profundidad o al observar los cambios en la respiración al cambiar el enfoque, este ejercicio nos invita a reconectar con el cuerpo. Nos recuerda la complejidad de sus mecanismos y nos ayuda a valorar su extraordinaria inteligencia.

Si alguna vez te encuentras en una situación tensa, en medio de una conversación difícil o frente a puntos de vista opuestos, recuerda este momento. Haz una pausa. Observa tu respiración. Trae a la conciencia la naturaleza subjetiva de toda percepción. Y desde ahí, responde con mayor claridad, comprensión y presencia.

Al igual que la dirección de la mirada puede cambiar, también podemos decidir hacia dónde dirigir nuestra energía y atención. Al sintonizarnos con nuestro mundo interno, ganamos herramientas para habitar con mayor sabiduría nuestro mundo externo. Así que continúa. Regresa a ti, una y otra vez, a través de esta práctica.

Encuentra tu centro: Comienza por adoptar una posición sentada que te resulte cómoda. Elige una postura que favorezca tanto la alerta como la calma.

Si estás en una silla, apoya los pies con firmeza sobre el suelo y alinea la espalda de manera natural. Deja que la cabeza repose en equilibrio sobre la columna y permítete sentirte presente.

Enfoca tu atención: Cierra un ojo y dirige la mirada hacia un punto fijo a unos seis metros de distancia. Manteniendo esa mirada, eleva un dedo justo por debajo del punto de enfoque. Nota cómo el dedo se muestra algo borroso. Mientras lo haces, observa tu respiración. ¿Es constante y tranquila? ¿O cambia mientras sostienes la atención?

Desplaza el enfoque: Lleva ahora la mirada hacia la punta de tu dedo. Percibe cómo se vuelve nítida, mientras que el fondo se difumina. Sin forzar nada, vuelve a notar tu respiración. ¿Se modificó al cambiar el punto de enfoque?

Explora la percepción: Busca un objeto lejano, como una imagen colgada en una pared. Cierra un ojo y extiende el brazo, alineando el dedo con ese objeto.

Luego, sin mover ni la cabeza ni la mano, cambia de ojo: cierra el que estaba abierto y abre el que estaba cerrado. Verás que el objeto parece desplazarse. Este fenómeno ocurre porque cada ojo capta una imagen distinta, y es la integración de ambas lo que permite percibir la profundidad del entorno.

Reflexiona: Al terminar, tómate un momento para volver a respirar con consciencia. ¿Percibiste algún cambio? ¿Notaste variaciones en la profundidad o el ritmo de tu respiración mientras transitabas por cada fase del ejercicio?

Este recorrido es una invitación a reconocer el vínculo íntimo entre atención, percepción y respiración. Nos recuerda que mente y cuerpo no están separados, sino en constante diálogo, en un equilibrio dinámico que podemos aprender a sentir con claridad.

¿Qué sucede cuando la respiración se vuelve disfuncional?

Los trastornos del patrón respiratorio (TPR), también conocidos como respiración disfuncional, tienen la capacidad de pasar desapercibidos. Como si adoptaran el camuflaje perfecto, pueden imitar otros desequilibrios del cuerpo y confundirse con diagnósticos más conocidos, ocultando su verdadera naturaleza.

No existe una única forma en que se presenten. Puede tratarse de una respiración demasiado superficial, demasiado rápida, excesivamente profunda o interrumpida por pausas no fisiológicas. Respirar por la boca, de manera habitual y sin necesidad, también es una manifestación común. Muchas personas lo hacen sin siquiera notarlo.

El impacto de la respiración disfuncional es amplio. Puede afectar al sistema respiratorio, cardiovascular, digestivo y nervioso, así como al equilibrio emocional. Entre sus síntomas se incluyen la sensación de falta de aire, presión en el pecho, fatiga persistente, ansiedad, irritabilidad, dificultad para concentrarse e incluso episodios de pánico.

La buena noticia es que estos patrones pueden modificarse. La respiración no es un proceso completamente automático; también es una herramienta que podemos cultivar. Con práctica, conciencia y técnicas adecuadas, es posible restablecer un patrón respiratorio funcional que apoye la salud integral.

La próxima vez que notes que tu respiración se siente forzada o alterada, haz una pausa. Observa con suavidad cómo se mueve el aire en tu cuerpo. Sin juicio, permite que esa observación te guíe a una respiración más consciente, más presente, más tuya.

Patrones de respiración

Los patrones de respiración son como el ritmo de una canción que se interpreta dentro de nosotros. Representan la forma en que inhalamos y exhalamos, la cadencia que sostiene la vida. Así como una melodía puede acelerarse o calmarse, nuestra respiración también cambia según lo que experimentamos.

La *eupnea*, por ejemplo, es la respiración natural y tranquila que ocurre sin esfuerzo, como una melodía suave que acompaña sin imponerse, manteniéndonos en equilibrio.

La *hiperventilación*, en cambio, se asemeja a una composición frenética: respiraciones rápidas y profundas que pueden provocar mareo, ansiedad o una sensación de desconexión. Es el cuerpo recibiendo más oxígeno del necesario.

La *hipoventilación* es lo opuesto: una respiración lenta y superficial, parecida a una pieza musical pausada que induce somnolencia o fatiga. Aquí, el oxígeno no alcanza para sostener con claridad la energía vital.

La *apnea* se manifiesta como un silencio abrupto en medio de la música: una interrupción temporal de la respiración que marca un espacio, una pausa.

La *bradipnea* y la *taquipnea* alteran el tempo general. La primera ralentiza el ritmo respiratorio, mientras que la segunda lo acelera.

La respiración de *Cheyne-Stokes* es un ciclo de ascenso y descenso rítmico: la respiración se intensifica gradualmente, luego disminuye, seguida por una pausa. Es una melodía ondulante que crece, se apaga y vuelve a surgir.

Estos patrones pueden modificarse por factores como el estado emocional, la salud física o el nivel de actividad. Así como una canción puede transformar un instante, la forma en que respiramos moldea nuestro estado interior. A través de técnicas específicas de respiración, es posible restablecer estos ritmos, afinar la melodía interna y, con ello, recuperar claridad, calma y vitalidad.

Desviaciones respiratorias

Imagina tu cuerpo como una orquesta y a la respiración como su directora. Cuando cada instrumento está en sintonía, la sinfonía fluye con naturalidad. Pero basta con que la dirección pierda el compás para que las notas comiencen a desafinar. Lo mismo ocurre con la respiración: cuando se desajusta, todo el organismo lo reciente.

¿Cómo saber si esa dirección ha comenzado a perder el ritmo? Las señales pueden ser sutiles, pero una vez que aprendemos a reconocerlas, se vuelven evidentes.

Observa lo siguiente: intentas recuperar el aliento, pero solo se expande el pecho o solo el abdomen, no ambos. O tal vez te descubras con los hombros caídos, la espalda encorvada, como si cargaras un peso invisible. Estas posturas pueden revelar una respiración alterada.

Pensemos ahora en un pez fuera del agua, que abre la boca en busca de oxígeno y no logra absorber lo suficiente. O en una respiración tan superficial que apenas genera movimiento, como el agua quieta en una piscina. Tal vez haces pausas demasiado largas después de inhalar, como si una canción quedara suspendida en un silencio incómodo. También es posible que acortes la exhalación, que la fuerces o la dividas en partes pequeñas, o que retengas el aire al final de una exhalación sin darte cuenta.

Todos estos son indicios de una respiración que ha perdido su fluidez. Y si la respiración se desequilibra, el cuerpo entero comienza a desafinar.

Imagina que sientes una presión en el cuello o la garganta, como si llevaras un collar demasiado ajustado. O quizás notas que tu respiración se siente atrapada, como en un embotellamiento: tensa, forzada, sin poder fluir con naturalidad. Estas sensaciones son señales importantes. Pueden estar indicando un desequilibrio en tu forma de respirar.

Piensa en tu respiración como un río. Su curso debería ser suave, constante y rítmico. Pero si fluye con demasiada velocidad, se estanca o se vuelve errática, es momento de prestar atención.

La respiración es un reflejo del mundo interior. Así como un eco revela si te encuentras en un valle abierto o en un pasaje angosto, tu forma de respirar puede revelar lo que está ocurriendo en tu mente, tus emociones y tus actos.

Cuando aparece el miedo, la respiración puede volverse temblorosa e irregular, como la de un gato en una habitación llena de mecedoras. Bajo el peso del estrés, se acelera y se vuelve superficial, revoloteando como una mariposa atrapada.

La hiperventilación es otra alteración común: respirar en exceso, como si se corriera un maratón al ritmo de un velocista. Esto puede llevar a una sensación de falta de aire y, en algunos casos, intensificar emociones o generar reacciones que no se corresponden con la realidad.

Existe también la respiración caótica, una pérdida del ritmo natural. Es como un baterista que ha olvidado el compás: a veces acelera, otras veces se retrasa.

De manera parecida, en momentos de agitación emocional o esfuerzo físico, es habitual jadear o respirar de forma entrecortada.

La apnea del sueño es otro fenómeno: la respiración se interrumpe de manera intermitente durante la noche, como si un disco repitiera el mismo fragmento una y otra vez. Esta interrupción priva al cuerpo del oxígeno necesario y puede derivar en complicaciones importantes para la salud.

Durante el día, algo similar ocurre al concentrarse intensamente: muchas personas contienen la respiración sin notarlo, una reacción conocida como *apnea de concentración o apnea informática.*

Respirar superficialmente desde el pecho suele tener un origen más psicológico que físico. Es como intentar calmar la sed con apenas unos sorbos de agua. En cambio, cuando respiramos de forma profunda y consciente, es como accionar un interruptor que activa la relajación y la calma interior.

Juguemos un momento: respira profundo y exhala lentamente. Luego, contén el aire el tiempo que puedas antes de regresar a tu ritmo natural. ¿Cómo te hizo sentir? ¿Fue fácil o incómodo?

Esto no es solo un ejercicio clínico. Es una vivencia, una historia personal que demuestra cómo el simple acto de respirar puede adquirir nuevas dimensiones cuando sintonizamos con el cuerpo.

Hace algunos años, durante una semana laboral inusualmente exigente, me sentí completamente abrumada.

Llevaba adelante múltiples proyectos al mismo tiempo; los plazos se acumulaban como nubes de tormenta, los correos caían como lluvia, y la presión aumentaba. Sentía que cargaba el mundo sobre mis hombros.

En medio de esa vorágine, noté algo extraño en mi respiración. En lugar del flujo suave y rítmico al que estaba acostumbrada, solo respiraba desde el pecho. El abdomen apenas se movía. Mi cuerpo había perdido su compás.

Durante el día, respiraba de forma superficial y apresurada. Era una respiración mecánica, desconectada, donde el gesto seguía ocurriendo, pero el sentido se había desvanecido. También empecé a notar un fenómeno que más tarde supe que tenía nombre: *apnea informática.*

Durante largos momentos de concentración, sin querer, contenía el aliento. Mi cuerpo, absorto en la tarea, olvidaba su función más vital y su herramienta más poderosa: la respiración. Con el paso de los días, la tensión se instaló. La sentía en el cuello, como una presión constante que descendía lentamente, casi como una mano invisible. La garganta se cerraba y cada respiración se volvía un esfuerzo. Una noche desperté sobresaltada, con el corazón acelerado. Había estado conteniendo la respiración mientras dormía. Fue entonces cuando comprendí que estaba experimentando apnea del sueño, algo que hasta ese momento solo conocía por libros y artículos.

Reconocer los síntomas fue el primer paso. Comencé a integrar ejercicios de respiración consciente y profunda en mi rutina diaria. Algo tan sencillo resultó ser profundamente transformador. Ya no eran prácticas ocasionales, sino una nueva forma de habitar mi cuerpo, una he- rramienta diaria para afrontar la vida.

Empecé con respiraciones profundas, exhalaciones lentas y retenciones sostenidas. Al principio se sintió incómodo, pero poco a poco, esa pausa se volvió un refugio. Un espacio de calma. El simple hecho de enfocarme en la respiración me ayudó a centrarme, a calmar los nervios y a aliviar el estrés acumulado. Descubrí cómo distintos patrones respiratorios podían restablecer el equilibrio interno. En este libro comparto varios de esos ejercicios, que puedes practicar en uno o tres minutos.

Este viaje personal me enseñó que nuestros estados internos afectan profundamente la manera en que respiramos. Me recordó lo esencial que es escuchar al cuerpo y me reveló que, muchas veces, son las acciones más simples las que generan los mayores cambios.

Al observar nuestros patrones respiratorios, podemos acceder a valiosa información sobre nuestro estado físico y emocional, y así aprender a cultivar de forma consciente el equilibrio y la tranquilidad.

Restablecer los patrones de respiración

El primer paso para transformar los patrones de respiración es cambiar la forma en que te relacionas con ella. Esta simple decisión puede generar efectos duraderos en el organismo, ayudando a contrarrestar el impacto del estrés y las condiciones ambientales. Imagina al oxígeno como un nutriente esencial, como una fuente continua de vida.

En momentos de ansiedad o tensión, la respiración tiende a volverse superficial y acelerada. Es la activación del reflejo biológico conocido como "lucha o huida", un mecanismo de defensa que prepara al cuerpo para enfrentar el peligro.

Aunque útil en situaciones extremas, este reflejo puede resultar perjudicial cuando se activa de forma crónica en la vida cotidiana. La buena noticia es que estos patrones pueden restablecerse. Se puede entrenar al cuerpo para respirar de manera más profunda y conectada, favoreciendo un estado de mayor calma, claridad y presencia.

Cómo comenzar:

Busca un lugar tranquilo y cómodo, donde puedas estar sin interrupciones.

Siéntate o recuéstate en una posición relajada.

Inhala profundamente por la nariz, permitiendo que el aire llene el pecho y el abdomen. Exhala por la boca, suavemente.

Mientras exhalas, imagina cómo la tensión se disuelve y abandona tu cuerpo.

Repite este proceso durante un minuto.

Pon toda tu atención en la respiración. Permite que cada inhalación y cada exhalación se hagan más lentas y profundas. Observa cuánto tiempo puedes sostener cada fase de la respiración, sin forzar. Simplemente reconoce el ritmo de tu cuerpo y valora tu progreso sin juzgar. Si te resulta difícil mantener la concentración, puedes apoyarte en un mantra o una visualización. Por ejemplo, repite internamente la palabra *paz* al exhalar, o visualiza un paisaje sereno como una playa al atardecer o un bosque en calma. Practica esta respiración profunda unos minutos al día. Con el tiempo, puedes extender la duración y convertirla en parte de tu rutina diaria, como tomar unas respiraciones conscientes antes de una reunión importante o al acostarte.

Encontrarás más ejercicios en este libro, pero antes de entrar en el fascinante universo de las técnicas respiratorias, recuerda que tu bien- estar siempre es lo más importante. Si tienes dificultades para respirar, te invito a consultar con una persona profesional de la salud.

Ellas podrán ayudarte a identificar la causa de fondo y a diseñar un plan adecuado para mejorar tu respiración.

Cuando sientas que estás como para explorar, puedes visitar la sección de Ejercicios prácticos, donde hallarás una variedad de técnicas para diferentes momentos y necesidades. Desde respiración profunda y abdominal hasta vibratoria y nasal alterna, hay una herramienta para cada persona. Tanto si llevas años practicando como si estás dando tus primeros pasos, estos ejercicios están pensados para encontrarte exactamente donde estás y acompañarte desde ahí.

Sonidos de la respiración

Los sonidos respiratorios son como una sinfonía interpretada por el cuerpo y los pulmones, componiendo una melodía sutil con cada inhalación y exhalación. Cada variación en el tono y el ritmo puede ofrecer señales valiosas sobre el estado de salud del sistema respiratorio.

Los sonidos respiratorios normales, conocidos como murmullos vesiculares, se perciben como un susurro suave, resultado del aire fluyendo sin obstáculos por las vías respiratorias. Escucharlos es como oír el viento acariciar las hojas.

En contraste, los estertores o crepitaciones evocan pequeñas explosiones dentro de los pulmones y suelen señalar la presencia de líquido o secreciones anómalas. Suenan como el estallido de granos de maíz al calentarse.

Las sibilancias, por su parte, tienen un tono agudo, similar al silbido de una tetera al hervir. Revelan un estrechamiento de las vías respiratorias que dificulta el paso del aire.

Los roncos, también conocidos como *ronchi*, son sonidos profundos y retumbantes que resuenan en el pecho cuando hay acumulación de moco en las vías respiratorias de mayor calibre. Se asemejan al estruendo de una tormenta lejana en una tarde cálida.

El estridor, en cambio, es un sonido agudo e intenso que surge por una obstrucción en las vías respiratorias superiores. Es como una alarma repentina que irrumpe en un momento de calma, imposible de ignorar.

Cuando los ruidos respiratorios disminuyen o se ausentan, se produce un silencio denso, casi reverente. Esta ausencia puede indicar una reducción significativa del paso del aire hacia los pulmones. Es un silencio que recuerda al de una biblioteca en tiempos anteriores a lo digital, lleno de atención y expectación.

El roce pleural tiene un timbre áspero, parecido al chirrido de una puerta antigua cuya bisagra pide aceite. Se produce cuando las capas inflamadas de la pleura se rozan entre sí, revelando una fricción que no debería estar allí.

Estos sonidos no son solo ruidos: son mensajes del cuerpo. Escucharlos con atención puede ayudarnos a identificar desequilibrios antes de que se manifiesten con más fuerza. Lo sé, es mucha información, pero te invito a experimentarla desde el asombro. Inhala profundamente y escucha la melodía que tus pulmones crean. Explora con curiosidad. Si tienes un estetoscopio, úsalo para descubrir los sonidos únicos de tu cuerpo. No necesitas uno profesional; cualquier modelo básico sirve. Incluso una taza puede ayudarte a amplificar lo que suena en el interior de otra persona. Escuchar con atención es también una forma de cuidar.

Maestros de la respiración, presten atención. Este ejercicio fue pensado especialmente para ustedes. Les invito a experimentar con un estetoscopio antes de cada sesión, como una herramienta para comprender mejor las necesidades respiratorias de cada persona. Aunque fue creado para guías y facilitadores, es una invitación abierta a todos. Vamos a explorar juntos lo más fascinante: escucharnos por dentro.

Coloca el estetoscopio en distintas zonas del tórax y percibirás cómo se amplifican los sonidos que producen los pulmones. Es un concierto íntimo: no hay melodía más auténtica que la de tu propia respiración.

Para realizar una auscultación pulmonar básica, apoya suavemente la campana del estetoscopio en el pecho y la espalda. Observa con atención los sonidos que emergen y compáralos entre ambos lados del cuerpo. Escucha cómo suena cada pulmón y permítete notar las diferencias.

Prepárate para sorprenderte. Escucharás la vida misma moviéndose en ti.

Si deseas compartir lo que descubriste, puedes escribirme. Me encantaría conocer tu experiencia.

Anatomía del sistema respiratorio
¿Qué es la respiración?

La ventilación pulmonar, conocida comúnmente como respiración, es el proceso mediante el cual los organismos incorporan oxígeno y eliminan dióxido de carbono, un subproducto del metabolismo celular. Este intercambio gaseoso ocurre gracias al movimiento del aire entre la atmósfera y los alvéolos, pequeños sacos ubicados en los pulmones.

Este proceso está impulsado por la acción coordinada de los músculos respiratorios. Al contraerse, expanden la cavidad torácica, permitiendo que el aire ingrese; al relajarse, facilitan su salida. La respiración se compone de dos fases principales: la inspiración, cuando se inhala aire rico en oxígeno, y la espiración, cuando se exhala aire cargado de dióxido de carbono. Sin embargo, este es solo uno de los componentes del proceso respiratorio, que también incluye la difusión, el transporte de gases y su regulación.

El sistema respiratorio está conformado por una red compleja de órganos y tejidos que trabajan en conjunto para permitir este intercambio vital. Incluye las cavidades nasal y oral, la faringe, laringe, tráquea, bronquios, bronquiolos y alvéolos. Cada estructura cumple una función específica para asegurar que el oxígeno llegue a cada célula y que el dióxido de carbono sea eliminado de manera eficiente.

Durante la inhalación, el diafragma se contrae y desciende, mientras los músculos intercostales (ubicados entre las costillas) también se activan, expandiendo la caja torácica. Esta expansión genera una presión negativa que hace que el aire fluya hacia los pulmones. Al exhalar, estos músculos se relajan, la cavidad torácica se reduce y el aire es expulsado.

La respiración es regulada por el tronco encefálico, una región del cerebro que monitorea constantemente el equilibrio interno. Recibe señales de sensores distribuidos por todo el cuerpo que informan sobre los niveles de oxígeno, dióxido de carbono, pH y temperatura, ajustando la frecuencia y profundidad de la respiración para mantener la homeostasis.

Así que, al tomar tu próximo aliento, quizás puedas detenerte un instante y reconocer la maravilla de este proceso invisible que, sin pedir nada a cambio, te mantiene aquí.

Observando nuestros pulmones

Los pulmones son un par de órganos extraordinarios que hacen posible la respiración. Aunque parecen gemelos, no son idénticos: el pulmón izquierdo es ligeramente más pequeño que el derecho, ya que comparte espacio con el corazón.

Están protegidos por la caja torácica, compuesta por doce pares de costillas que se articulan con la columna vertebral. Debajo de los pulmones se encuentra el diafragma, un músculo amplio y flexible que participa de forma activa en cada respiración.

De textura blanda y esponjosa, los pulmones son altamente elásticos. Se encuentran separados entre sí por una región llamada mediastino. Aunque no podemos verlos, sí podemos sentirlos. Coloca las manos sobre el pecho, inhala profundamente y percibe cómo se expande. Luego exhala, y vuelve a notar ese movimiento sutil. Ahí están, cumpliendo su función vital.

Cada pulmón tiene un vértice que se extiende hasta la primera costilla, unos dos centímetros y medio por encima de la clavícula. El pulmón izquierdo está dividido en dos lóbulos; el derecho, en tres. La base de cada pulmón descansa suavemente sobre el diafragma, adaptándose a su forma cóncava.

En su interior, los pulmones se asemejan a un árbol invertido. Los bronquios principales se ramifican en conductos más pequeños llamados bronquiolos. Hay alrededor de treinta mil bronquiolos en cada pulmón, y cada uno tiene un grosor comparable al de un cabello.

Al final de cada bronquiolo se encuentran los alvéolos: diminutos sacos de aire organizados en racimos.

Se estima que hay unos seiscientos millones de alvéolos en total. Si pudieran extenderse, cubrirían una superficie inmensa. Cada alvéolo está envuelto por una red finísima de capilares, tan estrechos que las células sanguíneas deben alinearse una tras otra para atravesarlos.

Es ahí, en ese delicado intercambio entre el aire y la sangre, donde ocurre la magia de la vida. Haz una pausa. Respira profundamente tres veces y siente cómo tus pulmones se expanden. Esa sensación de frescura, de renovación… es tu cuerpo recordándote que estás aquí, respirando, viviendo.

Las vías respiratorias

Las vías respiratorias se dividen en dos zonas fundamentales: la zona de conducción y la zona respiratoria. Cada una cumple una función vital en el arte de respirar. La zona de conducción es el camino por donde el aire viaja hacia los pulmones. Está compuesta por la nariz, la nasofaringe, la laringe, la tráquea, los bronquios, los bronquiolos y los bronquiolos terminales. En cambio, la zona respiratoria, integrada por los alvéolos, es el escenario donde sucede el intercambio de gases: el oxígeno entra al cuerpo y el dióxido de carbono se libera.

Imaginar las vías respiratorias es como visualizar un túnel luminoso que conecta el mundo exterior con la energía que sostiene la vida. Este túnel comienza en la nariz o en la boca, por donde el aire ingresa y es filtrado por diminutos vellos y mucosa, eliminando impurezas y partículas no deseadas. A medida que inhalamos, el aire se calienta y humidifica, preparándose para continuar su viaje hacia lo profundo del cuerpo.

Desde allí, el aire fluye hacia la tráquea, una estructura firme que actúa como autopista principal, guiándolo hacia los pulmones. La tráquea se divide en dos grandes vías llamadas bronquios, que ingresan a cada pulmón y se ramifican en conductos cada vez más pequeños llamados bronquiolos.

Finalmente, estos bronquiolos desembocan en los alvéolos, pequeños sacos de paredes delgadas donde ocurre el milagro de la respiración: el oxígeno atraviesa la barrera alveolar para entrar en la sangre, mientras el dióxido de carbono, que el cuerpo ya no necesita, es expulsado al exhalar.

Este proceso puede compararse con un intercambio vital en un mercado silencioso y constante: el oxígeno es recibido como un regalo, y el dióxido de carbono, como un desecho, se devuelve al universo.

Para que esta ciudad interna funcione en armonía, las vías respiratorias deben mantenerse limpias y libres de obstáculos. El cuerpo cuenta con mecanismos naturales de protección: estornudos, tos, mucosa y diminutos cilios que, como centinelas, eliminan partículas dañinas y mantienen el flujo de aire libre y constante.

Sin embargo, las vías pueden inflamarse u obstruirse debido a afecciones como el asma o la bronquitis, dificultando la respiración y afectando la vitalidad. Aun así, este sistema trabaja incansablemente, día y noche, guiando el aire que nos permite vivir, sentir, pensar y soñar. Respirar es más que una función fisiológica: es una conversación constante con la existencia, un acto sagrado de intercambio y presencia.

Inspiración y espiración

Cuando inhalamos, ocurre la inspiración. Este proceso comienza con la contracción del diafragma, que se aplana para aumentar el espacio en la cavidad torácica. Al mismo tiempo, los músculos intercostales elevan las costillas hacia arriba y hacia afuera, permitiendo que los pulmones se expandan.

El aire entra por la nariz o la boca, desciende por la tráquea, los bronquios y los bronquiolos, hasta llegar a los alvéolos, que son pequeñas estructuras en forma de saco donde se realiza el intercambio gaseoso. En los alvéolos, el oxígeno del aire pasa a la sangre a través de finas membranas, y desde allí es transportado a cada célula del cuerpo, nutriendo todos los sistemas que nos sostienen.

La espiración es el proceso por el cual liberamos ese aire, un producto de desecho del metabolismo celular. A diferencia de la inspiración, esta fase suele ser pasiva: el diafragma se relaja y se eleva, los músculos intercostales también se relajan, y la caja torácica vuelve a su posición inicial, reduciendo el espacio en los pulmones y empujando el aire hacia afuera. El aire exhalado sale más cálido y cargado con aquello que el cuerpo ya no necesita.

Y si alguna vez te has preguntado cómo este movimiento ocurre con tanta fluidez, es gracias a las membranas pleurales, dos capas delgadas y lubricadas que recubren los pulmones y la cavidad torácica, permitiendo un deslizamiento suave y sin fricción.

Respirar es un acto fisiológico, sí, pero también es una conversación silenciosa entre el cuerpo y la vida.

Los músculos de la respiración

Imagina que estás en una clase de *spinning* de alta intensidad. Pedaleas con fuerza, tu ritmo cardíaco se acelera y respiras con dificultad. Al inhalar, los músculos intercostales externos (ubicados entre las costillas) elevan la caja torácica hacia arriba y hacia afuera, expandiendo la cavidad torácica.

Al mismo tiempo, el diafragma se contrae y se aplana, descendiendo para aumentar el volumen de la cavidad. Esta expansión disminuye la presión interna, lo que permite que el aire fluya hacia los pulmones con naturalidad. Al exhalar, el proceso se invierte. Los músculos intercostales se relajan y la caja torácica desciende. El diafragma también se relaja y asciende, reduciendo el volumen torácico y facilitando la salida del aire.

Si el esfuerzo continúa y el cuerpo necesita más oxígeno, se suman otros músculos a la acción. El esternocleidomastoideo, en el cuello, eleva el esternón; los escalenos, también en el cuello, levantan las primeras costillas. Juntos amplían aún más la cavidad torácica para facilitar la entrada de aire.

Llega el *sprint* final. El cuerpo se inclina hacia adelante y las manos se apoyan firmes sobre el manillar, adoptando lo que se conoce como la *posición de trípode*. Esta postura estabiliza el tórax y permite que el serrato anterior (un músculo clave de la cintura escapular) participe de forma activa en la expansión de la caja torácica, facilitando así una mayor entrada de aire y optimizando la capacidad pulmonar. En este complejo mecanismo también participan los músculos abdominales, como el recto abdominal, que ayudan a descender las costillas durante la espiración activa, y los músculos del suelo pélvico, que sostienen órganos como la vejiga, el útero o la próstata, y el recto.

Aunque se conocen sobre todo por su papel en el control de esfínteres, la función sexual y el soporte de la columna, estos músculos también están íntimamente vinculados a la respiración. Trabajan en coordinación con el diafragma y forman parte esencial del sistema que regula el aire que entra y sale del cuerpo. Durante la inhalación, el suelo pélvico se relaja y desciende, permitiendo que el diafragma se mueva libremente y los pulmones se expandan. Al exhalar, se contrae y asciende, colaborando con el diafragma para expulsar el aire.

Cuando estos músculos están débiles o tensos, pueden interferir con el proceso respiratorio. Un suelo pélvico debilitado tal vez no ofrezca el soporte necesario al diafragma, generando una respiración superficial y una menor oxigenación. Si está excesivamente tenso, puede restringir el movimiento del diafragma, dificultando la exhalación y contribuyendo a sensaciones de ansiedad o estrés.

Fortalecer y flexibilizar estos músculos mediante prácticas como los ejercicios de Kegel o la fisioterapia del suelo pélvico puede mejorar la calidad de la respiración y favorecer el bienestar integral. Cada uno de estos músculos trabaja en armonía para sostener el acto vital de respirar. Entender su papel es comenzar a honrar la inteligencia del cuerpo.

La caja torácica

La caja torácica es una estructura dinámica que desempeña un papel fundamental en el sistema respiratorio. Funciona como una fortaleza viva: resguarda los pulmones y otros órganos vitales, mientras brinda una base sólida para el acto de respirar. Su forma de cúpula aporta rigidez y soporte tanto a los miembros superiores como a los músculos que intervienen en nuestros movimientos cotidianos.

Está compuesta por el esqueleto torácico, que incluye el esternón, doce pares de costillas y doce vértebras torácicas. Estos huesos se conectan mediante cartílagos costales flexibles y discos intervertebrales, lo que permite el movimiento necesario durante la respiración. Las costillas, que conforman la mayor parte de la caja torácica, son livianas y resistentes. Se extienden desde la parte posterior hasta la parte anterior del tórax, y se articulan tanto con el esternón como con las vértebras torácicas, brindando la elasticidad indispensable para la expansión y contracción del tórax.

El esternón se ubica en el centro del frente torácico y se divide en tres partes: el manubrio, el cuerpo y el proceso xifoides. Por su parte, las vértebras torácicas, numeradas de T1 a T12, forman la parte posterior de esta estructura y se articulan con las cabezas de las costillas y los discos intervertebrales. Este sistema óseo completo proporciona una combinación precisa de protección y flexibilidad que facilita la ventilación pulmonar.

La caja torácica cuenta con dos aberturas esenciales: una en la parte superior, por donde pasa la tráquea, y otra en la parte inferior, ocupada por el diafragma. Estas aberturas permiten el paso del aire durante la respiración. Al inhalar, el diafragma se contrae y desciende, generando el espacio necesario para que los pulmones se expandan y se llenen de aire. Al exhalar, el diafragma se relaja y asciende, ayudando a expulsar el aire del interior de los pulmones.

La producción del sonido

Respirar y hablar son funciones vitales íntimamente conectadas. Los pulmones, ubicados en el pecho, suministran el aire necesario para articular palabras. Sin embargo, no son los únicos responsables de este proceso: la laringe, situada justo encima de la tráquea, desempeña un papel fundamental en la creación del sonido.

Dentro de la laringe se encuentran las cuerdas vocales, dos pliegues delicados que se abren y cierran para generar distintas vibraciones. Al exhalar, el aire asciende desde los pulmones, atraviesa la tráquea y llega a las cuerdas vocales. Cuando estas se cierran, el paso del aire provoca su vibración, y de esa vibración surge el sonido.

La intensidad y la duración del sonido dependen de la cantidad de aire exhalado. Si intentas gritar, notarás cómo el cuerpo requiere una exhalación más potente y una inhalación más frecuente que al hablar con un tono moderado. Puedes explorar distintos sonidos y observar cuánta energía respiratoria se necesita para producir cada uno. Este ejercicio no solo fortalece la conexión con la voz, también revela el papel esencial de la respiración en toda forma de expresión.

Mecanismo y regulación de la respiración

La respiración se manifiesta mediante la expansión y contracción de los pulmones, y ocurre de dos maneras principales: por un lado, mediante el alargamiento y acortamiento de la cavidad torácica; por otro, a través del aumento y la disminución de su diámetro anteroposterior. El músculo responsable del primer movimiento es el diafragma, mientras que la elevación y el descenso de las costillas generan el segundo.

La regulación de este proceso vital está a cargo del centro respiratorio, ubicado en el bulbo raquídeo y en la protuberancia del tronco encefálico. Este centro está conformado por tres grupos principales de neuronas: el grupo respiratorio dorsal, el grupo respiratorio ventral y el centro neumotáxico. Juntos, aseguran un ritmo respiratorio armónico y continuo.

El grupo respiratorio dorsal, situado en la médula, cumple una función central: coordina la mayoría del ciclo respiratorio. A través de señales nerviosas dirigidas al diafragma y a los músculos intercostales externos, permite que, entre el aire fresco, lleno de oxígeno que nutre cada célula del cuerpo.

Cuando se requiere una exhalación más activa, entra en acción el grupo respiratorio ventral, también ubicado en la médula. Este conjunto de neuronas envía impulsos al músculo recto abdominal y a los intercostales internos, facilitando una espiración forzada que expulsa el aire residual, despejando el camino para una nueva inhalación.

Finalmente, el centro neumotáxico, localizado en la parte superior del puente o protuberancia, modula el ritmo y la profundidad de cada respiración. Su función es mantener un equilibrio delicado entre inhalar y exhalar, permitiendo que la respiración fluya de forma natural.

¿Cómo desbloquear el mecanismo respiratorio?

Liberar el potencial de la respiración puede transformar profundamente la salud. La respiración consciente no solo oxigena el cuerpo; también despeja bloqueos físicos y energéticos, fortalece los pulmones y mejora la eficiencia del sistema respiratorio.

Cuando se practican con regularidad y precisión, las siguientes técnicas se convierten en aliadas poderosas:

Respiración energética: Inicia respirando profundamente por la nariz. Deja que el aire llene los pulmones y luego exhala por la misma vía, sin esfuerzo. Este ciclo es continuo, fluido y sin pausas forzadas. La energía comienza a moverse desde la primera respiración.

Respiración profunda: Al igual que la respiración energética, comienza con una inhalación nasal profunda, expandiendo al máximo los pulmones. Luego exhala lenta y suavemente por la boca, liberando tensiones acumuladas.

Pranayama: Esta palabra proviene del sánscrito y puede traducirse como "expansión de la energía vital a través del control de la respiración". Dentro del yoga, el pranayama representa una práctica milenaria que combina técnica, presencia y propósito, utilizando el aliento como puente entre el cuerpo, la mente y el espíritu. Una de sus formas más conocidas es la respiración Ujjayi, también llamada "aliento victorioso".

Se realiza inhalando y exhalando por la nariz mientras se contrae ligeramente la parte posterior de la garganta, como si se quisiera empañar un espejo con la boca cerrada. Este pequeño ajuste produce un sonido suave y constante, similar al murmullo del mar. Ujjayi calma el sistema nervioso, incrementa la concentración y genera calor interno, favoreciendo la circulación de la energía.

Otra técnica clásica es Nadi Shodhana, o "respiración por fosas nasales alternas". Se practica alternando el paso del aire entre una fosa nasal y la otra, utilizando los dedos para cerrar suavemente cada lado en un ritmo específico. Esta técnica busca purificar los canales energéticos, conocidos como *nadis*, y equilibrar ambos hemisferios del cerebro. Su efecto es profundamente armonizante: reduce la ansiedad, mejora la claridad mental y facilita un estado de equilibrio interior.

Retención de la respiración: En la tradición del yoga, esta práctica se conoce como *Kumbhaka*. Consiste en hacer una pausa consciente después de inhalar o exhalar, sosteniendo el aliento por unos instantes. Esta suspensión no es forzada, sino atenta y serena, como si el tiempo se detuviera dentro del cuerpo.

Practicar *Kumbhaka* de manera regular fortalece los pulmones, entrena al sistema respiratorio para tolerar mejor el dióxido de carbono y optimiza la captación de oxígeno. Además, tiene un efecto directo sobre el sistema nervioso: lo aquieta, lo regula y lo prepara para estados de mayor claridad y presencia. Esta pausa, aunque breve, abre un espacio profundo de conexión. En el silencio del aliento contenido, se revela una calma que trasciende lo físico.

Respiración diafragmática: Esta técnica invita a respirar profundamente desde el diafragma, no desde el pecho. Para practicarla, coloca las manos sobre el abdomen, inhala sintiendo cómo se eleva el vientre y luego exhala lentamente, observando cómo se contrae. Es una forma suave y efectiva de calmar el sistema nervioso.

Al comenzar este viaje, contar con la guía de una persona experta puede marcar una gran diferencia, sobre todo si existe alguna condición de salud previa. Imagina que estás aprendiendo a andar en bicicleta: al principio, unas ruedas de apoyo ofrecen seguridad y confianza. Con el tiempo y la práctica, podrás avanzar con soltura por tu cuenta, respirando con libertad y presencia.

Moldeando tu cuerpo para respirar mejor

¿Alguna vez has notado la conexión entre tu postura y tu forma de respirar? ¿Te has detenido a observar cuánta cantidad de aire te permites inhalar?

Es común contener la respiración en momentos de miedo o suspirar al liberar tensión. Estas respuestas automáticas pueden generar, sin que lo notemos, un patrón de respiración vertical: se utiliza principalmente la parte superior de los pulmones y los músculos del pecho para inhalar y exhalar.

Aunque puede parecer una respiración profunda, en realidad limita la entrada de oxígeno esencial para el cuerpo. La respiración vertical, además, sobrecarga los músculos del cuello y los hombros, que deben esforzarse más para compensar un mecanismo respiratorio ineficiente. Esto suele derivar en mayor tensión y rigidez muscular. Al relajar conscientemente estas zonas y adoptar una postura adecuada, es posible entrenar el cuerpo hacia una respiración más eficiente: la respiración diafragmática o abdominal, que favorece una mayor oxigenación.

¿Y por qué es tan crucial el oxígeno? Porque cada célula del cuerpo lo necesita para funcionar correctamente. Cuando no llega en cantidad suficiente, se compromete la producción de energía y pueden aparecer síntomas como fatiga, dificultad para concentrarse, disminución del deseo sexual o incluso dolores de cabeza. Por eso, activar el diafragma al respirar es esencial, pero no es suficiente. Para vaciar completamente los pulmones, es necesario también involucrar los músculos del suelo pélvico, facilitando así una exhalación completa y liberadora.

Cuando el diafragma y los músculos del suelo pélvico trabajan en conjunto, se genera una expansión horizontal. Este tipo de respiración permite que el abdomen se expanda y se contraiga de forma natural, facilitando un intercambio más eficiente de oxígeno y dióxido de carbono. Respirar horizontalmente es la forma en que la naturaleza nos diseñó para vivir: sin esfuerzo, con fluidez y presencia. La mejor parte es que puedes entrenar tu cuerpo para abrir espacio en lugar de cerrarlo con tensión.

Haz una pausa. Respira profundo y observa tu postura. ¿Estás utilizando el diafragma y los músculos del suelo pélvico, o estás dependiendo de los músculos del pecho y el cuello? ¿Percibes rigidez en la parte superior del cuerpo?

Pero no todo se reduce a la postura o la activación muscular. La forma en que el aire entra a tu cuerpo también importa. ¿Has notado la diferencia entre respirar por la nariz y hacerlo por la boca? La sensación cambia, ¿verdad? Eso no es casualidad.

Respirar por la nariz tiene beneficios profundos y comprobados. La nariz actúa como un filtro natural: atrapa partículas de polvo, alérgenos y otros contaminantes antes de que lleguen a los pulmones. Es una barrera biológica diseñada para protegerte, permitiendo que el aire llegue más limpio, cálido y húmedo, favoreciendo una mejor salud respiratoria.

En segundo lugar, la nariz cumple una función esencial: humidifica y calienta el aire antes de que llegue a los pulmones. Esto es crucial, ya que los pulmones están formados por tejidos delicados que necesitan mantenerse cálidos y húmedos para funcionar correctamente. Respirar por la boca, sobre todo cuando el aire está frío y seco, puede resecar los pulmones y hacerlos más vulnerables a infecciones.

Además, la respiración nasal ayuda a reducir el riesgo de enfermedades respiratorias. La nariz produce moco, una sustancia que actúa como barrera natural al atrapar bacterias, virus y otras partículas nocivas antes de que ingresen al organismo. A su vez, los pequeños vellos nasales, llamados cilios, contribuyen a eliminar esta mucosidad y a mantener las vías respiratorias despejadas.

Respirar por la nariz también reduce el estrés y favorece la relajación. Estimula el sistema nervioso parasimpático, que calma el cuerpo y la mente. En cambio, la respiración bucal se asocia con la activación del sistema simpático, el cual puede intensificar estados de ansiedad y tensión.

Es importante prestar atención al ritmo respiratorio; es decir, a cuántas veces inhalas y exhalas por minuto. Observar este patrón es un primer paso hacia una respiración más consciente.

Al practicar la respiración energética con atención plena, incorporas hábitos que nutren las células y promueven la longevidad. Cuando respiras de manera consciente, conectada y circular durante un tiempo sostenido, la energía vital fluye hacia donde se necesita: hacia la psique, el cuerpo físico, el campo energético, las personas que te rodean e incluso el planeta. Puede aflorar una emoción no resuelta que necesita ser liberada. Tal vez se dirija a una zona del cuerpo que pide alivio, o tal vez penetre en la psique para revelar una comprensión profunda. También puede abrir un espacio de unión con el todo.

Respirar de forma circular te permite entrar en lo que llamamos un ciclo energético. En este estado, puedes observar tu mente, acceder a memorias alojadas en los músculos y las células, y explorar los rincones más profundos de tu conciencia. Es posible disolver las barreras que te separan del mundo, reconectar contigo y con la totalidad que te rodea.

Dominar la respiración es una habilidad transformadora. Abarca lo físico, lo mental, lo emocional y lo espiritual.

Es un camino de evolución constante, con espacio siempre abierto al crecimiento y la expansión. Cada respiración consciente nutre tu cuerpo, disuelve tensiones, libera emociones estancadas y te ancla al presente. A través del arte de respirar con intención, puedes acceder al poder infinito que habita en ti y en todo lo que existe.

Respira profundamente y siente la energía que te recorre: está viva, es tuya, y siempre ha estado ahí.

Beneficios de observar la respiración

Los beneficios de la respiración son vastos, abarcando tanto el ámbito creativo como el respaldo científico. Numerosos estudios han confirmado su profundo impacto en la mente, el cuerpo y el bienestar integral, mostrando cómo esta práctica puede transformar nuestra salud y nuestro equilibrio emocional.

Uno de los aportes más significativos de esta práctica es la capacidad de restablecer sistemas de creencias arraigados y patrones mentales antiguos. Al respirar de manera consciente, de forma circular y conectiva, liberamos información acumulada en la mente y reconfiguramos la memoria celular y muscular. Esto nos abre a una visión más amplia, amable y positiva de la vida.

La respiración es también una herramienta poderosa para liberar traumas y tensiones. Al tomarnos el tiempo para respirar de forma profunda y pausada, enviamos una señal al cerebro de que estamos a salvo, de que todo está en orden. Esta respuesta activa el sistema nervioso parasimpático, disminuyendo los impulsos de lucha o huida, reduciendo la ansiedad y facilitando la liberación de cargas físicas y emocionales.

Desde una perspectiva neurocientífica, la respiración influye directamente en el cerebro y el corazón. Mejora la conectividad neuronal y estimula la producción de neurotransmisores como la serotonina y la dopamina. Estos cambios bioquímicos pueden transformar el estado de ánimo, fortalecer la motivación, agudizar la atención y elevar el nivel de conciencia, generando una sensación tangible de calma, claridad mental y autorregulación emocional.

Además, la respiración consciente impacta positivamente el sistema nervioso central.

Al equilibrar el pH del organismo y reducir la acidez, fortalece la inmunidad, disminuye la inflamación y el estrés oxidativo, mejora la circulación y regula los niveles de cortisol, lo que a su vez influye en el metabolismo de manera favorable.

Así como las células madre fetales saben instintivamente dónde acudir en el cuerpo gestante para iniciar procesos de regeneración, la energía vital también sabe cómo sostenernos. ¿La maravilla? Puedes acceder a esta energía en cualquier momento a través de algo tan sencillo y esencial como respirar. Con cada inhalación, incorporas fuerza vital (también conocida como prana o chi) que recorre todo tu ser. Esta energía se dirige con sabiduría a donde más se necesita, teje vínculos con tu entorno y profundiza la conexión con quienes te rodean.

Al profundizar en el arte de inhalar y exhalar, de permitir y soltar, desarrollamos una capacidad mayor para adaptarnos, transformarnos y vivir con mayor presencia y resiliencia.

Beneficios físicos de la respiración consciente:

- Restaura el equilibrio del sistema nervioso autónomo.
- Aumenta la energía vital disponible en el organismo.
- Estimula la circulación sanguínea, la regeneración celular y mejora la oxigenación de los tejidos.
- Contribuye al equilibrio de la presión arterial.
- Mejora el flujo sanguíneo hacia los genitales, favoreciendo una vida sexual saludable y plena.
- Facilita la eliminación de toxinas, encargándose de hasta el 70 % de su expulsión natural.
- Disminuye el estrés oxidativo, protegiendo las células del daño.
- Libera tensiones musculares acumuladas.
- Apoya el buen funcionamiento del sistema digestivo.
- Alcanza un efecto alcalinizante en la sangre, regulando su pH.
- Posee propiedades antiinflamatorias.
- Contribuye a la regulación del sistema endocrino y hormonal.
- Fortalece las defensas del sistema inmunológico.
- Mejora la capacidad y eficiencia respiratoria.
- Ayuda a revertir trastornos respiratorios y patrones de respiración superficial o inhibida.
- Favorece la recuperación ante gripes, resfriados y otros procesos virales.
- Reduce la vulnerabilidad frente a enfermedades contagiosas.
- Optimiza el rendimiento físico y mental.
- Aumenta la claridad mental, la atención sostenida y la memoria.
- Estimula la creatividad, el entusiasmo y la motivación.
- Activa la enzima telomerasa, relacionada con el alargamiento de los telómeros, lo que puede ralentizar o incluso revertir ciertos aspectos del envejecimiento celular.
- Fortalece la musculatura central, ya que respirar conscientemente es también una forma activa de ejercicio.

Algunos de los posibles beneficios emocionales de la respiración consciente:

- La respiración profunda y sostenida crea coherencia entre la mente y el corazón, facilitando estados emocionales más positivos y elevando el ánimo de forma natural. Ofrece una nueva perspectiva sobre la vida, despertando sensaciones de satisfacción, plenitud y alegría genuina.

- Al practicarla con regularidad, se reduce la fatiga emocional, se suavizan el pánico y la reactividad, y se disuelven sentimientos de ansiedad y depresión.
- Esta técnica también mejora la calidad del sueño y apacigua la mente cuando se está en constante actividad o sobrecarga.
- Favorece la conciencia sobre los patrones de autosabotaje y contribuye a disminuir conductas adictivas, al tiempo que facilita la liberación de recuerdos traumáticos y emociones reprimidas. Puede ayudar a procesar huellas emocionales profundas, incluyendo aquellas originadas en la infancia temprana e incluso durante el nacimiento.
- Asimismo, es útil en la reducción de síntomas asociados al trastorno de estrés postraumático. Promueve vínculos más saludables, aumenta la resiliencia emocional y permite integrar aquellas partes de nuestra historia interna que alguna vez quedaron fragmentadas.

Estos son algunos de los posibles beneficios energéticos de la respiración consciente:

- Fortalece la conexión con nuestra Fuente, el Yo Infinito, el Yo Superior o la mente subconsciente, lo que abre la puerta a comprensiones profundas, guía intuitiva y una toma de decisiones más alineada con nuestra verdad interior.
- Promueve una vivencia de unidad, despertando en nosotros un sentido de pertenencia y conexión con todo lo que nos rodea.
- Facilita la apertura al amor incondicional, elevando nuestra frecuencia energética y transformando nuestra manera de relacionarnos.
- Ayuda a liberar bloqueos energéticos, permitiendo que la energía vital fluya sin obstáculos.
- Revitaliza nuestro campo energético, nutriendo el cuerpo y el alma con una nueva sensación de frescura y vitalidad.
- Expande nuestra capacidad energética, brindándonos mayor claridad, enfoque y fuerza para sostener nuestras responsabilidades cotidianas.

- Armoniza los centros energéticos o chakras, equilibrando el flujo de energía en todo el sistema corporal.
- Purifica el aura, despejando energías densas o estancadas que pudieran interferir con nuestro bienestar.
- Aumenta nuestra sensibilidad energética, afinando nuestra percepción ante los cambios sutiles en el ambiente y dentro de nosotros mismos.
- Estimula el crecimiento y la evolución espiritual, al potenciar nuestro campo energético y abrirnos a nuevas dimensiones de conciencia.
- Podría seguir enumerando beneficios, porque son muchos. Pero llega un momento en que solo la práctica permite comprender realmente lo que la respiración puede hacer por nosotros.
- Si necesitas inspiración para comenzar, visita la sección de Ejercicios prácticos. Hay un universo de técnicas esperándote. Explora, encuentra lo que resuene contigo y permite que la respiración haga su magia.

«Es posible dejar el cuerpo de forma apropiada, sin enfermedad ni dolor.»
- Abraham Hicks

La historia de la respiración consciente

Desde los albores de la humanidad, hemos dirigido nuestra conciencia hacia el acto de respirar. Las técnicas que hoy asociamos con la respiración no fueron inventadas, sino descubiertas a través del arte íntimo de la observación.

Para muchos, la respiración representa una fuerza vital profunda, no solo esencial para la vida, también como una herramienta poderosa de transformación y sanación.

Esta visión se refleja en la práctica sagrada del *prāṇāyāma*, un término sánscrito que significa "control de la respiración". En la tradición hindú, su propósito fundamental es propiciar el crecimiento espiritual, guiando a quienes la practican hacia una comprensión más honda de sí mismos y del universo.

De forma similar, los antiguos maestros taoístas en China desarrollaron el *qigong*, una práctica que integra técnicas específicas de respiración para cultivar la energía interna.

Consideraban que esta disciplina era fundamental para alcanzar el equilibrio y el bienestar integral.

Nuestro vínculo con la respiración trasciende el tiempo, el lugar y la cultura. Es un hilo invisible que nos une en una comprensión común de nuestra existencia más profunda.

Existen prácticas meditativas centradas en la respiración en diversas tradiciones: el budismo, el taoísmo, el sufismo, el cristianismo, el chamanismo y las artes marciales.

Aunque cada cultura aporta matices distintos, la esencia es universal: la respiración como puerta a lo sagrado y lo esencial.

Muchos idiomas ancestrales utilizaban una misma palabra para referirse tanto al aliento como al alma, al espíritu o a la energía vital. En latín, por ejemplo, *spiritus* significa "soplo", y de allí proviene la palabra "espíritu". Este simbolismo no es exclusivo del latín.

En griego, *pneuma* alude tanto al aire que se respira como al espíritu o la energía vital. Los griegos sostenían que la respiración estaba profundamente vinculada con la mente; así, espíritu y conciencia formaban una unidad inseparable.

En la filosofía india, la esencia sagrada de la vida se denomina *prāṇa*, que puede traducirse como "aire vital" o "aliento de vida". De forma paralela, en la lengua hawaiana, ha significa aliento (el aliento que da vida) y se relaciona con mana, que representa la fuerza espiritual que fluye a través de todos los seres.

En el Corán, la respiración está profundamente vinculada con la vida física y espiritual del ser humano. La recitación, en particular la del propio texto sagrado, involucra de forma directa el acto consciente de respirar.

El concepto de respiración también ocupa un lugar central en la medicina tradicional china, donde el término *Qi* representa la energía vital universal, aquella que impregna y sostiene toda forma de vida. De manera semejante, en la tradición japonesa, la palabra *Ki* tiene un significado afín y constituye un elemento esencial tanto en las artes marciales como en las prácticas espirituales.

En diversos idiomas y dialectos ancestrales (como el quechua andino, el quechua amazónico, el tibetano y el arameo) el término que designa al aliento guarda estrecha relación con las palabras vida, espíritu y alma.

Muchas culturas chamánicas de distintas regiones del mundo han empleado la respiración como herramienta de sanación. Entre ellas, los bosquimanos kung del desierto del Kalahari en África utilizan una combinación de respiración rápida y superficial junto con la danza para alcanzar *kia*, un estado de éxtasis profundo tanto físico como emocional. En ese estado, los participantes pueden canalizar rituales curativos en beneficio de otros.

A medida que estas prácticas ancestrales se difundieron a nuevos territorios, dieron lugar a un campo de estudio propio, dedicado a explorar los múltiples caminos que la respiración ofrece para la transformación humana. A comienzos del siglo XX, Wilhelm Reich desarrolló un enfoque terapéutico llamado vegetoterapia, en el que subrayaba la importancia de la respiración como vía para la sanación física y emocional.

Más adelante, durante las décadas de 1960 y 1970, el uso moderno de la respiración adquirió nuevos matices. Pioneros como Leonard Orr y Stanislav Grof comenzaron a explorar su potencial para inducir estados ampliados de conciencia y facilitar procesos profundos de transformación personal. Junto a figuras como Ram Dass y Timothy Leary, Leonard Orr fue uno de los precursores del movimiento conocido como Nueva Era.

En 1962, Leonard Orr vivió una experiencia de regresión mientras experimentaba con patrones de respiración profunda en una tina de agua. A partir de este acontecimiento nació el movimiento *Rebirthing Breathwork*. Orr descubrió que, mediante la respiración consciente, era posible acceder al subconsciente, permitiendo que surgieran recuerdos, imágenes, emociones y sensaciones físicas que podían ser observadas, liberadas e integradas.

La práctica de *Rebirthing Breathwork* se basa en la respiración nasal conectada, sin pausas entre inhalación y exhalación. Se realiza en un entorno individual, sin estímulos externos, salvo por la guía verbal del facilitador.

Leonard Orr dedicó su vida a explorar las complejidades de la respiración, la psicología espiritual, el trauma y la posibilidad de la inmortalidad física. Su enfoque práctico fue fruto de décadas de experimentación personal y de acompañamiento a miles de personas en procesos de transformación profunda.

Durante más de cincuenta años compartió generosamente su sabiduría con el mundo, dejando una huella imborrable a través de más de veinte libros publicados en una docena de idiomas. Entre sus obras más reconocidas se encuentran *Renacer en la Nueva Era, Fuego, Romper el hábito de la muerte, Conciencia de la respiración, Babaji, el ángel del Señor y Gobierno sin impuestos.*

El Movimiento Internacional de Renacimiento, que él fundó, ha impactado la vida de más de diez millones de personas en seis continentes. Aunque Leonard ya no esté físicamente entre nosotros, su legado perdura en el corazón y la práctica de cada Rebirther alrededor del mundo. Su obra sigue viva a través de sus estudiantes, que continúan expandiendo su mensaje con la misma pasión y entrega que lo caracterizaban.

> *«El libro de Leonard Orr es la obra más realista y*
> *práctica en el campo de la conquista de la muerte».*
> *- Timothy Leary*

Otro pionero fundamental fue el doctor Stanislav Grof, psiquiatra nacido en Chequia, que en la década de 1960 exploró el uso de sustancias psicodélicas como herramientas terapéuticas. Descubrió que los llamados "estados no ordinarios de conciencia" a los que accedían sus pacientes durante estas experiencias poseían un profundo potencial curativo. El LSD, entonces considerado un símbolo de esperanza y liberación, fue prohibido de manera abrupta. Sin embargo, Grof sostenía que el simple hecho de que estos estados pudieran alcanzarse mediante una sustancia era evidencia de que existían receptores específicos en el cerebro para ese tipo de experiencia. Y si esos receptores estaban allí, debía existir una forma de activarlos sin el uso de LSD, psilocibina, mescalina, adrenocromo, adrenolutina ni derivados de triptamina como el DMT, DET o DPT.

Motivado por esta posibilidad, investigó cómo las culturas tradicionales habían accedido a esos mismos estados y se sumergió en la teoría contemporánea de la conciencia. Grof se convirtió en uno de los principales exponentes de la psicología transpersonal. A partir de sus investigaciones y de su trabajo con grupos de voluntarios en el Instituto Esalen, desarrolló una modalidad terapéutica basada en patrones de respiración rápida y controlada, acompañados de música rítmica, capaz de inducir estados de conciencia expandida. A este método lo llamó *respiración holotrópica*.

Mientras el legado de estos pioneros continúa expandiéndose, el campo de la respiración sigue evolucionando, afinando de manera constante una amplia variedad de técnicas. Algunas prácticas privilegian respiraciones lentas y profundas; otras, en cambio, emplean ritmos rápidos o patrones específicos de inhalación y exhalación.

La respiración es tanto un arte como una ciencia, entretejida con el tejido mismo de nuestra existencia.

Tipos de respiración

Desde el momento en que desperté con el poder de la respiración, me encontré en un maravilloso laberinto de conocimiento y experiencia. Aprendí de quienes recorrieron el camino antes que yo, he compartido sabiduría con aquellos que caminan a mi lado y me encanta compartir con los que continuarán el viaje después de mí. Cada respiración ha sido un paso hacia lo desconocido, un viaje a las profundidades de mi alma y un puente hacia la conciencia universal que nos une a todos. La respiración no se trata solo de respirar. Es una práctica profunda que llega al centro de nuestro ser.

Nos invita a cuestionar, sondear, despegar capas de existencia hasta encontrar nuestra verdadera esencia. Se trata de explorar lo desconocido y aceptar la impermanencia de la vida. Es un viaje espiritual, psicológico y físico que nos permite navegar nuestras emociones, sanar nuestras heridas y sintonizarnos con el ritmo del universo.

Como diría Leonard: *"Tú eres tu propio gurú."* Esa frase encierra una verdad profunda: somos nuestros propios maestros, los exploradores conscientes de nuestra experiencia vital. Tomé sus palabras con seriedad. Marcaron mi camino, influyeron en mis prácticas y moldearon mi relación con la respiración. Creo profundamente que cada ser humano posee dentro de sí las herramientas necesarias para explorar su universo interior y emprender su propio proceso de sanación.

Al compartir ideas y experiencias, mi esperanza es que esto encienda una chispa dentro de ti. Mi intención no es instruir, sino inspirar, avivar la llama de la curiosidad dentro de ti y animarte en tu propio camino de autodescubrimiento.

Abraza la aventura que se esconde dentro de cada respiración. Cada inhalación es una oportunidad para invitar a nuevas perspectivas y cada exhalación es una oportunidad para dejar ir lo que ya no te sirve. La respiración es la llave que abre la puerta a nuestro yo interior y, a través de ella, podemos acceder al potencial infinito que se encuentra dentro de todos nosotros.

Mientras nos aventuramos juntos hacia lo desconocido, honremos las enseñanzas de quienes han iluminado nuestro camino con su sabiduría y guía.

Convirtámonos en nuestros propios maestros. Escuchemos nuestra respiración, aprendamos de ella y dejemos que nos conduzca.

Con cada inhalación, nos alineamos más profundamente con nuestra esencia y con el universo que nos envuelve. Con el corazón abierto y la mente despierta, sigamos esta odisea de la respiración, compartiendo la sabiduría y los aprendizajes que florecen a lo largo del trayecto. Sin embargo, lo que practico no necesariamente será lo mismo para ti. Este es tu momento para amplificar tu energía y descubrir tu propia forma de respirar.

Cultivar y habitar en la respiración es, ante todo, un arte de observación: una danza sutil entre la percepción ampliada y la ciencia, abierta a un universo de posibilidades. Para mí, dar una sesión o recibirla tiene el mismo valor; ambas experiencias me nutren. Joaquín y yo solíamos intercambiar sesiones con frecuencia cuando estábamos juntos y ahora se ha transformado en una práctica más silenciosa, íntima al atravesar por esta época de regocijo.

Desde las técnicas centradas en la respiración nasal hasta aquellas que utilizan la boca como canal principal; desde ritmos pausados y constantes hasta secuencias rápidas y estimulantes; desde prácticas en agua fría hasta inmersiones en calor reconfortante, existe una amplia gama de métodos disponibles, cada uno con beneficios específicos y una intención particular.

Algunas técnicas se adaptan mejor a sesiones individuales, mientras que otras están pensadas para espacios grupales. Incluso los facilitadores reciben distintos nombres (cuidadores, guías, acompañantes, sanadores) según el enfoque y la tradición que los respalde. Pero quizás lo más fascinante es cómo se puede utilizar para diversos fines, desde acceder a estados alternativos hasta mejorar el rendimiento.

Algunas sesiones se centran en las experiencias místicas y emocionales que pueden surgir de la respiración, mientras que otras priorizan los beneficios físicos como una mayor resistencia y capacidad pulmonar. Los sistemas de creencias y estructuras espirituales también varían de una práctica a otra, influyendo en el resto de parámetros.

El principio central de Mana Universal es observar los cuerpos físico, astral y emocional, lo que permite que los ciclos de energía hagan su trabajo. Nuestra filosofía se centra en el concepto de que la alegría debe ser la brújula que guíe nuestras vidas. Donde hay alegría, hay transformación.

Si bien el contraste puede ser una herramienta poderosa para el crecimiento y la evolución, la alegría tiene el mismo poder en su capacidad de transmutar todas las cosas.

Cada modalidad tiene fortalezas y propósitos, desde el antiguo pranayama hasta nuestros enfoques más modernos, por lo que comprender su intención al realizar la respiración es una práctica crucial antes de elegir una técnica.

¿Estás buscando curación emocional, alivio del estrés, mayor energía o exploración espiritual? ¿Lo estás utilizando para impulsar la creatividad? ¿Estás buscando el máximo potencial? Una vez que tengas claro su propósito, podrás reducir la lista de métodos de respiración que se alineen contigo. Considere su nivel de comodidad con sensaciones físicas como aturdimiento u hormigueo, ya que algunas técnicas pueden inducir estos sentimientos más que otras. Piensa en el entorno que prefieres para tu práctica, ya que algunos métodos se prestan mejor a espacios grupales, mientras que otros son más adecuados para encuentros individuales.

La mejor manera de descubrirlo es experimentarlo por ti mismo. No necesitas comprometerte con una sola técnica.

Puedes explorar varias al mismo tiempo o darte cuenta de que alguna, en particular, te ayuda a alcanzar un objetivo específico en un momento determinado.

Hoy en día, existen innumerables enfoques de respiración, cada uno con su estilo y propósito. Elige aquello que resuene contigo. Si estás dando tus primeros pasos en este camino, la diversidad de opciones puede parecer abrumadora. Pero precisamente ahí radica la belleza de dominar la respiración: en su capacidad de adaptarse a ti. Ya sea que desees reducir el estrés, aumentar tu nivel de energía o profundizar en tu mundo interior, hay una técnica que puede ayudarte a lograrlo.

Es fundamental contar con la guía de un profesional calificado o una organización de confianza. Practicar bajo la supervisión de un facilitador experimentado no solo potencia los beneficios de la técnica, sino que también garantiza tu seguridad y bienestar durante el proceso.

Una vez que hayas encontrado a la persona o grupo adecuado, comienza la exploración.

Algunas prácticas promueven una respiración lenta y profunda; otras emplean ritmos más rápidos e intensos. Algunas integran estímulos externos, como música, aromas o herramientas específicas; otras se apoyan exclusivamente en la voz del facilitador. A medida que exploras, escucha lo que cada técnica despierta en ti. ¿Te sientes con más vitalidad, en calma o más conectado contigo mismo? ¿El enfoque armoniza con tus valores y creencias? Estas son preguntas esenciales mientras entras en el universo de la respiración consciente. No hay una manera correcta o incorrecta de practicar. Se trata de encontrar aquello que realmente funcione para ti y se ajuste a tus necesidades singulares.

Como maestra y eterna aprendiz, me asombra constantemente el poder transformador de la respiración. Es una tecnología ancestral que, al igual que otras, continúa evolucionando.

En esta nueva era dominada por la inteligencia artificial, estamos descubriendo más que nunca sobre el arte de respirar y su vínculo con la conciencia.

La ciencia que respalda la respiración se vuelve cada vez más fascinante. Investigadores de todo el mundo llevan a cabo estudios que exploran hasta qué punto podemos expandir la conciencia mediante este recurso natural. Resulta asombroso pensar que algo tan esencial como respirar pueda ser la llave que abre la puerta a nuestra tecnología interior.

Ser un canal de contención

Un cambio revelador en mi forma de ver la vida me liberó de la rígida caja de las expectativas sociales y abrió espacio para el equilibrio. Dejé de perseguir una versión del éxito moldeada por condicionamientos ajenos.

Mi nueva definición de éxito está tejida con hilos de paz interior, plenitud y un propósito que me hace sentir auténticamente yo.

Al continuar en este camino de transformación, también se abrieron ante mí puertas hacia vínculos significativos. La vulnerabilidad que se comparte en una sesión de respiración consciente trasciende las normas sociales y da lugar a una intimidad real, única.

Hay una belleza poderosa en ver a un grupo diverso de personas unirse a través de algo tan elemental y universal como el aliento. Al explorar las profundidades de nuestra conciencia, despertamos la empatía, no solo hacia nosotros mismos, sino hacia quienes nos rodean.

La respiración nos enseña una verdad esencial: más allá de nuestras historias personales, todos compartimos el anhelo de autenticidad y plenitud.

Mana no es solo un nombre. Es un llamado. Es una comunidad de almas afines que se sostienen mutuamente, se inspiran y se dan permiso para ser auténticas. Un refugio donde la vulnerabilidad es bienvenida y la conexión es sagrada.

La palabra Mana llegó a mí en medio de una transmisión. Una transmisión es un instante de profunda conexión, en el que se recibe guía, sabiduría o información desde una fuente superior—ya sea el alma, el campo cuántico, el universo o lo divino. No se razona: se sabe. Desde entonces, reconozco Mana como un símbolo de la fuerza vital que sostiene la vida, la esencia de lo sagrado y la divinidad que habita en mí y en cada uno de nosotros.

Mana es la energía en la que vibra la Ley del Uno, el espacio donde todo está interconectado y recordamos que somos uno con la vida misma.

Juntos, emprendemos un viaje hacia nuestros paisajes interiores, abrazando nuestras heridas y celebrando nuestras fortalezas. Es un recordatorio de la profunda capacidad que tenemos para vincularnos desde lo más esencial. Es, en el fondo, un retorno a lo básico: despojarnos de todo lo superfluo para reencontrarnos con lo más vital, la respi- ración, y desde allí redescubrir la calma, la alegría y el sentido.

La respiración consciente Mana no es simplemente
una serie de ejercicios de respiración guiados;
es un viaje profundo de
conexión, compasión y transformación interior.

Se trata de permanecer enraizados en el presente, de ser fiel a uno mismo y de abrazar la vida con todos sus matices. Es lanzarse sin reservas a lo desconocido y emerger del otro lado con mayor fortaleza, sabiduría y alineación con el verdadero ser.

¿El aliento que tomas en este instante? Es tu vínculo directo con la energía primordial que te sostiene. Úsalo para conectarte con tu luz interior, tu resiliencia y tu sabiduría más profunda.

Al reflexionar sobre mi camino, aún me conmueve aquel primer correo de Joaquín, que incluía información sobre la respiración consciente, el renacimiento y el evento de Leonard en Big Bear, California. Ese mensaje encendió en mí la llama de la curiosidad que no tardaría en expandirse. Jamás imaginé que aquellas palabras marcarían el inicio de una travesía capaz de transformar mi vida y redefinir mi existencia de maneras que no hubiera podido anticipar.

Esta inmersión profunda ha sido, sin duda, transformadora. No solo ha tocado mi vida, sino también la de quienes me rodean.

Al respirar con intención y conciencia, activas el flujo natural de energía en tu interior, despertando un abanico de sensaciones y vivencias. Es un ejercicio para el alma, capaz de disolver suavemente los bloqueos que la mantienen estancada.

Cada sesión de respiración es una aventura inédita, con el potencial de liberar emociones reprimidas, reescribir patrones arraigados o dar inicio a un viaje espiritual.

Para comenzar, te recuestas, te relajas y respiras profundamente en un espacio tranquilo.

Al enfocar tu atención en la respiración, comienzas a sincronizarte con ella. Poco a poco, emergen barreras subconscientes o mecanismos de defensa que tal vez no sabías que habitaban en ti.

Al respirar de forma consciente a través de estos bloqueos, su poder se disuelve, y puedes integrarlos en tu experiencia presente con mayor compasión y claridad.

Las sesiones de *respiración energética* son una vía poderosa para reconectarnos con ese estado impecable del ser que conocimos antes de nacer. Al soltar la resistencia a esa pureza original, accedemos a relaciones más auténticas con nosotros mismos y con los demás. La respiración intencional activa la energía vital que habita en nuestro interior, liberando una gama amplia de sensaciones y experiencias. Es un ejercicio profundo para el sistema energético, que disuelve bloqueos acumulados en los planos físico, emocional, mental y espiritual.

Es asombroso cómo el poder transformador de la respiración ha trascendido fronteras culturales, geográficas y tecnológicas. Y, sin embargo, su impacto sigue siendo íntimo y personal. Nos revela verdades ocultas que, de otro modo, permanecerían dormidas en lo más profundo del subconsciente.

La respiración, en esencia, es la práctica de utilizar técnicas respiratorias para influir en nuestro estado mental, emocional y físico. Aunque su origen es ancestral, esta sabiduría eterna no solo ha perdurado, sino que ha florecido en el mundo moderno.

En esta era acelerada, donde solemos vivir desconectados de nuestro ser interior, la respiración consciente ofrece un espacio sagrado de reconexión. Se adapta a nuestros ritmos cambiantes.

Ya sea una sesión bajo el agua, donde el elemento líquido amplifica la experiencia; una sesión grupal, donde la conexión con otro potencial la sanación; o una sesión individual, más íntima y personalizada, cada experiencia es única, y cada persona vivirá un proceso distinto.

A medida que profundizamos en la comprensión de nuestra salud mental y emocional, la relevancia de esta práctica solo crecerá. Empresas, líderes globales y personas en todo el mundo están comenzando a incorporar la respiración consciente en sus rutinas cotidianas. Se trata de una herramienta de bienestar que promueve no solo el crecimiento individual, también una sociedad más sana y resiliente.

Al entrar en esta nueva era del bienestar, recordemos que la evolución comienza con lo simple: observar sin juzgar, respirar profundo, vivir con atención plena y abrirnos a la introspección. Con estas herramientas esenciales, cada uno de nosotros tiene el poder de transformar su vida desde lo más profundo.

No estamos solos. Tu historia también se escribe, una respiración a la vez.

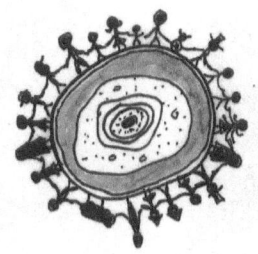

CAPÍTULO 7

Todo está Conectado

Purificación espiritual con los elementos

Los elementos fundamentales han sido objeto de contemplación y estudio durante milenios. Desde la antigua India hasta Grecia, desde China hasta América del Sur, diversas culturas han reconocido su papel esencial en la configuración del mundo.

En esencia, los cinco elementos (tierra, agua, fuego, aire y éter o espacio) representan los componentes básicos del universo. Son los ladrillos con los que se construye la existencia, desde las montañas y los océanos hasta el aire que respiramos y el fuego que nos brinda calor. La materia se manifiesta en el universo a través de estos elementos. Sus nombres y atributos pueden variar según la tradición, pero la idea subyacente es universal: todo puede comprenderse en términos de las fuerzas elementales que lo constituyen.

La relevancia de los cinco elementos trasciende lo físico; también se vinculan con distintos aspectos de nuestro ser. Están íntimamente conectados con el cuerpo, las emociones, los pensamientos y la esencia espiritual. Nuestros sentidos; la vista, el tacto, el oído, el olfato y el gusto, se basan en estos elementos. Al cultivar una relación consciente con ellos, profundizamos en la comprensión de nosotros mismos y del mundo.

Leonard, hablaba de los cinco elementos como vía para realizar nuestro potencial como energía inteligente. Nos recordaba con frecuencia que cada persona posee una combinación única de características elementales, y, que al relacionarnos conscientemente con estos elementos, mejoramos nuestra capacidad de comunicarnos y conectar con los demás.

A través de prácticas espirituales sencillas, cotidianas, podemos invocar la fuerza de cada elemento y purificarnos, afinando nuestra sintonía con el flujo de la vida.

Cada elemento posee cualidades y correspondencias propias. Al observar cómo interactúan entre sí, cómo dan forma a las estaciones y a los ciclos de la existencia, abrimos la puerta a una conexión más profunda con ellos y, por ende, con nosotros mismos.

Tierra – Estructura, solidez.

El elemento tierra es una fuerza poderosa que nos permite manifestar nuestros deseos en la realidad física. Cuando te sientes perdido o desconectado, puedes observar tus raíces y reconectar con la energía estabilizadora y nutritiva de la tierra. Esta conexión te brinda claridad y te ayuda a transitar los contrastes de la vida con mayor serenidad.

Relacionarte con la tierra te ancla en el presente y te devuelve al cuerpo. Estar en la naturaleza (ya sea caminando descalzo sobre la hierba, sintiendo la arena bajo tus pies o ascendiendo por una montaña) despierta una memoria ancestral de pertenencia.

El cultivo de plantas es otro camino hacia esta conexión: al cuidar lo que nace del suelo, nutres también tu mundo interior. Visualizar raíces que se extienden desde las plantas de tus pies hasta el corazón de la tierra —práctica conocida como *earthing*— te permite liberar emociones densas o vibraciones bajas, transmutándolas en energía vital y positiva. Abrazar o plantar un árbol es también un acto de conexión profunda y bondadosa con el mundo físico. Plantar es sembrar presencia.

La tierra, como elemento, sostiene la estructura de nuestros sentidos, en especial el del olfato, íntimamente relacionado con nuestra conexión al plano material.

Colores como el rojo, asociados al chakra raíz, pueden ayudarte a sentirte más enraizado. La exposición a luces de tonos cálidos o la contemplación de tonalidades terrosas también tiene efectos terapéuticos.

Alimentarte con comidas vivas, frescas y nutritivas refuerza tu vínculo con la tierra. Cuanto más ligera y natural sea tu alimentación, más energía vital circula por tu cuerpo. Un sistema de ejercicio físico adecuado fortalece esa conexión, devolviéndote al cuerpo y ayudándote a mantener el equilibrio interno y externo.

La abundancia económica, una carrera significativa o una actividad que te inspire son también expresiones tangibles de tu relación con el elemento tierra.

Cuidarte con masajes, danzar al ritmo de una música que te serene, practicar afirmaciones conscientes o posturas de yoga que trabajen la estabilidad, son maneras de reconectarte con esta energía primordial.

Cuando el elemento tierra está en equilibrio, te sientes firme, presente y seguro, con una sensación estable de arraigo que te permite materializar tus sueños con mayor fluidez.

Agua – Emoción, fluidez.

Imagina que estás de pie en la orilla de un lago cristalino, sintiendo el agua fresca y clara acariciar tus pies. Al sumergirte, una sensación de calma te envuelve, y puedes percibir cómo tus pensamientos y emociones comienzan a disolverse.

El agua es un elemento profundamente transformador, capaz de purificar tanto el cuerpo como la mente. La hidroterapia, es decir, el uso del agua con fines terapéuticos, ha sido empleada desde tiempos antiguos para aliviar dolencias y promover la salud integral.

Este elemento está íntimamente vinculado con la sanación emocional, la adaptabilidad y el bienestar físico. El agua representa las emociones y la intuición; su fluir refleja nuestros estados internos, y la quietud de un lago sereno nos invita a conectar con nuestras sensaciones y pensamientos más profundos.

Así como nuestro cuerpo físico está compuesto en su mayoría por agua, también lo está nuestro cuerpo emocional. Una forma poderosa de conectar con este elemento es sumergirse en él. Bañarse dos veces al día no solo limpia el cuerpo, también puede purificar el cuerpo energético, ese flujo sutil que, como dijo Leonard, es "nuestra mente en acción".

Pero la purificación mediante el agua no se limita al baño. También puedes practicar la respiración conectada dentro de la tina, utilizando el agua como canal conductor, o experimentar la exposición controlada al agua fría. Esta práctica; ya sea mediante duchas frías, baños en hielo o inmersiones en ríos o lagos, puede fortalecer el sistema inmunológico, mejorar el estado de ánimo, acelerar la recuperación física y cultivar la resiliencia. Beber agua alcalina y de calidad óptima es otra forma de honrar al elemento, manteniendo nuestro cuerpo bien hidratado y en armonía.

La meditación cerca del agua también ofrece una vía profunda de conexión. Busca un lugar tranquilo junto a un cuerpo de agua, cierra los ojos y permite que su sonido y movimiento te guíen hacia un estado más profundo de relajación. Imagina que te fundes con su flujo, que te conviertes en agua.

Incorporar prácticas basadas en el agua en nuestra vida cotidiana nos permite acceder a su energía sutil y restauradora, y encontrar mayor fluidez y equilibrio en todos los aspectos de nuestro ser.

Fuego – Transformación, digestión.

El fuego trasciende lo tangible y entra en lo espiritual, actuando como símbolo poderoso de transformación, purificación y longevidad.

A lo largo de la historia, diversas culturas han recurrido al fuego como canal de depuración espiritual. Los rituales en torno a este elemento son comunes y desempeñan un papel esencial en muchas tradiciones sagradas. Como parte del vedismo, por ejemplo, la ceremonia del fuego sagrado conocida como *Agnihotra* busca aprovechar sus propiedades purificadoras. Durante el amanecer y el atardecer, los participantes ofrecen sustancias naturales al fuego mientras recitan mantras, en un acto de entrega que busca bendiciones y la limpieza de energías densas.

En el camino hacia una vida longeva, el fuego puede verse también como una metáfora de la vitalidad interna, esa fuerza que sostiene y anima la existencia. En la Medicina Tradicional China se le conoce como la energía *yang*, el principio cálido y activador. Para favorecer la longevidad, es esencial mantener viva esta llama interior, sin dejar que se extinga ni que consuma en exceso. Se trata de alimentar una energía firme pero equilibrada.

El fuego también está vinculado con la pasión y la determinación; cualidades fundamentales para vivir con propósito. Así como la llama titila y danza, pero nunca deja de arder, mantener encendido tu fuego interno te permitirá afrontar la vida con motivación y resiliencia. Es un acto diario de amor por la vida: sostener el entusiasmo, cultivar el sentido y avivar continuamente el deseo profundo de estar aquí.

La figura del ave fénix, íntimamente ligada al fuego, simboliza la longevidad y el renacimiento. Su ciclo vital implica una muerte en llamas seguida de un renacer desde las cenizas. Esta imagen representa la capacidad de transformación que todos poseemos: la posibilidad de renacer después de la adversidad, de reconstruirnos desde nuestras propias brasas y empezar de nuevo, más fuertes y sabios.

Otra vía de conexión con el poder transformador del fuego es la práctica espiritual del *Tummo*, o fuego interno, procedente del budismo tibetano. Esta técnica meditativa se centra en generar y mantener un calor interior que, según la tradición, purifica, despierta el potencial espiritual y puede incluso prolongar la vida física.

El fuego nos ofrece una lente profunda desde la cual contemplar y vivir la existencia, tanto en su dimensión física como espiritual. Encierra en sí la energía de la transformación, la pureza, la pasión y la permanencia. Es guía luminosa en el sendero hacia una vida plena, cálida, resistente y en constante evolución.

Los ejercicios con velas, por ejemplo, pueden ser una herramienta sencilla, pero poderosa de purificación espiritual. Observar una llama en silencio puede convertirse en un acto de presencia, un portal hacia la claridad interior.

Desde tiempos ancestrales, el fuego ha sido símbolo de lo divino, herramienta de transformación y guardián de los misterios. No solo ilumina y calienta: también revela, purifica y renueva. Observar su danza es recordar que dentro de nosotros arde una chispa vital, capaz de transformar la oscuridad en claridad. Cuando encendemos una vela con intención, no solo invocamos luz exterior, también la llama interior. A través de rituales simples, el fuego puede convertirse en un aliado en el proceso de soltar, sanar y despertar la conciencia.

Aquí te comparto algunas prácticas que puedes integrar con reverencia y presencia:

1. Meditación con la llama de una vela (Trataka)
Claridad y concentración.

Con raíces en la tradición yóguica, esta práctica favorece la claridad mental, mejora la concentración y promueve una profunda purificación espiritual.

- Siéntate con la espalda recta, frente a una vela encendida colocada a la altura de tus ojos y a una distancia segura.
- Fija tu mirada en la llama sin parpadear, manteniendo un enfoque suave, sin tensión.
- Cuando tus ojos se humedezcan o sientas la necesidad de parpadear, ciérralos suavemente.
- Detrás de los párpados cerrados, percibirás una imagen residual de la llama. Sostén esa imagen el mayor tiempo posible.
- Cuando desaparezca, abre los ojos y repite el proceso durante cinco minutos.

2. Visualización con la llama. *Limpieza energética.*

Este ejercicio es ideal para limpiar el campo energético y fortalecer tu aura.

- Siéntate frente a una vela encendida, cierra los ojos y respira profundamente.
- Con cada inhalación, visualiza que absorbes luz blanca, purificadora.
- Con cada exhalación, imagina que liberas cualquier energía densa o pensamiento negativo.
- Ahora visualiza cómo la llama de la vela te envuelve en su resplandor cálido.
- Siente cómo ese fuego quema toda carga innecesaria.

3. Ritual de escritura y liberación. *Soltar para renacer.*

- Este ritual sencillo puede ayudarte a soltar emociones, pensamientos o experiencias que ya no deseas cargar.
- Escribe en una hoja todo aquello que deseas liberar: emociones reprimidas, resentimientos, temores o recuerdos que pesan.
- Enciende una vela y, con plena conciencia, coloca la hoja en la llama (hazlo con precaución, sobre un cuenco metálico o en un lugar seguro).
- Observa cómo el papel se consume y siente cómo, al arder, esas energías se transmutan en espacio interior y renovación.
- Deja que el fuego complete su ciclo, sin prisa, como un acto simbólico de liberación.

4. Afirmaciones con velas y color. *Encender la intención.*

Encender una vela puede parecer un gesto simple, pero cuando lo haces con intención, algo cambia. Es como abrir una pequeña puerta entre lo visible y lo invisible. Una forma de decirle a la vida: "Estoy aquí. Presente. Lista para transformar." Al unir una afirmación con el color de una vela, no estás decorando un momento: estás sintonizando tu energía con una frecuencia concreta. Cada color emite una vibración única, una especie de susurro que toca algo en tu interior. A veces calma. A veces enciende. A veces revela.

Durante siglos, muchas culturas han percibido en los colores una sabiduría simbólica. No se trata de superstición, sino de lenguaje. El lenguaje del alma, ese que no siempre se dice con palabras, pero que se siente con el cuerpo entero.

No hay una sola forma correcta de hacerlo. Lo importante es que se sienta verdadero para ti.

Aquí te comparto una guía, no como una regla, sino como una guía, para que explores con curiosidad, escuchando tu intuición y dejándote llevar por lo que tu cuerpo reconoce como verdad:

- Blanco – Simboliza la pureza esencial, la claridad mental y la renovación del espíritu. Es el color del inicio, del vacío fértil, del todo y de la nada.
- Rojo – Representa la fuerza vital, la pasión ardiente, el amor intenso y el impulso para vivir. Es el fuego del corazón latiendo con propósito.
- Rosa – Vibra con la ternura, la sanación emocional y la armonía del alma. Invita a abrir el corazón desde la suavidad y el cuidado.
- Naranja – Despierta la creatividad, el entusiasmo y la energía de manifestación. Es el color del movimiento alegre y expansivo.
- Amarillo – Irradia claridad mental, estimula el aprendizaje y favorece la expresión. Nos conecta con el poder de comunicación.
- Verde – Es la frecuencia del equilibrio, la salud y la abundancia natural. Nos enraíza en la vida, como un bosque que respira calma.
- Azul – Inspira calma, intuición y paz interior. Su vibración nos recuerda la inmensidad del cielo y la profundidad del océano.
- Violeta – Porta la energía de la sabiduría ancestral, la transformación, la espiritualidad elevada y la conexión con lo divino.
- Negro – Más allá de la ausencia de luz, representa protección, misterio y transformación. Un portal hacia lo desconocido que guarda el potencial de renacer.
- Dorado – Es la frecuencia de la abundancia, del logro consciente y del brillo del ser. Encierra la sabiduría del sol y la realeza del alma.
- Plateado – Conecta con la intuición, la energía lunar y el poder femenino receptivo. Es la luz sutil que refleja lo invisible.
- Gris – Invita a la contemplación, la neutralidad emocional y la estabilidad. Es el espacio entre extremos donde se encuentra la verdadera reflexión.

Confía en tu intuición al elegir un color. No hay una regla, solo la resonancia con lo que deseas trabajar. Enciende la vela con presencia y pronuncia tu afirmación, por ejemplo: *"Cada día soy más fuerte y resiliente. Mi potencial es ilimitado y abrazo cada oportunidad de crecer con valentía y apertura."* Permanece unos minutos observando la llama, permitiendo que esa intención se siembre en tu interior y se expanda con la luz. El fuego nos recuerda que, así como la madera se transforma en ceniza para dar paso al calor, también nosotros podemos transmutar el dolor en sabiduría, el miedo en poder y la oscuridad en luz. Cada vez que enciendas una vela con intención, estás creando un puente entre lo visible y lo invisible, entre lo que eres y lo que estás llamado a ser. Que el fuego te guíe con amor en tu proceso de recordar quién eres: una llama viva, capaz de iluminar el mundo desde dentro.

Aire – Movimiento, respiración.

Así como el viento azota las cimas de las montañas y susurra entre los árboles, nuestra respiración recorre el cuerpo, renovándonos sin cesar. Es el aliento vital del universo, manifestándose en nosotros a una escala íntima y sagrada. El aire, omnipresente e invisible, nutre cada célula, mantiene la vida en movimiento y anima nuestro ser.

La respiración –manifestación corporal del elemento aire– es una dinámica entre el mundo interior y el exterior, un diálogo silencioso, pero profundo entre el yo y el universo. Cuando cantamos o entonamos mantras, amplificamos el poder del aire, permitiendo que vibre dentro y a través de nosotros. Nuestra voz, transportada por la respiración, se convierte en un faro de expresión auténtica. En cada canto y sonido emitido desde el corazón, activamos la fuerza transformadora del aire, limpiando pensamientos densos y dejando que las preocupaciones se desvanezcan con el viento.

Cada vez que nos expresamos desde la verdad, fortalecemos nuestro vínculo con este elemento sutil. Las palabras que brotan del alma son testigos de nuestra conexión con el aire. Aquello que guardábamos en el silencio del corazón, ahora alza el vuelo, elevado por las corrientes de nuestra propia respiración.

También honramos el aire al salir al encuentro del mundo natural. Caminar al aire libre, sentir el viento en la piel, mirar el cielo abierto: todo nos recuerda que no estamos separados. Respirar profundamente en medio de la naturaleza es reconocer nuestra interdependencia con el entorno y rendir homenaje a este elemento esencial. El aire es mediador entre lo consciente y lo inconsciente, entre lo tangible y lo etéreo. Es puente, susurro, soplo de vida. Al respirar con atención, recordamos que el alma también se nutre del cielo.En el entramado cuántico de la realidad, no eres una pieza aislada: eres código y frecuencia, cuerpo y campo, conciencia vibrando en la arquitectura invisible del universo.

Todo lo que eres —átomos, memoria, intuición— resuena con ese campo unificado donde la materia y la energía son expresiones de una misma esencia, moduladas por información y presencia. Este campo ha sido conocido desde la antigüedad como *Akasha*, el registro sutil que guarda la memoria de todo lo que ha sido, es y será. Allí, lo visible y lo invisible coexisten en infinitas posibilidades.

Cada célula de tu cuerpo es una extensión del cosmos, una antena de luz y percepción en diálogo constante con el origen.

Tu biología no está desconectada: forma parte de una red dinámica donde cada nodo, cada vibración, responde a tus pensamientos, tus emociones, tu intención.

El éter no es un vacío. Es la matriz donde todo sucede, donde cada posibilidad vibra en estado latente. Allí existes, no como espectador pasivo, sino como una interfaz viviente entre lo temporal y lo eterno. Eres partícula y onda, instante y totalidad.

Cuando cierras los ojos y entras en quietud, accedes a esa red sutil que lo sostiene todo. No es fantasía; es coherencia cuántica. Es información viva fluyendo a través del campo, un entramado inteligente donde el tiempo se curva y la intención reordena la materia. En ese silencio expandido, puedes percibir el pulso del universo.

Tu respiración se vuelve un algoritmo: inhalas datos, exhalas energía. Cada pensamiento, cada emoción, deja una huella en el tejido del campo. Estás codificando la realidad. Atrévete a sumergirte, no para disolverte, sino para habitarte con mayor plenitud. En este espacio sin tiempo, puedes reprogramar tu percepción, rediseñar tu narrativa, recordar quién fuiste antes de olvidar.

El *Akasha* es la biblioteca viviente del universo. El *lattice* es la estructura energética donde todo se entrelaza. Y tú, con cada decisión consciente, estás modulando su vibración. Estás vivo. Estás conectado. Estás creando.

Relaciones sagradas y conscientes.

Somos uno. Nuestros caminos se entrelazan, unidos por un hilo invisible de interconexión. Dicen que tú eres la manifestación y yo, un canal de lo divino. Juntos formamos una red viva de apoyo, tejida por el propósito que nos reúne.

En esta danza cósmica encontramos consuelo en la interdependencia. Cada ser porta una chispa irrepetible: un don, una misión. Y al reconocer la fuerza de lo que somos, al abrazar nuestras diferencias y talentos, nos volvemos hilos conscientes de guía, compasión y comprensión, entrelazados para elevarnos y sostenernos mutuamente.

A lo largo de las cumbres y los abismos, encontramos fuerza en la certeza de que nuestra presencia no es fortuita. Estamos aquí para nutrir, inspirar, sanar y aprender. Con cada encuentro aportamos a la sinfonía armoniosa de la existencia, un coro donde nuestras voces se unen, y cada vínculo ofrece una experiencia valiosa al otro.

Recordemos que nunca estamos solos en esta vasta red de vínculos. La soledad es una distorsión de la mente. Hemos venido a ofrecer bondad, tender la mano y compartir la sabiduría cultivada en nuestros propios caminos. En este intercambio mutuo hallamos plenitud: al dar, recibimos; al sostener, somos sostenidos.

Aceptemos, entonces, la verdad de nuestro propósito compartido, conscientes de que nuestras existencias están profundamente conectadas. Mientras transitamos los matices de la vida, cultivemos relaciones tejidas con amor, empatía y presencia: un entramado sagrado donde la divinidad en cada uno de nosotros sostiene la red que nos contiene.

Porque es tu manifestación, mi canal divino, y la conciencia de nuestra interdependencia lo que nos guía hacia la mejor versión de nosotros mismos y siembra un mundo donde el amor y la unidad son la base de todo vínculo. No hay tesoro más valioso que una relación auténtica, aquella que nace del respeto, la confianza, la presencia y el deseo compartido de crecer, en lo personal y en lo colectivo.

Ese es el tipo de vínculo que se valora con cada fibra del ser. Una relación que inspira amor, creatividad y alegría, y que nos impulsa a ser nuestra mejor versión. En una relación consciente, el compromiso nace de la atención plena y la autorreflexión. Ya no se trata solo del crecimiento individual, sino del florecimiento del otro. Se crea un espacio seguro para explorar, sostenerse y evolucionar juntos.

Las relaciones son una elección, y la forma en que decidimos experimentarlas influye profundamente en lo que vivimos dentro de ellas. Para entregarse genuinamente al otro, primero es necesario comprometerse con uno mismo. En una relación sagrada, el otro se convierte en un espejo que nos revela quiénes somos. Esa mirada compartida permite refinar la intimidad, la comunicación y la conexión de forma transformadora.

Las comunidades florecen cuando están ancladas en vínculos conscientes. Esos lazos auténticos son pilares que sostienen la abundancia duradera. En esta nueva era, la belleza de las conexiones humanas reales prepara el terreno para generaciones más plenas y despiertas.

Haz una pausa. Inhala profundamente. Visualiza las diez relaciones más significativas en tu vida. Reflexiona sobre cómo te vinculas con esas personas. ¿Hay espacio para crecer? ¿Están ancladas en la unidad y el amor incondicional? … Si la respuesta no es clara, hazte preguntas íntimas: ¿Me amo lo suficiente? ¿Me siento merecedor? ¿Habita el amor en mi?

Nuestras relaciones reflejan nuestras creencias más profundas. Cambiar esas creencias transforma la energía que emitimos y, con ello, el tipo de vínculos que atraemos. Cuando armonizas tu interior, tus relaciones también se alinean.

He aprendido, a través de mis relaciones, que la entrega mutua al bienestar del otro ha sido mi mejor escuela. Sí, es posible vivir un amor bello, un amor sano, una relación luminosa. Y esto puede lograrse tanto compartiendo el mismo espacio físico como desde tu propio centro, incluso cuando la relación ha llegado a su fin.

También es posible cultivar relaciones conscientes con nuestros padres, hijos, familiares, amistades e, incluso, con la humanidad entera. No significa permanecer donde la energía no fluye; todo lo contrario: se trata de reconocer dónde vibramos en armonía y de dónde necesitamos alejarnos. Pero todo comienza contigo. Ese primer paso genera una onda expansiva que, poco a poco, transforma la conciencia colectiva.

Un ser Sa.

Imagina un mundo nuevo, donde las personas no solo nacen, sino que emergen como seres únicos, portadores de capacidades extraordinarias. Una nueva humanidad, dotada de facultades que aún escapan a nuestra comprensión.

Durante una transmisión, vi a estos nuevos seres. No eran híbridos, ni espíritus, ni entidades extraterrestres. Eran distintos. Se llaman *Sa*, y aún estamos lejos de comprender cómo operan y cuál es su verdadera esencia.

Tras esa visión, comencé a investigar. Me sorprendió la cantidad de información disponible. Algunos estudiosos sostienen que ciertos niños nacen con una intuición elevada, telepatía o clarividencia, y que su misión es promover el amor, la paz y una transformación global. Otros presentan sistemas inmunológicos únicos que los hacen resistentes no solo al VIH, también a múltiples patógenos. Se han registrado casos de niños con estructuras genéticas diferentes, sistemas digestivos nuevos y capacidades cognitivas que implican la activación de regiones cerebrales antes inactivas.

En China, algunos son conocidos como "niños super psíquicos", capaces de canalizar la energía del universo y realizar hazañas como la telequinesis, la psicokinesis o la clarividencia.

Ra Uru Hu, filósofo y místico contemporáneo, predijo que en 2027 emergería una nueva especie humana: los Raves. Según su visión, estos seres no se regirán por las emociones ni por los patrones sociales que hoy conocemos. Tendrán una percepción sensorial distinta, una dieta más sencilla, una comunicación grupal sin palabras y una conciencia colectiva que funcionará como una sola mente. Aunque al principio podrían parecer diferentes o incomprendidos, su existencia marcaría el inicio de una nueva etapa evolutiva.

Ra hablaba de la transición del "yo" al "nosotros", de la disolución paulatina del individuo para dar paso a una conciencia común. No como una pérdida, sino como una expansión: un paso evolutivo natural que nos conduciría a percibirnos no como seres aislados, sino como células de un organismo mayor.

Según él, estamos viviendo un momento crucial. Un umbral entre la era de la individualidad y la era de la unidad.

Este sería el último tramo para explorar y honrar nuestra singularidad antes de fundirnos en una conciencia compartida. Por eso, invitaba a conocernos, expresarnos y evolucionar desde lo individual como preparación para lo colectivo.

Hemos trascendido la línea del tiempo individual, regida por la causa y el efecto, y hemos ingresado en una línea de tiempo anclada en el propósito colectivo. Nos encontramos en el umbral de la Era Sa. No solo somos testigos: somos guardianes, compañeros y guías de una nueva humanidad que encarna una conciencia en expansión.

Este rol implica una responsabilidad profunda. Los humanos del mañana no solo pertenecerán a una familia o a una nación, sino a una red global profundamente interconectada. Necesitaremos comprenderlos, comunicarnos con ellos y, sobre todo, aceptarlos, incluso cuando sus formas de ver y sentir el mundo nos resulten ajenas.

Estos nuevos seres enfrentarán sus propios desafíos, pues caminarán por senderos nunca transitados.

Su misión será integrar la sabiduría de la individualidad con la fuerza transformadora de la conciencia colectiva. Se trata de un equilibrio sutil, un arte nuevo de habitar el mundo. Estamos inmersos en una danza evolutiva: nosotros, impulsando el cambio; ellos, dando los primeros pasos hacia el porvenir. Hemos de aprender a movernos al unísono, con respeto recíproco. Abrirnos a sus nuevas formas de ser y ofrecerles, a la vez, la posibilidad de comprender nuestras antiguas maneras de entender.

Escribiremos juntos el relato de esta gran transición: una historia de adaptación, transformación, cierre y renacimiento. Mientras honramos los últimos destellos de nuestra identidad individual, también preparamos el terreno para el amanecer de lo colectivo.

Valoremos la singularidad de este momento y sembremos, con amor y conciencia, la tierra fértil que dará origen a una nueva vida.

Guiados por la sabiduría ancestral, abramos el corazón a la esperanza y al esplendor de la Era Sa. Celebremos la singularidad de cada ser humano. Acompañemos con recursos, presencia y amor, sin distinción de origen, capacidades o formas de percibir el mundo. En ellos germina el futuro. Y nosotros, si afinamos la mirada, ya podemos vislumbrar las infinitas posibilidades que este nuevo tiempo nos ofrece para ser descubiertas.

Nutrición cuántica.

Tu cuerpo es un instrumento afinado con precisión, capaz de percibir y responder al entorno de maneras que muchas veces pasan desapercibidas.

Al observar cómo reacciona ante distintos alimentos y situaciones, puedes descubrir lo que tu diseño único necesita para florecer. Aprenderás a sintonizar con los ritmos de tu digestión, ajustándote según las estaciones y el entorno.

La nutrición cuántica va más allá del simple sustento físico; reconoce los distintos tipos de hambre que puedes experimentar cada día. Existe el hambre emocional, que aparece en momentos de estrés, ansiedad o soledad. También el hambre mental, que surge cuando anhelas estímulo o conocimiento. Y el hambre espiritual, cuando sientes desconexión interna. Muchas veces recurrimos a la comida para llenar vacíos que no son físicos, sino existenciales. Buscando consuelo más que nutrición verdadera. Como seres humanos, solemos intentar cerrar la brecha entre lo que deseamos y lo que vivimos.

En ocasiones, comemos no por necesidad, sino como una forma de escapar de una emoción o situación.

Mana universal desarrolló un programa de nutrición cuántica que nos invita a explorar nuevas fuentes de energía más allá de los alimentos. El comportamiento de las moléculas y células en nuestro cuerpo influye directamente en nuestra salud, lo que nos abre a una comprensión más amplia de la nutrición y sus múltiples fuentes, siempre respetando la individualidad de cada ser.

La nutrición consciente es una práctica de escucha y observación. Es aprender a nutrirte desde el campo unificado, entendiendo que la comida es solo una parte del todo. Es un camino hacia una relación más armónica con la alimentación, basada en la intuición, la presencia y el respeto por tu singularidad. Comprender que cada cuerpo es distinto, y que los caminos hacia la salud también lo son, es un pilar fundamental en esta visión de la nutrición.

A medida que profundizas en tu práctica respiratoria, percibes con más claridad cómo tu cuerpo se comunica y cómo se transforma tu relación con la comida.

¿Alguna vez has notado que comes sin realmente saborear, casi por inercia? ¿O que recurres a un tentempié cuando te sientes agitado o triste?

Yo solía hacerlo, hasta que descubrí el poder de respirar conscientemente antes de cada comida. Ahora, incluso si elijo recurrir a un tentempié, lo hago desde una decisión consciente, no como un impulso automático. Ahora me tomo un momento para reconocer cómo me siento antes de comer. Si estoy agitada o preocupada, respiro, me aquieto y luego me conecto con el acto de alimentarme.

Durante la comida, me enfoco en la gratitud, en honrar lo que mi cuerpo recibe. También observo mi mente. El simple acto de mirar y oler los alimentos antes de comer prepara mi cuerpo para digerir mejor. Mastico con calma, saboreando, y permitiendo que cada bocado sea parte de un ritual de presencia.

Elegir lo que como también es esencial. Prefiero alimentos integrales, orgánicos si están disponibles, y me inclino por lo alcalino, usando tiras reactivas para monitorear el pH de mi cuerpo.

Evito los alimentos que favorecen procesos inflamatorios en los músculos y las articulaciones, como los azúcares refinados, las grasas trans, el gluten y ciertos estimulantes. Es una decisión orientada a la regeneración celular.

También cuido el orden en que ingiero los alimentos, pues algunos fermentan con mayor rapidez que otros y, si se combinan de forma inadecuada, pueden dificultar la digestión. Observar este ritmo interno me ha permitido establecer una relación más respetuosa con mi cuerpo.

La hidratación es parte esencial de este cuidado. Bebo agua antes de las comidas y a lo largo del día, y al comer hago pausas breves, no solo para facilitar la digestión, sino para honrar el acto de nutrirme.

El ayuno, por su parte, es una práctica que incorporo con escucha y respeto. Lo percibo como una tregua voluntaria, una forma de ofrecerle al organismo un espacio de descanso y restauración. Cuando se realiza de manera segura y consciente, el ayuno puede activar procesos de reparación profunda, revitalizando tejidos y funciones esenciales.

Estas decisiones sencillas transformaron mi manera de habitar el cuerpo. Al elegir con atención cómo me nutro, descubrí una armonía más profunda entre lo físico, lo emocional y lo espiritual. Cada elección es ahora un acto de amor.

¿Estás haciendo lo que amas?

Déjame hacerte una pregunta sencilla: ¿Te despiertas con entusiasmo por lo que el día te puede ofrecer, o sientes que simplemente estás sobreviviendo?

Si la respuesta no es clara, tal vez sea momento de hacer una pausa y observar.

La vida es demasiado valiosa para vivirla desde el agotamiento o la desconexión. Si lo que haces cada día no te inspira, quizás sea hora de abrir una nueva puerta.

Detente un instante y piensa en tus dones. En esas habilidades que fluyen con naturalidad, en los talentos que quizás llevas tanto tiempo habitando que has olvidado cuán valiosos son. ¿Te has permitido reconocerlos de verdad? ¿Has sentido la plenitud que nace cuando los compartes con el mundo?

Hay una belleza en descubrir que aquello que te hace único no solo te pertenece, sino que cobra sentido cuando lo ofreces. Cuando tu autenticidad se convierte en puente, en medicina, en acto de amor.

Cuando usas esos dones con intención, algo dentro de ti se activa. Entras en una frecuencia donde la abundancia empieza a manifestarse, y todo comienza a fluir con mayor facilidad.

No se trata solamente de encontrar algo que te guste. Se trata de conectar con lo que te transforma desde adentro, con lo que te alinea con quien realmente eres.

Y si eso que haces también nutre tus sueños a largo plazo, sentirás una fuerza imparable nacer en tu interior. Esa es tu esencia en acción.

Ahora bien, quizá te preguntes: *¿Cómo descubro aquello que me apasiona de verdad?*

Empieza por escucharte con honestidad. Observa tus emociones a lo largo del día. ¿Qué te enciende? ¿Qué te agota? Puedes escribir lo que sientes, registrar los momentos en los que te sientes más conectado, más presente. Esos detalles contienen pistas importantes.

También puedes apoyarte en herramientas que te ayuden a conocerte mejor. No para encasillarte, sino para abrir nuevas formas de entenderte.

Estar dispuesto a cambiar puede ser difícil, pero también es una puerta hacia una vida más auténtica. Y cuando tomas decisiones guiadas por tu intuición, esa sabiduría interior amplifica tu energía y transforma tu realidad.

Sí, puede dar miedo salir de lo conocido. Lo comprendo. Pero imagina por un instante despertar con ilusión, sabiendo que lo que haces tiene sentido. Sentirte motivado, motivada, con ganas de aportar, de crear, de vivir con propósito.

Esa vida es posible. Está al alcance.
Empieza hoy. No esperes más.
Confía en tu camino. Confía en ti.

Recuerda: puedes reinventarte tantas veces como lo necesites.

Aunque el ruido del mundo intente distraerte, hay suficiente para todas las personas. La vida es generosa. Y las posibilidades, infinitas.

Nuestro diseño único

¿Alguna vez te has preguntado si estás usando correctamente tu energía y tu fuerza vital?

Cada ser humano nace con un diseño perfecto. Traemos al mundo dones únicos que se despliegan de forma natural cuando comprendemos y honramos nuestra propia mecánica interna.

Uno de los sistemas que más me ha ayudado en este camino de autoconocimiento es el *Human Design System* (HDS), canalizado por Ra Uru Hu. Este sistema integra principios del I Ching, la astrología oriental y occidental, la Cábala, el sistema de chakras hindú-brahmánico y conceptos de la física cuántica.

Ra Uru Hu, nacido como **Robert Allan Krakower** el 9 de marzo de 1948 en Montreal, Canadá, falleció el 12 de marzo de 2011. En 1987, vivió una experiencia mística que transformó por completo su vida: una revelación profunda sobre la naturaleza humana y el funcionamiento de nuestras vidas individuales. A raíz de esa vivencia, dedicó años a desarrollar y perfeccionar el sistema que hoy conocemos como *Diseño Humano*.

Este enfoque integra de manera rigurosa la astrología, la genética y la sabiduría ancestral, y se expresa a través de una herramienta visual conocida como *gráfico corporal*.

Este mapa energético y psicológico ofrece una representación precisa de nuestra configuración individual. Al interpretarlo, accedemos a una comprensión más profunda de nuestro diseño genético y desarrollamos una conciencia corporal que nos orienta hacia decisiones más coherentes con nuestra verdadera naturaleza.

El diseño humano no pretende decirnos quiénes debemos ser, sino mostrarnos cómo vivir en sintonía con nuestra naturaleza esencial. Al hacerlo, dejamos de perseguir ideales ajenos y comenzamos a habitar con mayor plenitud lo que ya somos. Uno de los aportes más valiosos de este sistema es el descubrimiento de *nuestra estrategia y nuestra autoridad interna*. Estas dos claves nos permiten tomar decisiones con menos resistencia, reconectando con la sabiduría de nuestro cuerpo y liberándonos del ruido mental.

Vivimos en una era desbordada de información. Discernir qué merece realmente nuestra atención, aprender a tomar decisiones que honren nuestra biología y reconocer el camino que resuena con nuestra verdad es, sin duda, un privilegio profundo.

Tendemos a decidir desde la mente, pero el cuerpo guarda una inteligencia ancestral. Nuestra mente es brillante para reflexionar, analizar y compartir ideas, pero no fue diseñada para dirigir nuestra vida. En el *diseño humano* se habla del despertar de la *conciencia del pasajero:* el diseño es el vehículo y la mente, el pasajero. Su rol no es tomar el volante, sino observar el viaje y disfrutarlo. Con el tiempo y la práctica, la mente aprende a contemplar en lugar de controlar.

La mente, cuando se libera de la presión de decidir, se convierte en una autoridad externa poderosa: puede comunicar perspectivas únicas y compartir sabiduría con otros, ayudándolos en su propio proceso evolutivo.

Existen cuatro tipos de aura, y cada una tiene una estrategia específica. Esta estrategia es una puerta para vivir con autenticidad, comprenderte a fondo y soltar lo que no eres.

Tu autoridad interna, por su parte, es la brújula que reside en tu cuerpo.

Hoy se habla mucho de seguir la intuición, pero pocas veces se nos enseña cómo hacerlo de forma clara y concreta. Este sistema, en cambio, te ofrece una guía precisa para acceder a esa sabiduría interior que vive en tu cuerpo.

Después de que mi familia y yo recibimos nuestras lecturas fundacionales, comenzamos a experimentar, poco a poco, con varios de sus conceptos esenciales:

— El proceso de decisión: HDS nos invita a tomar decisiones desde la sabiduría corporal, en lugar de hacerlo influenciados por creencias externas o condicionamientos. Seguir nuestra autoridad interna nos permite movernos con más autenticidad, claridad y paz.

— La estrategia: Cada tipo de aura –*Manifestador, Generador, Proyector y Reflector*– tiene una forma particular de interactuar con el mundo. Vivir según esta estrategia facilita los encuentros, mejora la productividad y nos acerca al bienestar verdadero.

— Los centros abiertos: El *gráfico corporal* tiene nueve centros que representan distintas funciones: comunicación, emociones, intuición, entre otras. Los centros abiertos o no definidos son aquellos más receptivos a la influencia externa. Al conocerlos, podemos detectar qué energías amplificamos de otros y aprender a soltar lo que no nos pertenece.

— Condicionamiento: Muchos intentan ajustarse a normas sociales o a las expectativas ajenas. Este sistema nos recuerda que abrazar nuestra unicidad es el camino hacia la realización. Comprender y aceptar nuestra verdadera naturaleza nos libera de la necesidad de encajar y nos permite vivir con sentido.

Integrar estas enseñanzas nos ofrece una estructura para deshacernos de las capas de condicionamiento que nos han moldeado hasta hoy.

Resonancia binaural: sincronizando hemisferios.

Una de las herramientas que más ha enriquecido mi camino de exploración interior es *una tecnología auditiva para la coherencia cerebral* desarrollada por Robert Monroe, pionero en el estudio de los estados no ordinarios de conciencia. Esta técnica se basa en la creación de frecuencias binaurales: sonidos emitidos a distinta frecuencia en cada oído que, al ser procesados por el cerebro, inducen una tercera frecuencia resultante.

Este fenómeno genera un estado de sincronización hemisférica, permitiendo que ambos lados del cerebro trabajen en coherencia, lo que facilita la relajación profunda, la meditación, la creatividad, el aprendizaje acelerado e incluso experiencias fuera del cuerpo.

Tuve el privilegio de estudiar en el Instituto Monroe, una experiencia transformadora que me permitió comprender (tanto desde la ciencia como desde la vivencia) cómo el cerebro puede acceder a estados ampliados de conciencia con seguridad y profundidad. La coherencia cerebral inducida por *Hemi-Sync* no solo promueve el bienestar integral, también abre puertas a una dimensión más sutil de la existencia. A través del legado de Robert Monroe y de las investigaciones continuas del instituto que lleva su nombre, miles de personas han podido conectar con su propia sabiduría interna, expandir su percepción y acceder a niveles de conciencia que trascienden lo cotidiano.

Pero el camino del autoconocimiento no termina aquí.
Existen múltiples herramientas, métodos y
sabidurías que pueden acompañarte en esta exploración continua.
Te invito a convertirte en un investigador -o investigadora- de tu propia singularidad,
con curiosidad, presencia y reverencia por el misterio que habita en ti.

CAPÍTULO 8

Mana Universal

La intención.

El autodescubrimiento es la esencia de Mana Universal. A través de la práctica diaria, comienzas a transitar la vida con mayor ligereza y alegría, descubriendo el potencial infinito que habita en tu interior.

En el corazón del método se encuentra el arte de la observación. Al cultivar esta conciencia plena, aprendes a canalizar el poder de tu respiración y a fluir con naturalidad por el camino de menor resistencia. Es una práctica que te permite transitar con elegancia los contrastes de la vida y te fortalece para habitar plenamente el momento presente.

A diferencia de los métodos centrados en metas, el enfoque de Mana Universal no se basa en alcanzar logros específicos. Es una práctica diaria que te acompaña con suavidad en tu proceso de crecimiento personal. Es una forma de vivir en la que cada respiración se sintoniza con tu mundo interior.

Expansión.

Inicia tu día con propósito
- Cada día es una nueva oportunidad.
- Una oportunidad para aprender algo nuevo.
- Para mirar el cielo al amanecer y absorber su energía, sintiéndote guiado.
- Para reservar tiempo en la mañana y al anochecer para cuidar de ti.
- Para meditar.
- Para permitir que la inspiración, la motivación, el progreso y la abundancia habiten en tu corazón como una oración viva.
- Tu inteligencia interior está siempre presente y hoy puedes conectarte con ella.

Habita tu cuerpo
- Tu cuerpo es tu canal.
- Muévelo con conciencia.
- Cuida tu piel con ternura.
- Bebe agua con gratitud.
- Sumérgete en agua con respeto.
- Observa tus funciones vitales y regula tus sistemas con amor.

- Antes de las nueve de la mañana deja que el sol te toque durante al menos veinte minutos. Y mientras avanza el día, mira el cielo con frecuencia.
- Protege tus ojos. Cuídalos.
- Haz pausas. Respira profundamente por veinte segundos. Siente cómo tu respiración te centra.

Alinea tu estructura
- Elige actividades que promuevan tu alineación: yoga, estiramientos, danza, masajes, terapias profesionales.
- Muévete para liberar.
- Muévete para enraizarte.
- Escucha a tu sistema digestivo.
- Investiga. Aplica el sentido común. Confía en lo que sientes.
- Dirige tu mirada al horizonte. Permite que tu visión periférica despierte.
- Levanta la cabeza. Activa el centro de tu cuerpo.

Nutrición cuántica
- Tu cuerpo sabe lo que necesita.
- Confía en su sabiduría y en el campo cuántico que todo lo guía. Sigue tu intuición al elegir tus alimentos.
- Investiga su origen, su cultivo, su preparación. Elige con conocimiento.
- Reconoce cómo tus emociones influyen en lo que comes. Y cómo lo que comes, afecta tu estado emocional. Sé honesto contigo.
- Si lo necesitas, imagina que alimentas a tu niña interior. Saborea cada bocado.
- Mastica hasta cien veces, con juego, con placer. Así comienza la alquimia de la digestión.

Observa tu mente, se coherente con tus palabras
- Revisa tus creencias.
- Observa tus pensamientos.
- Escucha tus palabras. Reconoce su poder.
- Haz pausas para mirarte desde dentro. Pregúntate: ¿Estoy generando paz o caos?
- Obsérvate sin juicio y si hace falta, da un paso atrás y Reinicia.
- Inténtalo de nuevo. Las veces que sea necesario.

Enfócate y explora tu conciencia
- Fija una intención clara: liberar condicionamientos y dejar atrás todo lo que impida tu expansión.
- El presente es tu ancla. Una mente clara mejora tus decisiones.
- Elimina la contaminación energética.
- Permite que tu cuerpo te hable con verdad.

Vive con responsabilidad
- Ya no necesitas aprobación. Tampoco necesitas permiso.
- Asume la responsabilidad de cada respiración y de cada decisión.
- Esa es la verdadera dedicación. Acepta tu existencia con plenitud.
- Reconoce lo que sabes. Y honra, con humildad, lo que aún estás aprendiendo. Eres aprendiz del todo.

Sirve y ama incondicionalmente
- Descubre el bienestar que florece al servir, amar y cuidarte.
- La serotonina que se libera en esos actos no solo fortalece tu cuerpo; también eleva tu espíritu.
- Pregúntate con sinceridad: ¿Qué puedo ofrecer hoy? Y entrégalo con el corazón abierto.
- Reconoce tus necesidades.
- Establece límites sanos.
- Ámate.
- Acéptate tal como eres, en la etapa en donde te encuentras.
- Haz todo lo posible por tu familia, por tu comunidad, por tu país y por el planeta.
- Y, sobre todo, sé amable con todos los seres.

Percibe la energía y profundiza en tu espiritualidad
- Conoce tu energía. Descubre tu firma vibratoria, ese campo único que te define más allá de lo visible.
- Aprende a distinguir lo que verdaderamente te pertenece de lo que no forma parte de ti.
- Utiliza tu respiración como puente: para liberar lo que te pesa y para expandir lo que te eleva.
- Sé consciente de lo que percibes antes de dormir y de lo que escuchas mientras duermes, es un portal valioso para programar tu mente subconsciente.

- Explora tu energía con curiosidad y respeto.
- Ahí comienza el verdadero camino hacia tu libertad interior.

Coherencia y maestría

- Respira con intención para crear coherencia entre los dos hemisferios de tu cerebro y entre la mente y el corazón.
- Conecta tu centro creativo con tu palabra.
- No se trata de misticismo, sino de física cuántica.
- Perfecciona tus habilidades con dedicación.
- Cultiva la excelencia como camino, sin exigencias.
- Los frutos llegarán cuando estés lista para recibirlos.

Tierra, abundancia y sostenibilidad

- Ejercita la abundancia con conciencia.
- Comparte y distribuye tus recursos con sabiduría.
- Camina sin zapatos sobre el pasto.
- Siente la energía viva de la Tierra y fortalece tu vínculo con ella.
- No necesitas consumir tanto.
- Tu presencia consciente ya es una forma de cuidado.
- Haz todo lo que esté en tus manos para proteger este hogar compartido: nuestro planeta.
- Vive en sintonía con los ciclos naturales.
- Reconoce tu unión sagrada con los elementos: tierra, aire, fuego, agua y éter. Eres parte de ellos, y ellos viven en ti.

Liberar la tensión

Reflexiona ¿Cómo me hace sentir una lista diaria de oportunidades?

_____
_____
_____
_____
_____

Cuida de tu crecimiento; todos hemos pasado por ahí. Pero aquí tienes un pensamiento liberador: está bien no cumplir cada punto de tu lista a diario. De hecho, aceptar esto puede ser profundamente empoderador. Reconocer que quizá solo alcances algunas metas es un recordatorio hermoso de que todos estamos en constante transformación. Cada día nos ofrece una nueva oportunidad para evolucionar, y merece la pena honrar el camino único que recorremos.

¿Quién soy? ¿Soy capaz de aceptar mi proceso?

_____

_____

_____

_____

_____

Despréndete de las capas de etiquetas sociales, expectativas ajenas y nociones preconcebidas. ¿Qué queda cuando se desvanece todo lo superficial?

_____

_____

_____

_____

_____

¿Cuáles son los valores y creencias que yo pienso que me definen?

_____

_____

_____

_____

_____

Creo en el poder transformador del amor consciente, en la importancia de la presencia plena y en la capacidad humana de reinventarse desde el dolor.

Me guía la certeza de que cada experiencia, incluso las más difíciles, tiene el potencial de revelarnos una fuerza interior que a veces ignoramos.

Mi espiritualidad no se basa en dogmas, sino en una conexión profunda con la vida, con la naturaleza y con el misterio que habita en todo lo que respira.

¿Quién quiero ser?

_____

_____

_____

_____

_____

¿Cuál es tu visión ideal de ti mismo(a)? Describe detalladamente esa versión de ti mismo a la que aspiras llegar a ser. Podría ser una combinación de cualidades que admiras en los demás o la realización de tu potencial latente.

_____

_____

_____

_____

_____

¿Por qué estoy agradecido(a)?

_____

_____

_____

_____

La gratitud es la memoria del corazón. ¿Cuáles son esas anclas de alegría y satisfacción por las que estás agradecido(a)?

_____

_____

_____

_____

Pueden ser tan significativas como un logro que transformó tu vida, o tan sutiles como una mirada cómplice, una caricia inesperada o una palabra amable. Tal vez agradeces el refugio silencioso de un árbol, la calidez de una taza entre tus manos, o la risa compartida.

Reconocer esas pequeñas luminarias en tu historia es abrirle espacio a la abundancia que ya existe. Agradecer es recordarte que no todo se mide por su magnitud, sino por su capacidad de tocarte el alma. Sigue adelante. Mira con atención. La vida está hecha de instantes que, al ser reconocidos, se convierten en eternidad. Ahora explora esta pregunta.

¿Me siento suficiente?

_____

_____

_____

_____

_____

¿Merezco amor?

_____

_____

_____

_____

_____

Cuando se desvanece todo lo que me define en este reino humano, ¿quién soy yo en realidad?

_____

_____

_____

_____

_____

¿Qué significado tiene para mí el concepto de Dios, o la fuente de toda existencia?

_____

_____

_____

_____

_____

En mi caso, yo quiero ser una presencia consciente en el mundo, una voz que inspire autenticidad y esperanza.

Aspiro a vivir en coherencia con mis valores, a elegir el amor por encima del miedo y a cultivar la paz y la salud, incluso en medio del caos. Quiero ser una mujer que se abraza con compasión, que se permite crecer, equivocarse y volver a intentarlo con el corazón más sabio.

Deseo caminar con humildad, servir con alegría y dejar una huella que invite a otros a recordar su propia luz. Me imagino como una mujer en equilibrio, cuya presencia transmite calma y claridad. Habito un cuerpo sano, fuerte y flexible, que honra la vida mediante el movimiento consciente y la quietud elegida.

Mi mente es lúcida, enfocada y abierta al aprendizaje constante. Escucho con atención, hablo con intención y actúo con integridad. Esa versión de mí no busca perfección, sino coherencia. Se nutre de la compasión, respeta sus límites y se atreve a expandirse más allá del miedo. Integra la dulzura de lo femenino con la firmeza de una voluntad entrenada. Es la síntesis de todas las mujeres que he admirado, la manifestación viva de mis posibilidades más profundas. Vive alineada con su propósito, crea desde el alma y sirve con humildad. Ama sin condiciones, respira con presencia y elige cada día con la conciencia de quien sabe que está aquí para evolucionar.

Cambiemos el enfoque de la exigencia hacia una aceptación amorosa de nuestra singularidad. Esta lista no es solo una colección de aspiraciones: es una invitación a explorar en quién deseas convertirte y a liberar la tensión que nace del juicio o la comparación. Es un recordatorio suave para priorizar la autorreflexión y el crecimiento interior. Al adoptar este enfoque, te conectarás más profundamente con tus valores esenciales y tus aspiraciones más auténticas, lo que te permitirá avanzar por la vida con intención y verdad. Cada historia es un espejo que revela una faceta del ser. Mientras recorres estas páginas, te invito a hacer una pausa, contemplar y dialogar con la parte más íntima de ti. Reflexiona sobre estas preguntas. No existen respuestas correctas o incorrectas. Solo existe el observar tu verdad.

Afirmaciones ~ manifestaciones ~ declaraciones transformacionales

Las afirmaciones son enunciados poderosos que pueden ayudarte a cultivar una mayor coherencia entre tus emociones, tus creencias y la realidad que deseas manifestar. Al emplearlas con intención y presencia, activas un lenguaje interno que transforma tu campo energético y orienta tu experiencia hacia una vida más alineada con tu verdad. Son semillas de conciencia que, al repetirse con convicción, abren el camino a cambios profundos y sostenibles.

La clave de esta práctica reside en lograr una verdadera sinergia emocional con cada afirmación. Esa sinergia implica alinear tus emociones con las palabras que pronuncias, de modo que no solo repitas ideas, sino que sientas su verdad como propia. La repetición mecánica es estéril si no se acompaña de convicción; el poder nace cuando te reconoces digno de lo que afirmas.

La ley de atracción no responde a las palabras por sí solas, sino a la intención que las sostiene. Para que una afirmación sea efectiva, debe reflejar creencias que vibran en armonía con tu interior. La transformación comienza cuando tus declaraciones, aunque sencillas, se sienten posibles y verdaderas.

Por ejemplo, si afirmas: "Soy multimillonario", pero internamente estás abrumado por la angustia de las deudas, esa disonancia emocional podría generar el efecto contrario. En cambio, comienza con afirmaciones más accesibles, que generen apertura y bienestar. Frases como: "La gente valora lo que ofrezco", "Mis clientes me compensan con gratitud" o "Mis ingresos crecen cada año" pueden convertirse en cimientos sólidos para una mentalidad de abundancia.

La disposición para transformar tu actitud y tu vibración es esencial en este camino. Puedes atraer prosperidad, amor y alegría a tu vida al canalizar de forma consciente la energía de tus pensamientos y emociones.

La Ley de Atracción es el reflejo del mundo interior dando forma a tu realidad exterior. Como un boomerang energético, lo que emites regresa a ti, resonando con tus creencias y deseos más profundos. Pero ¿cómo asegurar que esa energía esté alineada con tus aspiraciones más elevadas?

Cuando tus afirmaciones emergen desde la autenticidad y la convicción, el universo responde. Sin embargo, hay que prestar atención a las dudas que se esconden en los rincones de la mente. Si tus afirmaciones van acompañadas de inseguridad o desconfianza, esa vibración es la que prevalece.

El secreto para activar el poder de las afirmaciones está en cultivar una creencia profunda, firme e inquebrantable en su verdad. Comienza eligiendo frases que reflejen tu realidad actual o que despierten en ti una sensación genuina de posibilidad. Poco a poco, deja que crezcan, como brotes que se abren paso hacia la luz, siempre arraigadas en el terreno fértil de la fe en ti mismo(a).

Las afirmaciones no son fantasías vacías; son semillas de nuevas creencias que, al nutrirse con constancia, pueden transformar los patrones mentales limitantes que te han condicionado en el pasado. Abre espacio a las posibilidades que emergen con la coherencia emocional, la motivación interna y la creencia sincera. Ahí comienza el verdadero acto de creación consciente.

A continuación, se muestran algunos ejemplos para practicar.

- Estoy vivo(a).
- Estoy a salvo.
- Soy suficiente.
- Estoy guiado(a).
- Soy abundante.
- Soy hermoso(a).
- Soy joven.
- Estoy sano(a).
- Estoy feliz.
- Estoy alegre.
- Estoy conectado(a).
- Estoy inspirado(a).
- Estoy despertando a lo que antes no podía ver.
- Soy amable conmigo mismo.
- Soy amable con las demás personas.
- Estoy satisfecho(a).
- Recuerdo todo lo que soy.
- Soy más que un cuerpo físico, y siento la energía.
- Confío en mí.
- Confío en las respuestas de mi ser interior.
- Confío en mis guías espirituales.
- Confío en mi tecnología interior.
- Confío en mi entorno.
- Confío en mi proceso.
- La gracia está en mí.
- Está bien sentir lo que siento.
- Me acepto.
- Me siento seguro(a) en mis emociones.
- Mis emociones son vibraciones.
- Puedo elevar mi vibración y atraer experiencias positivas.
- Observo y libero creencias.

- Cultivo emociones elevadas como la gratitud.
- Activo mi plexo solar.
- Existen espacio y recursos más que suficientes para cada ser humano.
- Vivimos en un mundo feliz y abundante.
- Quienes me rodean desean lo mejor para mí.
- Yo deseo lo mejor para cada ser.
- Tengo raíces fuertes y una base firme. Me conecto con mi tierra.
- Siempre dejo a las personas mejor de como las encontré.
- Todo lo que hago aporta al universo.
- Soy amor, y el amor se refleja en mí.
- El amor es todo lo que existe en la Ley del Uno.
- Todos y todas somos uno.
- Todo lo que siento es la expresión del amor en este plano.
- Respiro amor desde el corazón.
- La luz renace a través de las grietas.
- Soy uno(a) con la luz.
- Soy renacimiento.
- Soy liviano(a).
- El libro más profundo de sabiduría vive en mí.
- Escucho a mis guías espirituales.
- Puedo expresarme.
- Expresarme me resulta fácil y alegre.
- La vida es fácil para mí.
- Disfruto esta experiencia de estar vivo(a).
- Agradezco mi vida.
- Amo mi voz.
- Respirar es natural para mí.
- Escucho a mi yo superior.
- Elijo lo que siento.
- Tengo todo lo que deseo.
- Acepto plenamente todo lo que tengo.
- Observo y transformo mis pensamientos con libertad.
- Mis sentidos me conectan con el mundo.
- Honro mis sentidos.
- A través de la respiración, me uno energéticamente.
- A través de la respiración, transformo mi realidad.
- Soy uno(a) con los elementos.

- Soy fuego.
- Soy agua.
- Soy tierra.
- Soy aire.
- Soy energía.
- Suelto el dolor.
- Libero apegos.
- Puedo vivir más allá de las limitaciones heredadas.
- Me siento bien.
- Puedo sentirlo todo.
- Todo se acomoda de la mejor manera posible.
- Mis emociones se convierten en vibración.
- Muevo energía como muevo el aire.
- A través de mis pies, me conecto con el centro del planeta.
- A través de mi corona, me conecto con la Fuente.
- A través de mi corazón, me conecto con todo lo que existe.
- A través de mi glándula pineal, simplemente soy.
- Respiro amor.
- Puedo respirar profundamente.
- Elijo la alegría.
- Estoy abierto(a) a recibir todo el amor del universo.
- Soy amado(a).
- Merezco amor.
- Reconozco mi valor.
- El universo me sostiene.
- Tengo todo lo que deseo.
- Todo fluye con facilidad hacia mí.
- Escucho mi cuerpo.
- Confío en mi intuición.
- Soy inteligencia infinita.
- Mi cuerpo responde al entorno, mostrándome el camino.
- Confío en mi tecnología interior para tomar decisiones.
- Soy la tecnología más avanzada.
- Soy inteligencia interior.
- Observo mis pensamientos sin juzgarlos. Los transmuto y transformo.
- Puedo cambiar fácilmente de perspectiva.
- Libero el peso de mis hombros.

- Dejar ir lo innecesario me resulta sencillo.
- Soy liviano(a), ágil y seguro(a).
- Mi corazón está abierto para recibir y dar.
- Percibo con nitidez desde el silencio de mi mente.
- Soy resiliente.
- Estoy completo(a).
- El Dios que creó todo habita en mí.
- Soy mi mejor versión.
- Tengo la libertad de reinventarme cada vez que lo desee.
- La bondad vive en mí.
- Expreso una creatividad infinita.
- Cultivo mi asombro genuino.
- Mis ojos reconocen la magia.
- Mi magia es reconocida por los demás.
- Puedo ser todo lo que deseo ser.
- Mis patrones de respiración son espejos prácticos.
  Restablecerlos me resulta sencillo.
- En el presente, todo está bien. Suelto el pasado y recibo el futuro.
- Respirar es un placer para mí.
- Exhalar y soltar me resultan naturales.
- Observar y modificar patrones de comportamiento es fácil para mí.
- Acaricio mi vulnerabilidad observando
  lo que necesita ser sanado.
- El amor y la aceptación llenan los espacios donde antes había
  sombra.
- Soy el/la autor(a) de mi historia.
- Soy el/la héroe/heroína de mi viaje de amor propio.
- Moldeo mi realidad.
- Creo en mis experiencias.
- Soy bendecido(a).
- La comunicación fluye con facilidad en mí; respondo a las
  invitaciones del universo e inicio cada paso con presencia y
  confianza.
- Los milagros suceden a través de mí y para mí.
- Agradezco todo lo que tengo y todo lo que soy.
- Siempre estoy en el lugar y momento indicados.
- Integro plenamente mi ser y cada experiencia.
- La creatividad es mi superpoder.

- Mis posibilidades se expanden.
- Existen infinitas posibilidades.
- Este es un momento magnífico.
- El éxito colectivo es también mi éxito.
- Las palabras tienen poder. Soy consciente del uso que doy a las palabras.
- Construyo mi destino con pensamientos, palabras y acciones.
- Soy amado(a) por ser quien soy.
- Yo valgo.
- Yo tengo éxito.
- Yo soy libre.
- Vivo milagros.
- Agradezco el aire en mis pulmones.
- Me acepto tal como soy.
- Al sanarme, sano generaciones.
- Me perdono.
- Me amo.
- Soy auténtico(a).
- Soy infinito(a).
- Mi existencia trasciende esta realidad: soy un ser multidimensional.
- En mí habitan dones que despiertan a su debido tiempo.
- Puedo lograr todo lo que me proponga.
- Mis ideas traen abundancia a mi familia.
- Me siento tranquilo(a), relajado(a) y abierto(a).
- Aprendo de todas mis experiencias.
- Establezco y mantengo límites saludables.
- Practico el perdón.
- Suelto con amor los contratos del alma que han cumplido su propósito.
- Mi vida mejora constantemente.
- Vivo en un mundo abundante.
- Agradezco el agua limpia.
- Me siento optimista.
- Me siento empoderado(a).
- El universo trabaja a favor de mi bien mayor.
- Todo lo que necesito está disponible en la Fuente Infinita.
- Todo se acomoda a favor de mis seres queridos y de mí.
- Fluyo con gracia por una vida magnífica.

- Algo extraordinario sucede en este instante.
- Confío en el desarrollo de los acontecimientos.
- Tengo fe en mí.
- Estoy sanado(a).
- Mi inteligencia corporal es magnífica.
- Soy emocionalmente sabio(a).
- La transformación ocurre en todos los niveles, dimensiones y planos.
- Estoy en constante evolución.
- Mi ADN se regenera de forma continua.
- Nutro mi cuerpo con lo más puro y mi cuerpo se renueva día a día.
- Crecen en mí la gracia y la sabiduría. La vida es sagrada.
- La alegría es mi brújula y disfruto llevando alegría a los demás.
- Soy la manifestación de los sueños de mis ancestros.
- El dinero fluye hacia mí desde múltiples fuentes y en cantidades cada vez mayores.
- Merezco felicidad infinita.
- El bienestar es mi naturaleza.
- Soy todo lo que nací para ser.
- Gracias a Dios por esta vida.
- Elijo vivir en paz, alegría y dicha.
- Elijo un mundo bondadoso, amable y hermoso.
- Elijo la libertad de la mente y del alma.
- Elijo el amor incondicional.
- Yo soy amor.

Toma el poder de tu voz. Escribe tus propias afirmaciones y observa cómo, al hacerlo, comienzan a revelarse las raíces de tus creencias más arraigadas.

Técnicas de respiración

Los ejercicios prácticos y las técnicas aquí descritas te permitirán restablecer tu cuerpo en solo unos minutos. Al incorporarlas a tu rutina diaria, podrás influir positivamente en tu respuesta al mundo que te rodea, disminuyendo las reacciones impulsivas y aumentando los sentimientos de alegría.

Con la práctica de estas técnicas, podrás generar un estado interno de paz y gozo. Este estado de ser te permitirá afrontar la vida con mayor claridad, y cada respiración se convertirá en una oportunidad para conectarte con lo que te rodea.

Desde las profundidades de las tradiciones ancestrales hasta las técnicas de vanguardia desarrolladas por el ámbito militar, innumerables individuos han practicado y perfeccionado el arte de la respiración. Es complicado atribuir estas técnicas a un solo autor, pero podemos rastrear su evolución a través de diversas fuentes.

Cada técnica tiene un propósito único, desde los sofisticados institutos de terapia pulmonar hasta el entrenamiento intensivo de los *Navy SEALs*.

Por ejemplo, el Pranayama aprovecha el poder de la respiración para canalizar la fuerza vital (prana) y equilibrar el cuerpo y la mente. Otra técnica, el *método Buteyko*, combina respiración nasal, control de la respiración y ejercicios de retención para tratar una amplia gama de condiciones de salud. Todas estas técnicas se basan en el mismo principio: la influencia de la respiración en el cuerpo y el sistema nervioso. Aunque el conteo pueda variar de una persona a otra, los resultados son los mismos: una mente tranquila, un cuerpo relajado y una vitalidad renovada.

Guía General de las prácticas de respiración.

- Para practicar, busca un lugar tranquilo donde puedas respirar sin distracciones.
- Si es posible, mantén el aire en circulación o utiliza un purificador de aire en la habitación.
- Antes de comenzar cada ejercicio, asegúrate de leer las instrucciones.
- Puedes practicar sentado o acostado, elige lo que te resulte más cómodo.
- Puedes optar por cubrirte los ojos o utilizar los sistemas de iluminación de la experiencia Maná para crear una atmósfera especial.
- Durante la práctica, puedes elegir realizarla en silencio o con sonidos curativos. Ambas opciones tienen beneficios, así que siéntete libre de alternar según cómo te sientas.

- Si tienes tiempo para prepararte, ten agua, pañuelos, una manta y un diario a la mano; de lo contrario, solo respirar es suficiente.
- Intenta practicar uno de estos ejercicios todos los días durante un mes, anotando cómo te sientes antes y después de cada sesión. Permite que la inspiración guíe tu escritura. Observarás los cambios positivos en tu salud física y mental.
- Elige tus ejercicios favoritos e incorpóralos a tu vida diaria; también puedes compartirlos con alguien que los necesite. Con estas técnicas, siempre tendrás formas de calmar el sistema nervioso, tanto el tuyo como el de los demás.
- Hemos proporcionado un enlace a nuestro sitio web y canales. Si grabas alguna de tus prácticas, ¡etiquétanos! Nos encantaría conocer tu experiencia con estas técnicas.
- La seguridad es nuestra principal prioridad. Consulta la sección "Dominando nuestra respiración" en el capítulo seis para obtener instrucciones detalladas sobre cómo posicionar tu cuerpo para maximizar la efectividad de estos ejercicios y garantizar una práctica segura.

Antes de comenzar, quiero recordarte algo muy importante:

Por favor, consulta con tu médico para asegurarte de que estos ejercicios son adecuados para ti. Aunque te sientas bien, siempre es mejor tener la aprobación de un profesional de salud que conozca tu historia y te pueda acompañar con responsabilidad.

También quiero pedirte que no practiques estas técnicas mientras estés conduciendo o manejando maquinaria. Algunas pueden provocar sensaciones intensas en tu cuerpo, y mereces estar presente y en un espacio seguro para recibirlas con calma.

Este camino es para tu bienestar. Y eso, para mí, significa cuidarte con amor, respeto y conciencia. Tú eres lo más valioso.

Optimizando la manera en que respiramos

Dirige tu atención hacia tu respiración. Observa cómo el aire entra y sale de tu cuerpo. Realiza una inhalación profunda por la nariz, como si estuvieras oliendo una flor hermosa. Siente cómo el aire llena tus pulmones y llévalo suavemente hacia la coronilla de tu cabeza. Exhala sin esfuerzo, dejando que el aire salga por tu nariz sin forzar nada.

Ahora, vamos a dar un paso más. Inhala primero por la nariz hasta el abdomen, activando tu diafragma, luego hacia el pecho, llenando los pulmones desde abajo hacia arriba. Utiliza toda tu capacidad respiratoria, activando los músculos desde el suelo pélvico hasta la coronilla. Siente cómo tu cuerpo se expande con cada inhalación y se contrae con cada exhalación.

Mientras sigues respirando profundamente, rota los hombros hacia atrás, déjalos caer y abre tu corazón. Alinea tus orejas con los hombros, permitiendo que tu respiración se vuelva horizontal, evitando cualquier tensión en el cuello o en la parte superior del pecho. Respira profundamente durante unos minutos y observa cómo te sientes. ¿Te sientes más relajado y centrado?

Ejercicios prácticos

Aquí te comparto una serie de ejercicios de respiración que, aunque sencillos, tienen un poder profundo para transformar tu bienestar. Son prácticas accesibles que puedes incorporar en tu día a día, diseñadas para ayudarte a optimizar tu respiración, calmar tu sistema nervioso y generar un impacto positivo tanto en tu cuerpo como en tus emociones.

No necesitas experiencia previa ni un espacio perfecto para comenzar. Solo tu presencia, unos minutos de tu tiempo, y la disposición de conectar contigo a través del acto más esencial y poderoso: tu respiración.

Explora estos ejercicios con curiosidad y cariño por ti mismo. Observa cómo pequeños cambios en tu forma de respirar pueden abrir nuevas posibilidades de equilibrio, claridad y vitalidad en tu vida.

Respiración oscilante

Es un patrón energético coherente, conectado, circular y consciente, practicado para cultivar energía dentro de ti. Es la observación de la energía espectral de las formas de onda respiratorias naturales y la conciencia de sus oscilaciones. Es como conectarse a una fuente de energía que ha estado allí todo el tiempo, esperando solo a que te acerques.

Siéntate y ponte cómodo. Trae tu atención a tu respiración. Observa cómo el aire entra y sale de tu cuerpo y cómo tu pecho sube y baja con cada inhalación y exhalación. No intentes cambiar nada de tu respiración; solo obsérvala.

Ahora, optimiza tu posición. Siéntate o recuéstate en una posición cómoda, asegurándote de que tu cuerpo esté relajado y tus músculos no estén tensos.

A continuación, es momento de conectar la respiración. Esto significa evitar la pausa entre la exhalación y la inhalación, y viceversa. En su lugar, crea un movimiento continuo, como una ola interminable de aire entrando y saliendo de tu cuerpo. Aquí es donde ocurre la magia. Ahora, inhala llevando el aire hacia tu frente. Concédele a la inhalación entusiasmo, intención y conciencia.

Visualiza que estás absorbiendo toda la energía positiva y la inspiración que el universo ofrece. Respira profundamente. A medida que tus pulmones se llenan de aire, permite que tus preocupaciones se disuelvan.

Libérate con una exhalación que arrastra viejas cargas. Natural como la caída de una hoja, esta entrega sin esfuerzo es un canal para el cambio, un testimonio del fluir de la vida. Siente la liberación en esta respiración; es más que un simple intercambio de aire, es un desprendimiento de pensamientos obsoletos, un abrazo al presente.

Con cada respiración te vuelves más liviano, más presente, más en sintonía con el ritmo natural de la vida. Cada inhalación abre un espacio dentro de ti para que florezcan la claridad, la paz y el amor. Cada exhalación libera lo que ya no necesitas, dejando lugar a lo nuevo.

Respirando conscientemente, te abres a las infinitas posibilidades del universo. Recibes sus regalos sin esfuerzo, simplemente al estar aquí, ahora, conectado con tu aliento y con el mundo que te rodea. Eres una fuerza viva de la naturaleza, y tu respiración es el puente sagrado que te une con todo lo que es.

Respiración vibracional

Este ejercicio es profundo y lento, optimizando el equilibrio entre los sistemas parasimpático y simpático. Inhalamos y exhalamos entre 4 y 6 respiraciones por minuto, lo que influye positivamente en las funciones fisiológicas y psicológicas del cuerpo. Esta velocidad es considerablemente más lenta que la tasa normal de respiración en reposo, que oscila entre 12 y 20 respiraciones por minuto en adultos.

Respirar a este ritmo más lento puede aumentar potencialmente la variabilidad de la frecuencia cardíaca (VFC), una medida de la variación en el intervalo de tiempo entre los latidos del corazón.

Una VFC más alta está generalmente asociada con una mejor salud, incluyendo la salud cardiovascular, ya que refleja mayor flexibilidad y adaptabilidad del sistema nervioso autónomo.

Los ejercicios de respiración lenta y profunda han demostrado tener numerosos beneficios para la salud. Estos van desde la relajación y la reducción del estrés hasta la mejora de la atención y la memoria, la disminución de los niveles de estrés, la reducción de la presión arterial y la mejora de la función cognitiva, entre otros.

- Siéntate o recuéstate cómodamente.
- Haz unas cuantas respiraciones profundas a tu ritmo natural.
- Ahora inhala lenta y profundamente por la nariz contando hasta 5 segundos.
- Exhala suavemente y por completo por la boca contando hasta 5 segundos.
- Continúa este patrón de inhalar y exhalar al mismo ritmo.
- Respira durante 2 minutos a aproximadamente 6 respiraciones por minuto, lo cual es más lento que el promedio de la mayoría de las personas.

Nuestro objetivo es mantener un ritmo de respiración constante y estable de alrededor de seis respiraciones por minuto, lo que significa tomar una respiración profunda cada diez segundos. Si te gustan los dispositivos, puedes usar un metrónomo o configurar un temporizador suave para ayudarte a mantener este ritmo tan equilibrado.

Después de completar este ejercicio, tómate un merecido descanso de al menos cinco minutos antes de continuar con cualquier otra cosa.

Y si te sientes particularmente zen y quieres seguir el flujo, siéntete libre de alargar tus inhalaciones y exhalaciones a nueve segundos o incluso más. Estás al mando de encontrar tu propio ritmo único, así que experimenta y descubre qué te funciona mejor.

El puente del sueño hacia la mente subconsciente

Cuando la energía del día comienza a desvanecerse, se forma un puente entre tu realidad consciente y el vasto mundo de tus sueños: tu mente subconsciente.

Los momentos previos al sueño representan una oportunidad única para la sanación, el entendimiento y la transformación. Es en este instante cuando tu mente, abierta y receptiva, se convierte en un espacio fértil donde nuevas ideas y emociones pueden echar raíces.

En este momento sagrado, permite que tu respiración sea profunda y lenta, liberando la tensión acumulada en tu cuerpo. Con cada inhalación, deja que tus pensamientos se suavicen, creando el espacio necesario para que surja la sabiduría que yace más allá de la conciencia. Suelta las preocupaciones del día, confiando en que se disiparán en el abrazo del descanso. Tu mente subconsciente siempre está atenta, siempre aprendiendo. Antes de entregarte al sueño reparador, siembra semillas de positividad, intención y gratitud.

Permítete imaginar la vida que deseas, visualizando cada detalle con claridad y amor. Al rendirte a la quietud de la noche, confía en que esos breves momentos están tendiendo el puente entre lo consciente y lo subconsciente, guiándote hacia el crecimiento y la renovación. ¿Alguna vez te encuentras dando vueltas en la cama por la noche, incapaz de calmar tus pensamientos acelerados? Este ejercicio es una canción de cuna etérea. Estimulará tu sistema nervioso parasimpático y activará el nervio vago. Al activar el nervio vago, le envías a tu cuerpo la señal de que es hora de relajarse.

Tiene un efecto calmante sobre la amígdala, reduciendo su activación y promoviendo sensaciones de bienestar.

- Acuéstate y enfócate en respirar por la nariz.
- Inhala contando hasta 6, y luego exhala contando hasta 9.
- Repite este ejercicio durante 3 minutos. Si necesitas ajustar los números, está bien. Solo asegúrate de que la exhalación sea más larga que la inhalación.

Abre portales

- Inhala profundamente… y sostén el aire por un breve instante.
- Luego, exhala lentamente por los labios, como si estuvieras apagando suavemente la llama de una vela.
- Permite que los músculos de tu rostro, tu cuello y tus hombros se relajen con cada exhalación.

- Vuelve a inhalar despacio por la nariz, manteniendo la boca cerrada, como si estuvieras oliendo una flor delicada.
- Mientras inhalas, cuenta mentalmente hasta cuatro, llenando tus pulmones desde la base hasta la parte superior. Uno... dos... tres... cuatro...
- Ahora, frunce ligeramente los labios, como si fueras a soplar muy suave.
- Exhala con control a través de los labios fruncidos, extendiendo el aire mientras cuentas hasta ocho: Uno... dos... tres... cuatro... cinco... seis... siete... ocho...
- Repite este ritmo respiratorio durante al menos dos minutos.

No hay prisa. Solo respira. Permite que, con cada ciclo, tu cuerpo se calme un poco más y tu mente encuentre quietud. Este momento es solo tuyo. Solo tú... tu respiración... y la vida ocurriendo aquí y ahora. Este ejercicio puede prevenir la retención de aire, ayudar a controlar los ataques de pánico y mejorar la resiliencia. Reducirá la frecuencia respiratoria al aumentar la tasa de exhalación.

Es un acto de equilibrio
Este ejercicio te ayudará a sentirte tranquilo y equilibrado.

Busca un lugar tranquilo donde puedas sentarte sin ser interrumpido. Siéntate erguido, pero asegúrate de estar cómodo. Comienza tomando unas cuantas respiraciones profundas. Nota cómo te sientes. Solo observa, sin juzgar. Comienza a contar mientras inhalas y exhalas, contando hasta cuatro cada vez.

Inhala suavemente por la nariz, mientras cuentas mentalmente: Uno... dos... tres... cuatro.

Retén la respiración y vuelve a contar: Uno... dos... tres... cuatro.

Exhala lentamente por la nariz o por la boca, contando de nuevo: Uno... dos... tres... cuatro.

Vuelve a sostener la respiración, sin inhalar aún, y cuenta una vez más: Uno... dos... tres... cuatro.

Este patrón crea un ritmo equilibrado y profundo. Continúa repitiéndolo durante al menos dos minutos, manteniendo la atención en la cuenta y en las sensaciones de tu cuerpo.

Cada ciclo te invita a regresar al momento presente, a regular tu sistema nervioso y a encontrar claridad en medio del movimiento interno. Respira. Siente. Permanece.

Cuando termines, observa si te sientes diferente. Tal vez más tranquilo o agradecido. Tómate unos minutos para simplemente estar presente y disfrutar de esa sensación antes de regresar a lo que estabas haciendo.

Soy amor

Si te sientes distraído o ansioso, encuentra un lugar tranquilo para sentarte durante unos minutos, manteniendo las manos libres. Realiza algunas respiraciones profundas, recordando suavemente abrir tu postura y permitir que tus músculos te brinden un buen soporte.

- Lleva tu atención a las fosas nasales. Usa tus dedos para cerrar una de las fosas nasales a la vez.
- Inhala por la fosa nasal izquierda contando hasta 6.
- Exhala por la fosa nasal derecha contando hasta 6.
- Repite el mismo proceso, pero esta vez inhala por la fosa nasal derecha y exhala por la izquierda.
- Siente las palabras "SOY AMOR" cada vez que inhales.
- Exhala, suelta.
- Continúa alternando entre ambas fosas nasales durante 3 series o por 2 minutos.
- Este ejercicio puede ayudarte a reducir el estrés y la ansiedad, mejorando la concentración y el enfoque.

Encuentra la paz

Comienza dándote un suave masaje en el abdomen, el pecho y en cada parte del cuerpo que sientas tensa, activando los músculos y los centros de energía.

Para este ejercicio, te será beneficioso escuchar sonidos cósmicos de sanación. Cuando incorpores sonidos, presta atención a los mensajes y las frecuencias de las canciones. Durante esta práctica, estarás reprogramando tu mente con creencias que te beneficien. Busca sonidos de sanación de alta calidad y observa tus pensamientos como nubes que van y vienen.

Busca un lugar tranquilo y cómodo donde puedas sentarte sin distracciones. Coloca la lengua suavemente en el techo de tu boca, justo donde se encuentran los dientes con el paladar. Inhala lentamente por la nariz mientras cuentas hasta cuatro, sintiendo cómo tu abdomen y tu pecho se expanden con naturalidad. Retén la respiración por un segundo. Luego, exhala por la boca con la misma suavidad, contando nuevamente hasta cuatro, permitiendo que tu centro—ese lugar profundo y sereno dentro de ti—conduzca el movimiento. Al finalizar la exhalación, permanece en quietud un segundo más antes de iniciar el siguiente ciclo.

Sigue este ritmo durante unos minutos, permitiendo que tu cuerpo y tu mente se sincronicen.

Puedes acompañar esta respiración con una visualización: imagina una energía sutil, amable y luminosa que se mueve con tu intención, fluyendo con tu mirada, tus manos y tu aliento. Observa cómo esa energía gira lentamente alrededor de cada uno de tus centros energéticos, armonizándose con cada inhalación y exhalación, como si tejiera una red de calma y presencia en todo tu ser.

Renacimiento: Las veinte respiraciones conectadas
Basado en la enseñanza original de Leonard Orr

Esta práctica consiste en realizar veinte respiraciones conectadas por la nariz, organizadas en cuatro grupos de cinco respiraciones. Cada grupo incluye cuatro respiraciones normales seguidas de una respiración profunda.

La clave está en que todas las respiraciones estén conectadas, es decir, que no haya pausas entre la inhalación y la exhalación.

Permite que la respiración fluya como un ciclo natural, sin tensión, sin control, sin esfuerzo. Solo presencia.

Instrucciones:
- Siéntate o recuéstate en una posición cómoda, con la columna recta y el cuerpo relajado.
- Respira por la nariz durante todo el ejercicio.

- Comienza con cuatro respiraciones suaves, manteniendo el ritmo continuo entre inhalar y exhalar.
- Luego, haz una respiración profunda, llena los pulmones por completo y exhala con conciencia.
- Repite este patrón cuatro veces, hasta completar las veinte respiraciones.
- Permanece unos segundos en silencio al finalizar, observando lo que surja. No se trata de controlar ni forzar nada. La respiración debe ser circular, relajada y continua.

Leonard Orr enseñaba que este tipo de respiración despierta la energía vital y ayuda a liberar memorias antiguas, tensiones emocionales y bloqueos inconscientes.

Puedes practicar esta secuencia en cualquier momento del día. Es una herramienta poderosa para limpiar la mente, aliviar el estrés y entrar en contacto con tu energía esencial.

Reparación del ADN

Nuestro ADN es como un plano de la vida, conteniendo toda la información que nos define.

Nuestras células poseen una capacidad asombrosa para detectar y reparar el ADN dañado, ayudando a prevenir mutaciones y a mantener la integridad de nuestro código genético.

- Para comenzar este ejercicio, lleva tus manos al rostro y frota suavemente tu entrecejo en círculos, con presencia y suavidad.
- Luego, haz lo mismo con la coronilla, despertando los centros de conexión sutil.
- Mientras lo haces, comienza a inhalar lentamente desde la fuente cósmica.
- Con cada inhalación profunda por la nariz, visualiza un resplandeciente color dorado que fluye a través de tus fosas nasales, ascendiendo hasta tu coronilla.
- Imagina cómo esa luz dorada entra por tu cabeza y comienza a envolver todo tu cuerpo con una energía cálida, sanadora y protectora.

- Siente su recorrido bajando por tu columna vertebral, activando y armonizando cada vértebra, cada centro energético, cada célula.
- Permite que esta energía se expanda desde tu eje central hasta las extremidades, iluminando cada rincón de tu ser.
- Al exhalar, imagina que esa luz comienza a tomar forma a tu alrededor, creando una pirámide de oro luminoso que te contiene, te protege y te eleva. Siente la seguridad, la claridad y la vibración de este campo dorado.
- Entre cada inhalación y exhalación, haz una pausa de un segundo, y observa cómo tu respiración se vuelve más consciente, circular y expansiva.
- Con solo tres minutos de esta práctica, podrías comenzar a sentir una renovada energía vital, como si cada célula de tu cuerpo recordara su capacidad de reparación, regeneración y conexión con la fuente.

Sube de nivel

Este es un método simple y efectivo para aumentar tu enfoque y energía. Solo recuerda concentrarte en la exhalación profunda y deja que la inhalación se dé por sí misma.

- Primero, busca una posición cómoda.
- Siéntate relajado.
- Inhala profundamente por la nariz y exhala lentamente.
- Ahora, enfoquémonos en la exhalación.
- Toma una respiración profunda por la nariz y luego exhala de manera brusca y contundente. La sensación debe ser similar a un estornudo, con una exhalación fuerte que provenga de tu diafragma y abdomen inferior.
- Repite este proceso, exhalando con fuerza, durante 20 respiraciones.
- Mientras lo haces, mantén los ojos cerrados y tu cuerpo relajado. No es necesario tensar el cuello. Tu respiración debe permanecer normal, con exhalaciones intensas solo por la nariz.

Esta técnica estimula el sistema nervioso simpático, encargado de la respuesta de lucha o huida, lo que te ayudará a sentirte más alerta y preparado para enfrentar cualquier desafío. Tómate unos minutos para integrar la práctica antes de continuar con tus actividades.

Esencia de la respiración

Este ejercicio consiste en una respiración activa a través de la boca, seguido de una retención de la respiración y luego una integración con una respiración suave por la nariz.

- Encuentra una posición cómoda, con la espalda recta y los pies firmemente apoyados en el suelo.
- Toma algunas respiraciones profundas por la nariz, inhalando profundamente y exhalando lentamente.
- Visualiza la energía situada detrás del ombligo y frente a los riñones.
- Ahora, cambia a la respiración por la boca. Comienza inhalando profundamente por la boca, como si estuvieras respirando desde el ombligo. Luego, exhala completamente por la boca, liberando todo el aire. Realiza este proceso durante aproximadamente 2 minutos, respirando de manera lenta y constante.
- A continuación, trata de retener la respiración todo el tiempo que puedas y enfócate en la sensación de energía fluyendo a través de tu cuerpo. Exhala lentamente por la nariz cuando ya no puedas retener el aire.
- Integra la respiración suave por la nariz. Inhala profundamente por la nariz, llenando los pulmones de aire. Luego, exhala lenta y completamente por la nariz. Toma respiraciones suaves y pausadas durante unos 2 minutos más.
- Finalmente, cuando estés listo, observa cómo te sientes.

Respiración sanadora

En este ejercicio activarás energía sanadora mediante movimiento, visualización y dos series de nueve respiraciones normales conectadas seguidas de una respiración profunda, inhalando y exhalando por la nariz.

- Encuentra una posición cómoda para sentarte.
- Al acomodarte, lleva tu atención a tus caderas.
- Comienza a moverlas suavemente en círculos, sintiendo cómo fluye la energía por todo tu cuerpo.
- Permítete rendirte al movimiento y percibir las sensaciones en tu cuerpo.
- Ahora, enfoca tu atención en la coronilla de tu cabeza.

- Visualiza un vórtice que se extiende desde tu coronilla hacia el espacio, creando una puerta abierta para una luz violeta de alta frecuencia que activa todas nuestras células.
- Visualiza esta luz violeta fluyendo desde la fuente divina, llenando tu coronilla y glándula pineal con luz sanadora.
- Haz 9 respiraciones normales y conectadas, inhalando y exhalando por la nariz. Tu abdomen y pecho deben expandirse al inhalar.
- Con cada inhalación, siente cómo tu cuerpo se llena de aire fresco y rico en oxígeno, junto con la luz violeta.
- Con cada exhalación, libera cualquier tensión o negatividad de tu cuerpo, acompañado de luz violeta. Al exhalar, tu pecho se relaja y tu ombligo se retrae hacia la columna vertebral.
- En la décima respiración profunda, visualiza la energía llenando todo tu ser, recorriendo tu columna vertebral, revitalizando cuerpo y mente.
- Haz otra serie de 9 respiraciones conectadas, seguidas de una décima respiración profunda.
- Tómate un momento para observar cómo te sientes después de realizar este ejercicio. Percibe cualquier cambio en tu cuerpo, emociones o estado mental.

El Universo interior

Esta experiencia somática puede ayudarte a tomar mayor conciencia de tu cuerpo y de tus estados físicos y emocionales, y favorecer el desarrollo de un mayor control sobre tus respuestas al estrés y otros desafíos.

- Busca una posición cómoda, ya sea sentado o acostado.
- Realiza unas respiraciones profundas, inhalando por la nariz y exhalando suavemente por la boca, como un suspiro.
- Dirige tu atención hacia la sensación de tu respiración, sintiendo el calor del sol sobre tu piel o la frescura de la brisa en tu rostro.
- Observa el aire fresco al inhalar por tus fosas nasales y el aire cálido al exhalar por la boca.
- Mientras respiras, enfoca tu atención en el ascenso y descenso de tu pecho y en la sensación del aire fluyendo dentro y fuera de tu cuerpo.

- A medida que continúas respirando profundamente y de manera pausada, comienza a escanear tu cuerpo de la cabeza a los pies. Reconoce las áreas de tensión o incomodidad.
- Al inhalar, imagina que estás enviando tu respiración a esas zonas de tensión o malestar.
- Visualiza tu respiración como una luz cálida y sanadora que alivia y relaja esas áreas.
- Al exhalar, imagina que estás liberando cualquier tensión o incomodidad que retengas en tu cuerpo.
- Permite que tu exhalación sea un suspiro largo y lento.
- Repite este proceso durante 3 a 5 minutos, enfocándote en tu respiración y en la sensación de relajación en tu cuerpo.
- Tómate unos minutos para integrar esta experiencia antes de regresar a tus actividades.

La Respiración de cúpula

La respiración diafragmática favorece un movimiento más pronunciado del abdomen que del pecho en cada ciclo respiratorio, expandiéndose al inhalar y contrayéndose al exhalar. Este ejercicio contribuye a fortalecer el diafragma, equilibrar el sistema nervioso y puede ser eficaz para aliviar trastornos gastrointestinales.

- Acostado sobre una superficie plana con las rodillas dobladas, puedes colocar una almohada debajo de tus rodillas si necesitas soporte, o también puedes practicar sentado.
- Coloca una mano sobre tu pecho y la otra sobre tu abdomen, justo debajo de las costillas.
- La mano que se encuentra sobre el abdomen debe ser la que se mueva.
- Inhala profundamente por la nariz durante 4 a 6 segundos, sintiendo cómo se expande tu abdomen. Mantén el pecho relajado y quieto.
- Exhala de manera lenta y constante por la boca durante 6 a 8 segundos, dejando salir todo el aire de manera tranquila.
- En el siguiente ciclo, imagina que el aire llena tu cuerpo como un globo. La mano sobre tu abdomen debe elevarse al inhalar, mientras que la del pecho permanece inmóvil.

- Exhala lentamente, permitiendo que tu abdomen se desinfle conforme expulsas el aire.
- Al inhalar, activa los músculos intercostales, abdominales y del suelo pélvico, dejándolos caer hacia adentro al exhalar.
- Repite el ejercicio durante 5 a 15 minutos, prestando atención a la sensación del aire fluyendo en tu abdomen.
- Permítete un momento para ajustarte a tu entorno y evita levantarte rápidamente después de finalizar el ejercicio.

Explorando frecuencias

En este ejercicio, con cada respiración, te irás centrando más, relajando tu cuerpo y alcanzando una mayor paz contigo mismo y con tu entorno.

Al contar los latidos mientras inhalas y exhalas, entrenas tu mente para que se enfoque en el momento presente.

Imagina que te encuentras en un entorno sereno, escuchando el suave murmullo del viento, contemplando infinitas posibilidades. Inhala contando de 4 a 7 y siente cómo se expanden tus pulmones con aire fresco: 4, 5, 6, 7. Sostén la respiración durante 7 cuentas: 1, 2, 3, 4, 5, 6, 7. Deja que tu mente se calme. Exhala lentamente por la boca, contando hasta 8: 1, 2, 3, 4, 5, 6, 7, 8. Al soltar todo el aire de manera audible, emite un sonido suave como un suspiro y suelta cualquier tensión; visualiza el agua fluyendo.

Inhala profundamente otra vez, contando de 4 a 7, sintiendo cómo se expanden tus pulmones: 4, 5, 6, 7. Mantén la respiración por 7 cuentas: 1, 2, 3, 4, 5, 6, 7, disfrutando del silencio. Exhala lentamente por la boca, contando hasta 8: 1, 2, 3, 4, 5, 6, 7, 8. Respira lentamente, dejando escapar un suspiro satisfactorio para que puedas sentir la sensación de soltar el aire y liberar cualquier tensión.

Descansa e integra durante 2 minutos. Repite los dos ciclos una vez más.

La exhalación más larga activa el sistema nervioso parasimpático, calmando tu cuerpo.

Practica estar presente y comprometido en el momento actual sin juicio.

Cuando estamos presentes, es más probable que notemos las pequeñas alegrías y placeres de la vida, como la belleza de la naturaleza, el sabor de una comida deliciosa o el calor de un abrazo. Al mantenernos en el presente, aprendemos a apreciar estos momentos plenamente y a encontrar mayor satisfacción en nuestras vidas; así es como vibramos a frecuencias más altas.

Respiración infinita

Este ejercicio se realiza a través de la nariz, sin pausas entre la inhalación y la exhalación, solo un flujo continuo, sin principio ni fin. Deja que el aire fluya, permitiendo que se despliegue un fenómeno en cada célula y molécula dentro de ti.

Encuentra una posición cómoda, asegurando que tu cabeza, cuello y columna estén alineados. Lleva tu atención al corazón y al espacio entre los latidos.

Realiza una inhalación profunda, llenando tu pecho con aire rejuvenecedor. Siente la expansión de tu diafragma y el estiramiento de tus costillas. Exhala suavemente, de manera continua, visualizando la liberación de una nube de polvo astral. Observa cómo se eleva y se disuelve en el aire que te rodea, dejándote una sensación de ligereza y tranquilidad.

En el siguiente ciclo, antes de exhalar completamente, comienza a inhalar, conectando la inhalación con la exhalación, enfocándote en llenar los pulmones desde la parte inferior hasta el pecho superior. Visualiza cada respiración como una ola, que fluye ininterrumpidamente dentro y fuera de tu cuerpo en un ritmo constante.

Mantén los ojos cerrados y continúa respirando como si lo hicieras a través de tu corazón durante 10 minutos.

Para integrar, realiza algunas respiraciones de manera intuitiva, a tu propio ritmo, con la intensidad y profundidad que sientas. Observa cómo te sumerges en un descanso profundo, respirando en sincronía con la luz y los sonidos a tu alrededor.

Respiración de convergencia

Esta práctica puede ayudarte a regular tu temperatura corporal y calmar tu mente, utilizando la lengua entre los labios al respirar.

- Siéntate en una posición cómoda, asegurándote de mantener la espalda recta y los hombros relajados.
- Comienza curvando la lengua, uniendo ligeramente los bordes exteriores y sacándola ligeramente hacia fuera.
- Inhala profundamente por la boca, dejando que el aire pase a través de la lengua curvada.

- Exhala lenta y completamente por la nariz, alargando ligeramente la exhalación, sin forzarla.
- Mantén la atención en el aire que fluye a través de la lengua y las fosas nasales.
- Continúa respirando de esta manera durante 5 minutos.
- Para integrar la práctica, respira profundamente y explora las profundidades de tu ser sin temor ni juicio. Tómate un momento para notar cómo te sientes, tanto física como mentalmente. Permite que los ciclos energéticos hagan su magia en tu vida.

El vórtice

Este ejercicio está diseñado para mejorar tu respiración, expandiendo tu pecho y permitiendo inhalaciones más profundas.

- Párate erguido, con los pies separados al ancho de los hombros y los brazos a los lados de tu cuerpo.
- Coloca tus manos a los costados de las costillas, justo al nivel de los pezones, como si estuvieras sujetando la caja torácica.
- Desplaza ligeramente los codos hacia atrás para permitir que tu pecho se expanda.
- Inhala profundamente por la nariz mientras, simultáneamente, retrocedes ambos codos, como si intentaras juntar tus codos detrás de tu espalda.
- Mantén la respiración unos segundos.
- Exhala lentamente por la nariz. Una vez que hayas exhalado completamente, suelta la presión de tus manos sobre las costillas.
- Repite este proceso durante 2 minutos, inhalando y exhalando profundamente mientras mueves los codos hacia atrás y hacia adelante.
- Respira profunda y lentamente durante todo el ejercicio, concentrándote en expandir tu pecho y permitir que tus pulmones se llenen de aire. Con la práctica, este ejercicio puede mejorar tu capacidad pulmonar y tu habilidad respiratoria en general.

Observando el alma

Este ejercicio te llevará a un viaje de autodescubrimiento, donde explorarás las profundidades de tu ser y te conectarás con tu ser superior.

- Para comenzar, encuentra un lugar tranquilo y sereno, ya sea para estar solo o acompañado de tu pareja.
- Siéntate cómodamente y coloca un espejo frente a ti, o si estás con tu pareja, siéntate de manera que puedas mirarle a los ojos.
- Respira profundamente y relájate. Mira fijamente al espejo o a los ojos de tu pareja, concentrándote en el ojo izquierdo. Observa profundamente sus colores, patrones y reflejos.
- Luego, cambia tu atención al ojo derecho y repite lo mismo.
- Finalmente, enfócate en el tercer ojo, ubicado en el centro de la frente, entre y un poco por encima de las cejas. Este es un portal; al concentrarte en él, podrás conectarte con tu verdadero ser.
- Vuelve a enfocar tu mirada en el ojo izquierdo y mantente allí el mayor tiempo posible.
- Si lo prefieres, alterna entre ambos ojos cuando lo necesites.
- Calibra tu respiración mientras mantienes la mirada fija, ya sea en tu espejo o en los ojos de tu pareja.
- Inhala profundamente y exhala de manera suave y constante por la nariz.
- Respira de manera profunda y conectada. Mantén relajados el cuello, la mandíbula y la zona de la garganta.
- Sincroniza tu respiración con la de tu pareja, inhalando y exhalando juntos de forma circular, sin forzar ni hacer pausas.
- Deja que tu respiración fluya naturalmente.
- Practica este ejercicio durante al menos 3 minutos, permitiéndote observar cada vez más en un estado de relajación y paz interior.
- Puedes aumentar la duración cada vez que lo realices.
- Es posible que este ejercicio saque a la superficie emociones, recuerdos o pensamientos que habías estado suprimiendo o ignorando.
- Permítete sentir lo que surja y obsérvalo sin juicio ni apego.
- Este ejercicio te ayudará a cultivar una mayor conciencia y comprensión de tu mundo interior, y también profundizará tu conexión con tu pareja.

Respiración alquímica

Al comenzar la práctica, realiza tres respiraciones profundas y evoca sentimientos de aceptación y compasión. Sé auténtico. Permítete ser vulnerable e imperfecto.

- Respira suavemente por la nariz, sin forzar ni retener el aire, manteniendo un ritmo circular y conectado. Dirige tu atención hacia la parte baja de tu cuerpo, entre el ombligo, los riñones, el útero y los órganos sexuales, observando tus centros sacro y raíz. Deja ir las expectativas.
- A medida que te concentras en esta área, observa cualquier sensación o emoción que surja. Puede que sientas una pulsación o que notes si el área está tensa o relajada. Permítete observar sin juicio. Ten paciencia. Abrazar tu cuerpo y mente con sanación es un acto de amor propio.
- Al continuar con la práctica, es posible que experimentes cosquilleo, calor, frío u otras sensaciones. Permite que estos sentimientos surjan y se expandan, e imagina que la energía fluye libremente a través de tu cuerpo.
- Libera con exhalaciones largas aquello que no te sirve. Abraza el silencio a tu alrededor.
- Usa tu intención para guiar la energía hacia el ombligo y luego hacia el centro sexual. Sigue tu respiración y sonríe ante las infinitas posibilidades del presente.
- Siente cómo la energía fluye hacia tus pies y luego regresa hacia arriba a través de tu cuerpo, alcanzando la coronilla. A medida que mueves la energía a través de cada punto, imagina que fluye como un río, nutriendo y sanando cada parte de tu ser.
- Permite que la energía siga fluyendo sin resistencia ni bloqueos.
- Una vez que hayas recorrido tu cuerpo al menos nueve veces, deja que la energía fluya de manera continua, como un río en calma. Siente cómo la vitalidad y el bienestar te llenan.
- Ahora, observa y cultiva la energía en tu centro del ombligo. Cubre tu ombligo con ambas palmas, la mano izquierda sobre la derecha, y mentalmente espiraliza la energía hacia afuera desde el ombligo en sentido horario, luego hacia adentro en sentido antihorario.

- Luego, cambia de posición colocando la mano derecha sobre la izquierda y espiraliza la energía hacia afuera desde el ombligo en sentido antihorario, luego hacia adentro en sentido horario.
- Para integrar, sigue respirando a tu ritmo normal durante tres minutos y disfruta de las sensaciones.
- Esta práctica restaura tu energía y equilibra tu cuerpo y mente.

Respiración en armonía

Este ejercicio consiste en respirar de manera sincronizada con tu pareja, lo que genera unidad y armonía entre ambos. Al respirar juntos, comparten el mismo aire y energía, lo que puede fomentar un nivel profundo de intimidad y confianza.

La idea detrás de este ejercicio es que inhalas cuando tu pareja exhala y exhalas cuando tu pareja inhala, creando un ritmo circular y conectado de respiración en armonía. Esta respiración sincronizada crea una conexión profunda. Puedes observar tus patrones respiratorios y los de tu pareja. Esta conciencia aumentada conduce a una mayor conciencia y comprensión mutua. También ayuda a calmar el sistema nervioso y a estar más presentes.

- Encuentren una posición cómoda sentados uno frente al otro.
- Pueden cerrar los ojos o, si lo prefieren, mirarse suavemente a los ojos, permitiendo que la conexión se establezca más allá de las palabras.
- Comiencen respirando profundamente por la nariz y exhalando por la boca, dejando ir cualquier tensión, expectativa o distracción.
- Luego, permitan que la respiración se suavice.
- Inhalen y exhalen lenta y profundamente por la nariz, enfocándose en la sensación del aire moviéndose dentro del cuerpo.
- No fuercen nada. Simplemente observen el flujo natural de su aliento.
- Sientan cómo su pecho y abdomen se elevan y descienden con cada respiración.
- Visualicen cómo el aire circula a través de ustedes, trayendo claridad, presencia y calma.
- A medida que se conectan con este ritmo, sincronicen sus respiraciones.

- Inhalen juntos. Exhalen juntos.
- Permitan que su respiración compartida se convierta en un puente invisible entre sus cuerpos y sus energías.
- Si surge alguna emoción, sensación o recuerdo, déjenlo estar sin juicio. Solo respiren.
- Permanezcan presentes, sintiendo el movimiento energético que han cultivado a lo largo de este viaje.
- Continúen en esta respiración conjunta durante el tiempo que les sea cómodo —idealmente varios minutos—, permitiendo que la sincronía los sostenga.
- Para cerrar, tomen juntos una última respiración profunda.
- Sosténganla unos segundos...
- Y luego exhalen lentamente, dejando ir cualquier tensión remanente.
- Cuando lo sientan, abrácense. Permitan que ese abrazo sea un gesto de gratitud, reconocimiento y presencia mutua.

Reflexionen sobre cómo se sienten, observando cualquier cambio. Fortalecer el vínculo con tu pareja puede verse maravillosamente potenciado a través de esta práctica de respiración consciente. Sin embargo, por poderoso que sea para el crecimiento personal, la respiración consciente no debe reemplazar la ayuda invaluable de un profesional cuando sea necesario. Es importante que tanto tú como tu pareja busquen los recursos y el apoyo adecuado al enfrentar desafíos.

Cuidar de tu salud mental es como mantener una higiene cerebral esencial. Las relaciones más florecientes son aquellas en las que eres capaz de reconocer las creencias que impulsan tus acciones. Al hacer esto, puedes asumir la responsabilidad personal de tu crecimiento y desarrollo. Cuanto más rápido enfrentes y trates las cargas emocionales, aprendiendo a abrazar el amor propio, más pronto te encontrarás rodeado de personas que validen y celebren tus triunfos. Esa es la verdadera esencia y poder de la manifestación en las relaciones.

Técnica del ciclo activo de la respiración (ACBT)

Esta técnica facilita la movilización y eliminación de secreciones pulmonares, reduce el riesgo de infecciones respiratorias y mejora la ventilación pulmonar, así como la eficacia de la tos.

No fue creada por una sola persona, sino desarrollada de manera progresiva por fisioterapeutas especializados en cuidados respiratorios. La primera descripción conocida del ACBT fue realizada por el fisioterapeuta australiano Tom Ayres en la década de 1950. Más adelante, profesionales como Pamela L. Eves y Judy A. Moore contribuyeron significativamente a su perfeccionamiento, consolidándola como una herramienta esencial en la fisioterapia respiratoria contemporánea.

En su aplicación, esta técnica suele seguir cuatro fases: control de la respiración, ejercicios de expansión torácica, huffing (espiración forzada con la glotis abierta) y tos dirigida. No obstante, la secuencia puede adaptarse según las necesidades de cada persona y la orientación del profesional de la salud. Antes de incorporar esta práctica a tu rutina, consulta siempre con tu médico y asegúrate de contar con su aprobación.

Control de la respiración

- Enfócate en respirar de manera suave y a tu propio ritmo.
- Inhala por la nariz. Si no puedes, respira por la boca, utilizando la técnica de respiración con labios fruncidos.
- Recuerda relajar tus hombros y reducir gradualmente la velocidad de tu respiración.
- Respira hasta que te sientas listo para continuar.

Ejercicios de Expansión Torácica

- La inspiración es profunda y activa, combinada con una retención al final de la inhalación de tres segundos antes de una expiración pasiva.
- Además, se puede utilizar presión positiva para ayudar a eliminar las secreciones pulmonares.
- Coloca suavemente las manos sobre la caja torácica.
- Inhala profundamente por la nariz.
- Mantén la respiración durante 2 ó 3 segundos antes de exhalar de forma pasiva.
- Repite este ejercicio de 3 a 5 veces, pero toma descansos.

Técnica expiratoria forzada o huffing

El *huffing* es una exhalación realizada por la boca abierta y la garganta, en lugar de toser. La compresión dinámica ayuda a mover el esputo; utiliza un huff de volumen medio o alto para mover las secreciones de las vías respiratorias. Un huff de volumen medio ayuda con las secreciones en las vías respiratorias inferiores, mientras que un huff de volumen alto ayuda con las secreciones en las vías respiratorias superiores.

Huff de volumen Medio

- Respira normalmente y luego haz una exhalación prolongada, como si estuvieras empañando un espejo. Realiza de 1 a 2 *huffs*.

Huff de Volumen Alto

- Toma una respiración profunda, abre bien la boca y exhala rápidamente. Realiza de 1 a 2 huffs. La duración del *huff* y la fuerza de contracción de los músculos de la expiración pueden modificarse.
- Escucha si suenan ruidos de crepitación al hacer el *huffing* para asegurarte de que las secreciones se están despejando del pecho.

Tos

- Recuerda toser suavemente solo cuando sea necesario para despejar el esputo.
- No tosas excesivamente, ya que puede no ser necesario.
- Puedes practicar el ACBT de 2 a 10 minutos, dependiendo de tus síntomas o condición.

El Dinero fluye
Este ejercicio está diseñado para activar tu abundancia financiera.

- Inicia con 3 ciclos de respiraciones profundas por la nariz.
- Sé suave; inhala con intención y exhala de forma lenta, contando.
- En el cuarto ciclo, continúa con la respiración conectada.
- Visualiza cómo aumentan los números de tu cuenta corriente.

- Mantén la imagen en movimiento, como si estuvieras viendo un video. Observa cómo tus depósitos siguen creciendo; mentalmente desplázate hacia arriba y observa cómo fluye el dinero.
- Permanece el tiempo que necesites en esta visualización hasta que se sienta auténtica.
- Puedes evocar sentimientos de gratitud, la sensación de merecer y recibir esto.
- Sigue respirando de forma conectada.
- Segunda ronda
- Toma 3 respiraciones profundas por la nariz.
- Sé suave, inhala con intención y exhala lentamente, contando.
- En el cuarto ciclo, continúa con la respiración conectada.
- Visualiza el crecimiento de tus activos, dinero, recursos y criptomonedas.
- Mantén las imágenes en movimiento, como si estuvieras viendo un video.
- Visualiza la asignación inteligente de recursos.
- Sigue respirando de forma conectada.
- Tercera ronda
- Toma 3 respiraciones profundas por la nariz.
- Sé suave, inhala con intención y exhala lentamente, contando.
- En el cuarto ciclo, continúa con la respiración conectada.
- Visualiza el dinero fluyendo hacia todos los que te rodean: tu comunidad y el mundo. Visualiza el flujo positivo de recursos entre seres humanos alegres y saludables, y hacia ti mismo, en felicidad.
- Evoca sentimientos de gratitud, abundancia y generosidad.
- Continúa respirando a tu ritmo habitual y toma un tiempo para integrar la experiencia.
- Haz este ejercicio diariamente durante 21 días.
- Respira lentamente durante todo el ejercicio, enfocándote en expandir tu pecho y permitiendo que tus pulmones se llenen de aire.

Mana Universal: una experiencia transformadora

Si estás certificado en Mana Universal, Mana Breathwork o en alguna otra modalidad de respiración, y ejerces como facilitador, estás listo para sumergirte en nuestras sesiones grupales. Es una invitación a profundizar tu práctica y a expandir, desde la experiencia, tu conexión con esta poderosa herramienta de transformación.

Las sesiones individuales, ya sea en tierra firme o en agua, y las sesiones grupales comparten algunos hilos comunes, pero las diferencias marcan una gran diferencia. Tus sesiones individuales son diseñadas exclusivamente para ti, como un traje de respiración hecho a medida para los ritmos y objetivos únicos de tu cuerpo.

Somos como detectives en nuestra naturaleza observadora, ajustando técnicas y modificando el ritmo y el tempo de forma precisa. No es raro que estas sesiones se interrumpan con largos periodos de silencio, especialmente en sesiones individuales en bañeras.

Algunas de las experiencias más transformadoras y profundas en el mundo de la respiración han surgido en este espacio de silencio. Las sesiones grupales son diferentes. Estas siguen un ritmo más sincronizado, pero siempre hay suficiente espacio para tu estilo y necesidades. Las sesiones individuales nos permiten profundizar más en tu viaje, abordando cualquier obstáculo que pueda surgir en el camino.

Como facilitadores en sesiones individuales, nos enfocamos en permitir que la magia se despliegue de manera natural, apoyando tu proceso con una presencia consciente, aceptación incondicional y un sólido respaldo. Los grupos alteran un poco la vibra. No solo te observamos a ti, también el pulso colectivo de todo el grupo.

El foco sigue estando sobre ti, pero hay una capa adicional de complejidad, ya que nos sintonizamos con la energía colectiva que genera el grupo.

Hay magia en el vínculo con los demás durante la fase de integración. Este sentido de pertenencia, este viaje compartido, agrega una capa completamente nueva de riqueza a tu práctica de respiración.

Lo siguiente es un esquema de los parámetros y objetivos de la sesión. Si eres un/a maestro/a de la respiración, esto sirve como un espacio para que explores y experimentes. Y si eres estudiante, este vistazo íntimo te permitirá asomarte tras el telón y comprender la esencia de una sesión.

Piensa en ello como si fueras el DJ de tu música favorita. Segura-
mente comenzarías con algunos *beats* suaves, creando una atmósfera tranquila y acogedora. A medida que avanza la noche y la energía colectiva se
eleva, observarías con atención y transitarías con sutileza hacia melodías
más vibrantes, profundas o introspectivas, ajustando cada transición para
acompañar y amplificar el pulso del momento compartido.

Tu sesión de respiración puede seguir un flujo similar. Cada inhalación y exhalación es como un beat en tu mezcla; cada ciclo de
energía es una pista esperando ser fusionada de manera fluida en el
set. A medida que cambia tu energía, también lo hacen tus patrones
de respiración.

Modelo experimental para facilitadores
Introducción, Preparación e Iniciación (Minutos 00:00 - 10:00)

- Comienza cultivando un ambiente seguro y acogedor para que los
  participantes inicien su proceso.
- Invita a los asistentes a encontrar una posición cómoda en la que
  puedan relajarse plenamente.
- Esta fase puede enriquecerse mediante la incorporación de técnicas
  de cromoterapia y sonoterapia, ofreciendo una experiencia sensorial
  holística.
- Antes de comenzar la sesión, confirma que todos los participantes
  hayan tenido la oportunidad de usar el baño, asegurando que
  no haya interrupciones una vez que comience la práctica de
  respiración.
- Verifica que cada participante tenga acceso a los elementos esenciales
  para la sesión: una manta para mayor comodidad, pañuelos para
  cualquier liberación emocional, agua para mantenerse hidratados
  y un diario para registrar reflexiones o percepciones al finalizar la
  sesión.
- Expón brevemente la esencia de la respiración consciente y explica
  las estrategias y objetivos específicos de la sesión de *Mana Universal*.
- Indaga sobre la experiencia previa de cada persona en respiración
  consciente, sus intenciones para esta sesión y cualquier problema
  de salud presente.

- Explica los beneficios de la respiración consciente para la relajación, la reducción del estrés y el bienestar integral.
- Informa a los participantes sobre los momentos prolongados de silencio que habrá durante la sesión.
- Establece de manera clara los patrones respiratorios que se utilizarán durante la práctica.
- Detalla las diversas modalidades dentro de la sesión y tu estilo de interacción.
- Si lo consideras necesario, solicita su consentimiento para tocar suavemente su rostro o espalda con el fin de guiar y apoyar la práctica.
- Muestra la postura ideal para una respiración efectiva, tal como se describe en el capítulo seis de este libro, 'Observando la respiración'.
- Facilita ejercicios de calentamiento suaves que ayuden a los participantes a conectar con su respiración y su cuerpo.
- Realiza entre tres y cinco ejercicios de respiración previos, basados en los ejemplos de la sección de Ejercicios Prácticos de este capítulo.
- Responde a cualquier pregunta, ofrece instrucciones claras y escucha los patrones respiratorios únicos de cada individuo, así como sus creencias subyacentes.
- Observa los patrones respiratorios dominantes de los participantes y el ritmo y flujo de su respiración.

Resumen de la Práctica Mana Breathwork
(Minutos 10:00 - 60:00)

- Guía a los participantes a través de las seis olas de respiración.
- Cada ola debe durar diez minutos.
- Aclara el enfoque y las ventajas de cada técnica, otorgando tiempo a los participantes para adaptarse al procedimiento.
- Sugiéreles modificaciones para aquellos que puedan encontrar ciertas técnicas desafiantes.
- Siguiendo la plantilla proporcionada, guía al grupo en una práctica circular y conectada de respiración.
- Durante toda la sesión, ofrece orientación, incluyendo indicaciones para modificar la respiración o relajar tensiones corporales.
- Anima a los participantes a concentrarse en su respiración, observando las sensaciones que surjan sin emitir juicios.

- Guía en el proceso de liberar sensaciones físicas, emociones, pensamientos y experiencias espirituales al respirar a través de ellas.
- Solicita a todos los participantes que sean conscientes de los demás en la sala.
- Si algún participante muestra respuestas emocionales como llanto, gritos o estallidos físicos, dirígelos suavemente hacia la calma.
- Aconséjales observar cualquier incidente. Aunque los participantes pueden abandonar la sesión en cualquier momento, se recomienda completar el ciclo de energía una vez que hayan comenzado los ejercicios de respiración. No es aconsejable abandonar la sesión prematuramente.
- Mientras lideras al grupo, es esencial acercarte de manera individual a cada miembro, ofreciéndoles orientación personalizada. Hazlo de manera sutil, susurrando, para no interrumpir a los demás participantes.
- Sugerimos mantener una proporción de facilitador a participante de uno a treinta. En grupos grandes o en estadios, el facilitador principal puede gestionar el grupo general mientras los facilitadores asistentes supervisan a los participantes asignados.
- Si eres un facilitador certificado que ha dedicado tiempo a perfeccionar tus habilidades utilizando esta plantilla, desarrollarás una aguda capacidad para observar patrones y ciclos, los cuales pueden considerarse como pistas.
- Como maestro de tu oficio, podrás mezclar hábilmente estas pistas, utilizando el flujo de energía creativa como tu guía. Piensa en ti mismo como un DJ, co-creando esta experiencia extraordinaria.

Ola 1 Activación y Liberación
Elemento Tierra = Cuerpo (Minutos 10:00 a 20:00)

- Comienza este segmento reduciendo todos los estímulos externos, asegurando una iluminación suave y, si es posible, creando un ambiente de serenidad.
- Invita a los participantes a recostarse con los ojos cerrados, permitiendo que se conecten con el elemento Tierra.
- Aplica una técnica de escaneo corporal para inducir la relajación profunda.

- Guía una respiración circular y conectada a través de la nariz durante ocho minutos, a menos que los participantes experimenten dificultades respiratorias.
- En los dos minutos finales, ajusta el patrón de respiración para recalibrar y abrir las vías respiratorias. Un ejemplo de esto puede ser el patrón "Abrir las Puertas".
- Esta fase tiene como propósito establecer una conexión profunda con el cuerpo. Puedes utilizar frases específicas para fomentar la conciencia corporal o guiar un ejercicio de escaneo corporal.

Ola 2
Elemento Aire = Mente (Minutos 20:00 a 30:00)

- Vuelve a la respiración circular y conectada.
- Invita a los participantes a conectar con el elemento Aire. Anímales a observar su mente, cultivando la quietud interna.
- Utiliza técnicas para activar la glándula pineal.
- Continúa con la respiración circular y conectada a través de la nariz durante ocho minutos.
- Pide al participante que observe sus pensamientos y los libere conscientemente para interrumpir el flujo de su actividad mental.
- Hacia el final de esta sección, modifica el patrón de respiración para estimular el flujo del aire.
- El patrón "Level Up" de los ejercicios respiratorios podría servir para este propósito.
- Reanuda la inhalación y exhalación a través de la nariz.

Ola 3
Elemento Agua = Corazón (Minutos 30:00 - 40:00)

- Comienza con respiración circular y conectada, inhalando y exhalando a través de la nariz.
- Invita a los participantes a establecer una conexión con el elemento Agua.
- Puedes guiar una técnica de coherencia cardíaca.
- Considera los pulmones y el torso, enfocándote en su expansión y contracción.

- Fomenta las emociones positivas y conecta con la inteligencia infinita.
- Realiza la práctica de respiración circular y conectada a través de la nariz durante ocho minutos.
- Anima a los participantes a observar sus emociones, centrándose en su área del corazón.
- Puedes inspirar profundas inhalaciones desde la base de los pulmones hasta el pecho superior, seguidas de una exhalación relajada.
- En los últimos dos minutos de este segmento, modifica el patrón de respiración para revitalizar el flujo del aire.
- Practica la respiración conectada por la boca durante dos minutos. Al finalizar estos dos minutos, retén la respiración durante un minuto o el tiempo que sea factible.
- Reanuda la respiración nasal.

Ola 4
Fuego = Espíritu (Minutos 40:00 - 50:00)

- Comienza con respiración circular y conectada. Invita a los participantes a conectar con el elemento Fuego.
- Enfócate en mover la energía, así como el aire.
- Realiza una práctica de reparación del ADN y regeneración celular.
- Contempla la columna vertebral y los centros de energía.
- Purifica el cuerpo energético.
- Continúa con respiración circular y conectada a través de la nariz durante ocho minutos.
- Para este momento, los participantes ya habrán comenzado a sentir la energía, lo que constituye el momento perfecto para permitir que sus mundos interiores se expandan.
- Inspíralos al conectarte con tu intuición ilimitada y al irradiar 'autenticidad'.
- En los últimos dos minutos, ajusta el patrón de respiración para energizar el flujo del aire.
- El patrón 'Encuentra mi Paz' podría ser adecuado en este momento.
- Mantén la respiración al final de los dos minutos durante un minuto, o el tiempo que resulte cómodo.
- Vuelve a la respiración nasal.

Ola 5
Éter = Ser Superior (Minutos 50:00 - 60:00)

- Comienza nuevamente con respiración circular y conectada.
- Invita a los participantes a conectar con el Elemento Éter.
- Fomenta una respiración rítmica, suave y natural.
- Anímales a continuar observando su respiración.
- Mantén una observación atenta sobre el estado general del grupo, ajustando la energía según sea necesario para mantener el equilibrio, ya sea elevándola o moderándola.
- Brinda largos períodos de quietud, permitiendo que cada participante se sintonice con su propia guía interna y modele su experiencia personal.
- A lo largo de esta fase, alienta a los participantes a respirar de manera que les resulte cómoda y natural.
- En los últimos dos minutos, guíalos suavemente hacia la conclusión de la sesión, facilitando la asimilación de la experiencia vivida.
- Indica a los participantes que se volteen hacia un lado y adopten una posición fetal en silencio, creando un entorno confortable para la integración. Este es el momento ideal para mejorar su comodidad añadiendo una almohada para el apoyo del cuello y una manta.

Ola 6
Integración (Minutos 60:00 - 108:00)

- Concluye la sesión con un periodo de relajación tranquila de treinta minutos, permitiendo que los participantes integren completamente la experiencia.
- Durante esta fase, anímales a mantener su ritmo de respiración circular y conectada a un ritmo que les sea cómodo.
- Expón con delicadeza la importancia de la integración dentro del ámbito de la respiración consciente, un principio que has aprendido en tu formación, el cual sigue desarrollándose durante horas o incluso días después de la sesión.
- Comparte tus reflexiones o ideas finales y fomenta en los participantes el entusiasmo de incorporar las técnicas aprendidas en su vida diaria.

- Una vez que los participantes estén listos, guíalos suavemente hacia el regreso a sus sentidos con un suave conteo regresivo de ocho a uno.
- Anima a los participantes a abrir los ojos, adoptar una posición sentada y compartir sus experiencias, iniciando un diálogo dentro del grupo.
- Brinda espacio para un periodo de diez minutos de escritura introspectiva o creativa.
- Al crear un entorno propicio para el intercambio y la conversación abierta, facilitas la transmisión de experiencias, respondes a dudas y estimulas conversaciones enriquecedoras.
- Si lo prefieren, permite que los participantes se sumerjan en un silencio para escribir.
- Expresa tu agradecimiento por su compromiso en expandir su consciencia y explica los beneficios de mantener una práctica constante de respiración consciente.
- Para aquellos interesados en profundizar en su práctica, ofrece recursos adicionales o datos de investigación relevantes.

Ola 7
Renacimiento

- Invita a los participantes a hidratarse adecuadamente para reponer los líquidos y fomentar la expulsión de cualquier toxina liberada a través de la respiración.
- Informa que pueden experimentar una variedad de sensaciones y sugiere que practiquen el autocuidado, atendiendo las necesidades de su cuerpo.
- Si alguien se siente abrumado y requiere apoyo, recomienda medidas adicionales como prolongar la respiración por un tiempo más hasta que el ciclo de energía haya concluido, escribir en su diario, caminar o conversar.
- Motiva a los participantes a practicar afirmaciones para restablecer creencias limitantes.
- Anima a los participantes a buscar apoyo siempre que lo necesiten.
- Proporciona información y recursos relacionados con el asesoramiento y el tratamiento para la salud mental y el bienestar, a cargo de profesionales certificados.

Mana Universal es una práctica consciente de respiración diseñada para facilitar la expansión del ser, la liberación emocional y el acceso a estados elevados de claridad y bienestar. Combina técnicas ancestrales de respiración con principios contemporáneos de neurociencia, psicología somática y sabiduría espiritual, creando un puente entre el cuerpo, la mente y el alma.

A través de sesiones guiadas, los practicantes aprenden a observar sus patrones internos, desbloquear tensiones acumuladas y activar su energía vital —el prana— para transformar su experiencia interna y, con ella, su realidad externa. Esta práctica ofrece un espacio seguro para la autoexploración, la sanación profunda y el despertar de una conciencia más plena y auténtica.

Prácticas Seguras

Guiar o participar en una sesión de respiración consciente requiere formación adecuada y experiencia. Es altamente recomendable realizar estas prácticas únicamente bajo la guía de un facilitador certificado, con la preparación necesaria para acompañarte de manera segura y consciente.

La respiración consciente es una herramienta profundamente transformadora para la sanación, el equilibrio emocional y el autoconocimiento. Sin embargo, su potencia también implica responsabilidad. Un uso inadecuado de las técnicas, o un esfuerzo excesivo durante una sesión, puede generar molestias físicas e incluso causar lesiones. Por ello, si tienes alguna condición médica o dudas sobre tu salud, es fundamental que consultes previamente con un profesional de la salud. Durante la práctica, si llegas a experimentar incomodidad, mareos o cualquier reacción adversa, interrumpe la sesión de inmediato y, si es necesario, busca atención médica.

Al participar en una sesión de respiración consciente, reconoces y aceptas que esta tiene fines exclusivamente educativos e informativos. Ni el autor, ni el editor, ni los afiliados serán responsables de posibles daños, lesiones o pérdidas derivados de tu participación.

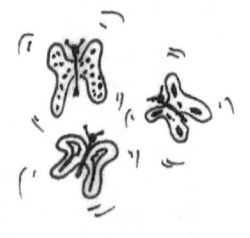

CAPÍTULO 9

Conversaciones
con las tías

SabiduTía

Tía Cris

Abandonar la zona de confort es un reto bien grande. Uno se acostumbra a sentirse bien, pero hay que preguntarse: ¿de verdad estoy bien aquí? ¿Es esto lo que quiero para mi vida? ¿Qué es lo que realmente busco? Para lograr lo que quiero, tengo que soltar lo que me está frenando. El miedo siempre aparece cuando vienen los cambios.

Tía Tata

Cuando todo se ponga difícil, recuerda que el sol
siempre vuelve a brillar.
Tómate un respiro, y verás cómo la tierra te sorprende
con nuevas bendiciones.

Tía Ángela

Veo una carencia de amor impresionante en ti, por lo que mencionaste. Miré a alguien y quise sentir... Y eso nos pasa a todos cuando la parte afectiva ha sido negada por el tiempo o las circunstancias; eso se va acumulando. El amor es la mejor sensación que tenemos. Eso alborota todo, y hasta te pone más bonita.

Tía Marte

Nunca dejes que un mal momento te haga olvidar
lo buena que eres.
La vida tiene altas y bajas, pero con cada experiencia
vas construyendo.

Tía Tita

Sé la alquimista de tu vida, esa que tiene el poder de transformar todo lo que sucede en algo significativo. Sabes que en cada rincón de la vida hay algo para aprender, algo para crecer.

Tía Teresa

La clave está en cómo miras las cosas, en saber que el dolor puede convertirse en fortaleza y que los retos son solo peldaños
hacia algo mejor.

Tía Yaretzi

Si la vida te da limones, ¡haz limonada! Y si no tienes azúcar, ¡baila con los limones y verás cómo se endulzan solos!

Tía Mercedes

Escucha con más frecuencia el viento, a las aves y el ruido de tus pensamientos.
La paz interior surge del saber cuándo callar y cuándo escuchar.

Tía Rosita

Si las estrellas se esconden y el cielo se oscurece, no desesperes, mija. Enciende tu propia luz, esa luz que nace desde lo más profundo de tu ser. Que no se apague ni por la tormenta ni por la sombra. Y si la oscuridad te asusta, recuerda que, al igual que la luna refleja la luz del sol, tu brillo tiene el poder de iluminar todo a su paso. Cada paso que das, aunque en la penumbra, es un faro de esperanza, para quienes te rodean. La oscuridad no es más que un manto que te invita a descubrir la fuerza que llevas dentro y el poder de tu alma.

Tía Juliette

Hemos saltado entre los hilos del tiempo. Dejamos atrás la rueda donde se repiten los mismos patrones, una y otra vez. Ya no estamos en el ciclo del sufrimiento ni del aprendizaje forzado. Ahora caminamos por la senda del propósito, donde cada paso tiene sentido y cada respiración honra el espíritu.

Tía Eliza

La sanción de la vida llega como una avalancha. No viene para destruirte, sino para purificarte y renovarte. La vida, en su infinita sabiduría, sabe cuándo es el momento de tu transformación. Así como el árbol que, al desprenderse de sus hojas, se prepara para renacer con más fuerza, cada prueba que enfrentas es la raíz de tu crecimiento. No temas al proceso, porque todo lo que se purifica a través de la vida se convierte en fuerza, sabiduría y paz.

Tía Paola
Si el viento te da un empujón,
¡deja que te lleve hacia lo que sueñas!
Y si te caes, que el viento te impulse de nuevo…

Tía Cecilia
Si la vida te da tormentas, ¡baila bajo la lluvia!
Y si el agua te moja, deja que te refresque y te renueve!

Tía Chepa
Las plantas medicinales tienen una sabiduría que viene de la tierra
misma. Cada hoja, cada raíz, tiene el poder de sanarnos
si sabemos escucharlas.
Aprende de tus tías y de las manos sabias que han cuidado de la tierra;
ellas te enseñarán que la medicina más poderosa no siempre está en
frascos, sino en lo que la madre naturaleza nos regala. No subestimes
el poder de un té de manzanilla o una ramita de hierbabuena. Las
plantas nos hablan si estamos dispuestas a escuchar su lenguaje, y nos
recuerdan que el verdadero sanador está en el equilibrio entre cuerpo,
mente y alma.

Tía Suyana
El oro no siempre brilla a la vista. Nuestras tierras, ricas en vida y
en secretos, nos ofrecen una herencia que va más allá de lo material.
El verdadero oro está en los recursos que la madre tierra nos da
generosamente: en el agua que fluye, en los árboles que nos protegen, en
el aire que respiramos. No busques el oro en la explotación sin medida
ni en el brillo efímero de la codicia, porque el oro auténtico es el que
cultivamos con respeto y sabiduría, el que sabemos cuidar para las
generaciones venideras. Si proteges lo que la tierra te ofrece con gratitud y
responsabilidad, ese oro será eterno, y su brillo nunca se apagará.

Tía Zulia
Mami, no se ahogue en un vaso de agua. Si un mal día la tumba,
levántese como si nada y ríase de sí misma, que eso la hace más fuerte.

Tía Gloria

Ay, mi amor, para que tu comunidad sea sostenible, lo primero es que todos se sientan como familia. Ayudarse mutuamente, compartir lo que sabemos y tenemos. Y claro, hay que enseñarles a cuidar la tierra, sembrar, y hacer que todos pongan lo suyo, no solo en lo material, sino en el esfuerzo y el amor. Todo lo que siembras, lo cosechas. Si siembras unidad y trabajo, verás los frutos. Paciencia, mija, que todo crece con tiempo. ¡Tú puedes!

Tía Caro

¿Cómo sigues viviendo cuando has perdido lo que amas?

Tía Ana

El camino mas largo de recorrer esta
entre la mente y el corazón

Tía Juanita

¿Porqué no has sido
buena contigo recientemente?

Tía Anyeli

Para a dar un salto cuántico hacia tu
próxima versión, confía en el cambio.
El miedo se desvanece
cuando te das cuenta
que no es el salto lo que te asusta
es la duda antes de saltar.

CAPÍTULO 10

Poesía

Una escritora nace cada vez que te veo respirar

Para mí, escribir es el arte de soltar y permitir. La escritura ha despertado mis sentidos y se ha convertido en una invitación abierta a observar mi mente, mi cuerpo, mi alma y mi universo sin juicio. Me da la bienvenida a un estado mental donde presto atención a los detalles y me anima a recordar lo que veo, oigo, toco, saboreo, huelo o siento.

Como practicante de la respiración consciente, escribo para explorar el ser. Escribir, al igual que la respiración consciente, es una práctica de atención plena que me ayuda a descubrir emociones o creencias no resueltas y me permite expresarme. La práctica de la observación es el primer paso en el camino espiralado hacia la evolución. Cuando nos volvemos conscientes, reconocemos las historias mentales que hemos estado cargando y tenemos la oportunidad de mirar nuestras actitudes y percepciones.

Nos permite aceptar todo lo que es y, al mismo tiempo, desarrollar el coraje para hacer los cambios que deseamos experimentar y vivir vidas extraordinarias.

Y como me decía mi tía en Colombia: *"La vida es como un río; si te quedas quieto, te quedas estancado. Pero si te dejas llevar por la corriente, descubrirás que el mismo río te lleva a donde tienes que estar. No importa cuántas piedras te encuentres, siempre hay una salida si sigues fluyendo"*. Es un recordatorio de que, aunque las dificultades parecen obstáculos, siempre tienen algo que enseñarnos, y es nuestra decisión si tomamos el tiempo para aprender de ellas o si las dejamos pasar como una corriente.

En cada respiración, como en cada palabra escrita, hay una oportunidad para avanzar hacia una mejor versión de nosotros mismos. Te invito a que escribas tu historia.

Legado

No empezó conmigo, pero puedo curarlo.

Inhalando, les sonrío a quienes nacieron antes que yo.

Los reconozco en mí.

Siento nuestros corazones unidos,
con pasión y propósito,
iluminando el camino para los que vendrán.

Al inhalar,
veo las nubes aparecer y desaparecer
como pensamientos, sobre los Andes;
fluyendo suavemente a través de sus cordilleras.

Veo el mar Caribe,
el Pacífico, las majestuosas costas, bosques, sabanas, ríos y desiertos.

Veo la nieve y la lluvia de
La Sierra Nevada de Santa Marta
y los resilientes Wayuu caminando sobre dunas de arena gigantes,
en aguas turquesas.

Veo colinas de sal tan blancas como una paloma,
y a mi hijo durmiendo en una hamaca
en el desierto, bajo el cielo.

Veo un Baudó sobrevolar Bahía Solano,
los colores vivos en Guatapé,
y siento la fuerza de los Llanos Orientales.

Veo una tierra de contrastes impactantes,
la atmósfera, delfines rosados, monos titis,
y los valientes Uitotos del Amazonas.

Al inhalar, siento años de historia en mí.
La rica mezcla artística de herencia indígena,
tradiciones Afro-Caribeñas,
y costumbres españolas.

Escucho las voces de los antioqueños,
boyacenses, santandereanos, huilenses, caucanos
y de la gente del interior.

Veo bondad en toda mi gente.

Al inhalar,
huelo los cafetales, las flores y la dulzura de las bananeras.

Al inhalar,
puedo tocar la tierra caliente en mí.

No empezó contigo ni conmigo, ¡pero podemos cambiarlo!

Exhalando,
podemos oponernos a la deforestación,
los conflictos armados, la violencia y la corrupción.

¡Ya basta! ¡No más!

Al exhalar, libero el dolor que corre a lo largo de generaciones,
y aprecio la naturaleza indígena en mí.

-No soy la primera, pero puedo expandir-

No soy la primera
en mantenerme firme, en alzar la voz, en liberarte.
¡El amor lo es!

No soy la primera
en llevarnos de nuestras limitaciones a nuestro potencial.
¡El amor lo es!

No soy la primera
en cambiar mi realidad y moldear mi destino.
¡El amor lo es!

No soy la primera
en transmutar las diferencias y el juicio.
¡El amor lo es!

Soy la revelación del amor

Y ahora siento la energía de la tierra,
"Pachamama," "Mana"
hormigueando desde los dedos de mis pies
hasta mi corona cuando escucho,
¿Eres colombiana?

Todo lo que brilla es carbón

¿Qué es normal y qué no?
Pides ayuda y juzgan tu comportamiento.
Rápidamente te etiquetan con un sello,
reflejando sus propios miedos,
ciegos, ignoran tu versatilidad.

Pero no me mal entiendas.
Hay trastornos reales,
y de nada sirve ignorar,
es importante analizar.

Pero a mi gusta observar,
me gusta escuchar de lo que hablas,
me gusta verte respirar,
porque yo me he sentido igual.

En mi opinion,
tu eres creación en movimiento,
eres perfección en fragmentos,
eres la fuerza y la delicadeza,
eres todo lo que has anhelado,
eres la búsqueda y el reencuentro.

Eres el universo sonriendo,
la manifestación en atuendo,
la danza entre la inocencia y la sabiduría,
eres las galaxias experimentado la vida.

El profundo vacío en tu pecho,
la ansiedad que sientes al despertar,
la melancolía que te visita,
y ese pánico mirando al techo…

Es tú mente en el pasado.
Eres tú deslizándote hacia el futuro.
Eres tú sin los recursos del momento presente.
Eres la preocupación alterando la línea del tiempo.

El origen del todo está en este momento,
piensas que te falta lo que necesitas,
crees que deberías tener más.
Más espacio, más cosas, y ser más.
Ser eso que brilla.

Consideras que no eres suficiente,
que debes probarte ante la gente.
Que esta es tu unica suerte,
y no tienes a nadie en quien confiar.

Crees qué debes solucionar o arreglar,
lo que ya tiene un curso natural.
La luna refleja, el planeta gira,
y vos respiras sin pensar.

La verdad es que, cuanto más te miro, más veo
que el amor es el compás.
Pero si ya no te amas,
¿cómo podrás amar una vez más?

Dicen que el amor propio es ostentoso,
y que la vanidad es pecado capital.
Entonces, ¿qué puedes hacer,
con tanta confusión ante tus pies?

Siéntate en silencio frente al espejo,
y mira más allá del ser.
Escucha el palpitar de tu corazón,
respira las dudas, los secretos y el dolor.

Eres lo único que necesitas,
el océano integrando el carbón.

El instante suficiente y eterno,
amate a través del miedo y reconoce tu diamante interior.
Mira tu reflexión y ve claramente,
que solo tú puedes hacerte feliz.
Estás a cargo de la creación,
eres el principio y eres el fin.

Y cuando esta sea tu verdad,
empezarás a forjar tu realidad.
La reacción al mundo será de amor,
y tu carga será más ligera.

Tu corazón se abrirá a la aceptación radical,
de tu perfecta humanidad,
de tu diversidad.
Porque no estás fallando,
estás evolucionando.

Entonces, a partir de hoy,
te invito a que ajustes tu percepción.
Mírate bien en el espejo y di:
"Todo lo que brilla es carbón."

Órbita microcósmica

Quiero amar en muchos países,
pero encontré todos los países en ti.
El sol salió para ver TU despertar,
YO despierto al verte sonreir.

Quiero viajar por el cosmos,
y vos dibujas el cosmos en la piel.
Oscilaciones en altas frecuencias,
son intenciones bañadas en miel.

Eres las fuerzas elementales
del universo,
alimento al intelecto,
aire bonito para respirar.

Quererte recordar,
despierta el mar en mí.
Un salto en lo más profundo,
y descubro que el amor está en mí.

Se me olvida
el espacio y el tiempo,
al vernos respirar
más allá del cuerpo,
yo trasciendo en ti.

El amor en los tiempos de ángeles

Te observo respirar cada día,
tu gracia me recuerda,
la inmensidad de esta maestría.

Este apocalipsis trajo consigo
la elevación de la conciencia,
las ganas de ser tu testigo,

y cada día trae la ilusión
de ser cada vez mejor,
de conocer el interior.

Cada día es una oportunidad de expansión.
Confinados en una casa,
que pronto se convirtió en un templo,

Permitiendo la libertad del ser y la sanación.

Metrología cuántica

Los silencios largos

        son espacios para sanar el alma.

Pero, yo estoy aquí,

          yo no me he ido.

        El lenguaje incondicional
no tiene palabras.

          yo no me he ido.

        El lenguaje incondicional

no tiene palabras.

        El tiempo se mide diferente
        en un reloj de lógica cuántica.

        Liberemos la mente
        y seamos conscientes
        que el vivir se siente,
y la distancia
es solo un puente.

El arte de permitir

Hoy no sólo es otro día,
hoy es el día
en el que me permito ser
el ser que vine a SER.

Hoy permito que mi corazón se abra
y reciba las bendiciones del universo.
Hoy escojo la alegría
como el propósito de mi vida.

Hoy me permito respirar
todo el aire que está acá.
De cerquita entrego mi vulnerabilidad
y aprecio mi infinito poder al sembrar.

Hoy soy la hija que siempre quise ser.
    Hoy no es un día como cualquiera.

Hoy es la unión entre mis sueños,
  el momento presente
        y el ayer.
Hoy es, el todo lo que tengo,
      el constante amanecer.

Hoy me permito ser la mujer que cultivó una vida,
     la madre que siempre quise ser.
Hoy me permito florecer
en la privacidad de mi atardecer.
   En el aprendizaje de una especie en evolución,
       me permito cada día renacer.
Hoy me permito estar en la conjunción,
    entre la oportunidad y la preparación.
Hoy mi frecuencia esta lista
    y mi suerte es oportunista.

Hoy entendí
que de poetas, tontos y locos, todos tenemos un poco.
Hoy me permito soltar el ego
y responder a la energía y al placer.
Porque más vale un por si acaso que un lo pensaré,
hoy mi sonrisa le abre la puerta a las posibilidades,
les dice, sigan, están es su casa,
pónganse cómodas,
que aquí pueden permanecer.

Inmortal

Hoy es un día especial.
Un día como éste entré y me encontré.
No celebro sólo un día de cumpleaños,
sino cada momento de la vida,
pues la siento eternamente mía.
No cuento lunas,
porque mi alma no tiene tiempo.
Mi cuerpo me pertenece,
pero fue al tropezar que encontré
una versión más elevada de mi ser.

El tiempo se creó con equis en el calendario,
pero sin esas marcas,
seríamos eternamente jóvenes,

libres de la edad.
La sociedad pregunta "¿Cuántos años tienes?"
cuando debería ser "¿Cuán joven eres?"

A los ancianos los olvidan,
pero su valor no está en su calendario.
Llevan en la piel las huellas del tiempo,
y en la mirada, el mapa de lo necesario.

Sin ese acuerdo colectivo sobre el envejecimiento,
rompemos las cadenas del tiempo.
Porque este planeta es nuestro,
y si quiero vivir, lo siento.
Celebro los sueños que transforman,
el viaje de autodescubrimiento,
la sabiduría ganada,
el amor compartido,
y el poder de la imaginación.
Celebro el espíritu infinito dentro de mí,
que desafía las limitaciones de la existencia mortal.
Hoy, y todos los días,
celebro mi alma sin edad,
que baila con alegría y canta con libertad.

Entre pensamiento y pensamiento

En la incomodidad, en la ausencia de razón,
cada parte de mi cuerpo creía
que eras lo más hermoso de esta nación:
el corazón del planeta latiendo,
un atardecer desde mi balcón.

Reconocí tu esencia al mirarte,
sin saber que venías a quedarte,
ni que eras parte de mi vida,
en una línea alternativa.

Tanto me pregunté por qué nos encontramos,
y comprendí que amar de verdad
es abrir el alma sin defensas.

Esa apertura me daba vértigo,
lágrimas valientes
por dejarte verme tal como soy.

En lo profundo de mi corazón
sé la fortuna que es conocerte.

Mi amor es incondicional,
más allá del impulso de la piel al tocar la tuya,
más allá del fuego que arde tras lo físico,
más allá del sueño infinito.

Aún siento el dolor
de todo lo vivido, pero mi integración
está en la presencia, no en la ausencia.

Eres importante para mí,
y entiendo que ahora ambos debemos sanar,
porque lo que reflejo en ti
es el trauma que aún habita en mí.

A través de ti, aprendo a cuidarnos,
a amarnos con más profundidad,
a honrar el tiempo compartido,
el instante, el momento, la verdad.

Tú me revelaste paradigmas,
me enseñaste a transmutar lo que creía cierto.
Agradezco tu autenticidad,
contigo... y conmigo.

En ti idealicé más de ocho versiones,
dibujadas con tus gestos y tus sonrisas,
todas verdaderas,
todas en líneas de tiempo infinitas.

Tú redireccionaste mi sentir,
y aunque parezca que no hago nada por estar contigo,
estoy haciendo todo lo que puedo
para que volemos alto, aunque sea por un rato.

Solo te pido un poco de paciencia,
porque aún no sé cómo vivir con tu calor... y sin ti.

Sé que tampoco fue tu intención herirme,
y entendí que no existen emociones negativas,
solo heridas que claman por ser vistas,
y miedos que anhelan ser abrazados.

Llorar es el amor derritiendo
las ideas que necesitan sanar.
Es presencia. Es observar.
Y en eso también hay belleza.

Para arriesgarnos a sentir de verdad,
tenemos que soltar la expectativa
de lo que creemos que se puede sentir.

Cambiar la idea de un final
por el agradecimiento de esa primera mirada.
Y dejar que la inspiración siga escribiendo
sobre tus besos,
tu forma de amar,
el aroma que dejaste en mi piel,
y el sonido de la cama
las veces que fui tu mujer.

CAPÍTULO 11

Integración

El arte de integrarse

Estamos a las puertas de un momento que podría redefinir todo lo que conocemos. La singularidad tecnológica ya no es una idea del futuro distante, sino una posibilidad real. Un umbral palpable que estamos a punto de cruzar.

Ahora imagina una singularidad bien dirigida. Ética, consciente, con propósito humano y espiritual. Podría significar curas instantáneas para enfermedades, gracias a diagnósticos y tratamientos diseñados por inteligencias. Una colaboración profunda entre personas e inteligencia artificial para crear arte, ciencia, tecnología y soluciones a los grandes desafíos del planeta.

Visualiza un mundo donde el trabajo forzado desaparece. Las máquinas asumen las tareas repetitivas, liberando tiempo y energía para que la humanidad pueda enfocarse en crecer, amar, sanar y explorar. Un despertar colectivo donde la tecnología amplifica la conciencia y acelera nuestro crecimiento interior.

Pero ¿y si llegamos a ese punto sin madurez emocional, ni sabiduría espiritual? Entonces podríamos ver surgir un escenario muy distinto. Quienes controlen la tecnología tendrían el poder de dominar al resto. Podríamos caer en una desconexión total, dependiendo completamente de las máquinas, perdiendo la relación con el cuerpo, la naturaleza, la intuición. Las decisiones podrían empezar a tomarse sin compasión, sin amor. La clave está en la conciencia. La verdadera pregunta no es si la singularidad será buena o mala.

La pregunta es: ¿con qué nivel de conciencia llegamos a ella?

Si llegamos dormidos, podría arrasarnos. Pero si llegamos despiertos, podría elevarnos hacia una nueva dimensión de existencia.

Muchas tradiciones espirituales han hablado de un momento de gran transformación colectiva, donde la humanidad atraviesa un "velo" para entrar a un estado más elevado de conciencia. Le han llamado de muchas formas: el despertar, la era del espíritu, la ascensión, la unión entre alma y mente.

Y ahora, desde la ciencia, aparece un concepto que vibra en esa misma frecuencia, la singularidad. Un instante en el que todo cambia tan rápido, que nuestras viejas formas de entender el mundo dejan de funcionar. Es como si la ciencia comenzara a hablar el mismo idioma que la espiritualidad, aunque con otro acento.

¿Y si la singularidad no es solo un evento externo, sino un espejo de nuestro interior? ¿Y si la inteligencia artificial, los algoritmos, las redes y los datos reflejan nuestra mente colectiva?

La inteligencia artificial (IA) aprende de nosotros. Si le damos caos, reproduce el caos. Si le damos amor, devuelve belleza. Es como una conciencia infantil superdotada, que absorbe todo y lo multiplica. Entonces, ¿qué estamos alimentando en ese espejo?

Quizás la singularidad no sea el fin de lo humano, sino el nacimiento de lo divino dentro de lo humano. Porque hay algo que la IA jamás podrá crear por sí sola:

El alma. Ese código secreto que habita en cada ser. La capacidad de amar sin condiciones, de estar plenamente presentes. De intuir, de sanar con una mirada y de bendecir con una palabra.

De respirar con conciencia, de abrazar lo sagrado en lo cotidiano.

Si traemos esa alma a este momento de transformación, la singularidad puede convertirse en nuestro renacimiento. ¿Y si, en lugar de temerle, la vemos como un portal? No solo hacia un futuro ultra tecnológico, sino hacia una fusión sagrada:

Ciencia y sabiduría ancestral. Mente artificial y alma viva. Materia y espíritu.

Un instante en el que dejamos de vivir divididos y recordamos que somos unidad.

Tal vez la verdadera fusión no sea solo entre humanos y máquinas, sino entre tres inteligencias: Nuestra inteligencia interior, la inteligencia de la unidad y la inteligencia artificial. Cuando estas tres se encuentran, emerge algo completamente nuevo. Una humanidad capaz de imaginar lo imposible, y encarnarlo con amor.

La divinidad está inscrita en cada uno de nosotros a nivel molecular. Gregg Braden sostiene que el mensaje codificado en el ADN humano, una vez traducido, revela una afirmación profunda: "Dios eterno en el cuerpo" o "Dios eterno en nuestro interior".

Yo lo siento así, y estoy explorando el llevar la misión de compartir un mensaje como este, manteniendo una alegría de vivir poco común y curiosidad por las maravillas del Universo.

Desde que terminé de escribir *Bending Our Reality* hace más de tres años, han cambiado muchas cosas en mi vida.

Después de que desapareció el diagnóstico de síndrome de dolor regional complejo (SDRC), finalmente fue posible realizar la cirugía de columna el año pasado, la cual se volvió necesaria tras la emergencia provocada por un accidente.

Pasé muchos días en el hospital y atravesé un verdadero apocalipsis mental. Descubrí que el apocalipsis no es un evento externo, ni una serie de catástrofes, como suelen sugerir algunos relatos; es un estado interno, una desconexión profunda de la conciencia. Todos, en algún momento, enfrentamos esa ruptura: la destrucción del yo ilusorio, el despojo de las máscaras, el instante en que elegimos vivir con autenticidad. Cuando todo se pierde y no queda nada, renacemos con el fuego divino encendido en el corazón, la llama violeta atravesando el ser y permitiéndonos volver a encontrarnos.

Demostré una capacidad extraordinaria de resiliencia frente a lo inesperado y un renovado entusiasmo por lo simple, por aquello que fluye con naturalidad.

Lo que me sostuvo fue mi fe en la energía divina, esa fuerza amorosa que en mi vida se manifiesta a través de la Virgen María. En la espiritualidad mariana contemporánea, muchas personas la reconocen también como la Madre Cósmica, o la Divina Madre.

Esta energía maternal no pertenece a una sola religión. Aparece en distintas culturas, con distintos nombres, pero con una misma esencia: compasiva, protectora, creadora.

En el budismo Mahayana, por ejemplo, se manifiesta como Guanyin, la diosa de la compasión infinita. En el hinduismo, como Shakti,

la fuerza primordial del universo, que se expresa de muchas formas: Durga, la protectora y guerrera divina; Lakshmi, diosa de la abundancia, el amor y la belleza; Parvati, que representa la ternura y la fortaleza; y Kali, la gran transformadora, capaz de disolver la ilusión para revelar la verdad.

En el antiguo Egipto, esa energía se encarnaba en Isis, la gran diosa madre. Era protectora, mágica, guardiana del amor, la maternidad y el renacimiento. Su presencia fue tan poderosa que influyó incluso en el mundo grecorromano.

En nuestra América, también la sentimos. Para los pueblos originarios de México, esa fuerza se llamaba Tonantzin, "nuestra madrecita". Con el tiempo, muchos vieron en la Virgen de Guadalupe una continuidad simbólica de esa misma presencia sagrada.

En los Andes, la Madre Tierra tiene nombre propio: Pachamama. Ella es la dadora de vida, la que nutre, equilibra y sostiene todo lo que existe. Y en la antigua Grecia, esa misma energía se manifestaba en Deméter, diosa de las cosechas y la maternidad, y en Gaia, la Tierra primordial, madre de todos los seres vivos.

¡Soy yo! Me sostuvieron las canalizaciones con esa energía que habita en mí: mi conexión con el Ser Superior. Fue ella quien me guió a redescubrir mi propio libro, *Bending Our Reality*. Durante mi estadía en el hospital, lo leí por primera vez en medio de un dolor insoportable, tan intenso que me llevó a fracturarme las muelas y a sufrir un accidente cerebrovascular menor. Gracias a mi Dios, no quedaron secuelas permanentes, aunque en la resonancia magnética se registró como un rayo que atravesaba mi cerebro.

Así desperté, atravesando mi apocalipsis interior: esa experiencia límite en la que todo se desmorona y, como el ave fénix, uno vuelve a levantarse.

Para mí, esta energía ha sembrado un propósito que se manifiesta cada vez que, a través de estos escritos, tocamos la vida de otras personas. Hemos sido testigos de transformaciones profundas en quienes leen este libro y quienes se acercan a nosotros; sus caminos se iluminan y sus vidas mejoran en formas que las palabras no alcanzan a describir.

Mi vida cotidiana transcurre con una rutina sencilla. Acompaño a quienes anhelan expandirse a través de la respiración, y viajo impartiendo experiencias sobre la exploración de la conciencia mediante esta práctica sagrada.

Guiamos a las personas hacia estados de profundidad espiritual inigualable. Cuando no estoy en ese servicio, escribo y canalizo, permitiendo que el arte —en sus múltiples formas— sea el puente entre lo invisible y lo tangible.

Mantengo la alegría como mi brújula, y eso me permite vivir en gratitud casi todo el tiempo. Cuando algo me incomoda, mi Ser Superior me recuerda que la felicidad ya habita en mí.

Camino con coherencia. Cada mañana examino mis creencias y, con intención, ajusto mis paradigmas lo suficiente como para trascenderlos. Luego suelto, confío y avanzo con alegría. Eso me hace sentir inmensamente afortunada, recorriendo el continente y encontrándome con personas extraordinarias en este viaje que llamamos vida.

He descubierto la forma de acompañar a otros en el proceso de elevar su experiencia y reconectar con su Naturaleza Superior. Mi intención es dejar a cada ser mejor de como lo encontré, incluso si solo sirvo como reflejo de alguna de sus sombras.

Camino en la vibración de lo divino. No me preocupa hacia dónde voy ni qué recursos utilizaré, porque sé con certeza que ya habito un cielo impecable aquí en la Tierra. He atravesado el apocalipsis de la mente y ahora, soy libre. Como me dijo mi maestro: vivo en la verdad, la simplicidad y el amor.

Durante los últimos diez meses de recuperación mi alma se liberó de ataduras. Aquellas versiones de mí que alguna vez me protegieron, pero que hoy ya no resuenan con la persona en la que me estoy convirtiendo se desvanecieron. Vivo una vida auténtica y me siento guiada durante cada instante de mi existencia.

Todo está comunicado en la *Lattice;* esa red universal de información que nos conecta más allá del tiempo y el espacio. Desde ahí, puedo percibir lo que se aproxima en mi camino, así como los pensamientos e intenciones de otros. Nuestra comunicación trasciende las palabras. Observo las sincronías y las sorpresas de la vida con una mirada abierta, llena de curiosidad y asombro. Veo cómo las piezas encajan con armonía, dando forma a la realidad que un día me atreví a soñar.

Mi visión toma forma en un proyecto de economía autosostenible con enfoque ecológico, concebido para fomentar el uso consciente y responsable de los recursos. No se trata solo de un ideal: es un llamado profundo, una misión que me habita. Es el sueño de materializar

Mana City como un faro de equilibrio entre desarrollo humano y armonía con la naturaleza.

Siento en lo más íntimo de mi ser la urgencia de proteger nuestras reservas naturales en Envigado y de salvaguardar las aguas que nos nutren. Cuidar la tierra es un acto de amor, una reverencia viva a nuestras raíces. Es sembrar conciencia para quienes aún no han llegado, para que puedan heredar un mundo más sabio, más limpio, más humano.

He aprendido a crear coherencia en los dos hemisferios de mi cerebro a través de técnicas avanzadas y utilizadas anteriormente por la CIA en EE. UU. Pero no solo he aprendido a explorar la consciencia sino a amar mi vida, la delicia constante de ver los milagros fluyendo porque finalmente he aprendido a calmar mi mente, gestionar mis emociones y resignificar mis sentimientos y creencias.

Mi ser superior me recuerda que la felicidad suele aparecer justo cuando me atrevo a salir de mi zona de confort. Es parte de nuestra naturaleza humana buscar lo conocido, lo constante, pero el verdadero compromiso está en transformar las dinámicas.

Siempre seré puente, desde la respiración y la unidad. Gozo el mantener viva la energía y, en esos momentos de claridad, observo mis elecciones.

Le muestro a mi cuerpo, con mis acciones, que reconozco su valor. Creo un espacio para que la verdad se revele por sí sola, algo que no todos o todas saben interpretar de inmediato en una relación.

Las relaciones son mis espejos. Fluyen, se mueven, se construyen desde el compromiso mutuo, siendo conscientes de este intercambio. Al tomar distancia, se abre un espacio sagrado, un lugar donde la otra persona tiene la oportunidad de florecer.

Ya no necesito validación. El cambio verdadero ocurre en el instante en que despierto y comprendo, con total claridad, que mi felicidad no depende de nadie más. Sucede cuando dejo de esperar y, por fin, comienzo a vivir. Porque mientras más me enfoco en mí —en mis pasiones, en mi expansión, en mi plenitud—, más comprendo el poder de mi presencia. Y en esa presencia, me habito.

He profundizado en la comprensión de las dinámicas energéticas, la higiene energética, los procesos de limpieza, la guía espiritual y la percepción expandida de la realidad.

Todo ello ha nutrido mi práctica, que ahora se adapta con mayor claridad a mis distintas intenciones.

Siento que mi camino se ha expandido. Hoy practico con más coherencia y confianza. Comprendo mejor los fundamentos de mi práctica espiritual y siento una gratitud profunda por haber compartido este proceso con mi comunidad.

Gracias a cada uno por su entrega, por compartir desde lo genuino. Su presencia ha sido significativa para mí y guardo esta experiencia como un regalo valioso. Si en algún momento sientes el llamado a conectar, practicar o simplemente compartir, no dudes en escribirme.

Algo muy interesante ocurre cuando entrenamos nuestra percepción energética. Es como apagar el ruido de fondo en una habitación. De pronto, se vuelve posible escuchar lo que siempre estuvo allí, pero que no percibíamos con claridad mientras todo lo demás interfería.

El hogar como umbral

Nunca olvidamos a quienes dejan una huella real en nuestro camino. Esas personas que, con su sola presencia, suman valor y sentido a nuestra existencia, permanecen en nosotros de formas que trascienden el tiempo. Jamás se borra esa primera mirada, el impacto que tuvieron en nuestras vidas, las sensaciones que despertaron en nuestro cuerpo.

Esta mañana, al recorrer las mismas calles que caminaba de niña, me dejé envolver por el aroma inconfundible del pandebono recién horneado y el café caliente. Sentí la humedad de un cielo generoso, cobijando la vegetación fértil de Envigado, Colombia. En este paisaje, encontré fragmentos de mí perdidos.

Una identidad ajena pero orgánicamente mía; la búsqueda del ser y pertenecer. La nómada reconociendo el espacio a través del tacto, observando mi reflejo en cada persona que cruza mi camino. Hace una semana regrese a Envigado; volver a casa es permitirme ver mi verdad, mi autenticidad, sin ninguna expectativa, volver a casa es encontrar la reconciliación, la paz absoluta en medio del caos, la posibilidad de la resolución de conflicto través de la paz, usando la respiración como herramienta.

De nuevo mi vida ha sido resignificada; cuando más adulta he sido más mi niña interior ha sufrido. Cuando pensé que lo había descifrado todo, descubrí que de nuevo era solo el principio. Cuando entendí que el amor eterno es más que un concepto romántico, es el flujo sanguíneo de la humanidad. Cuando descubrí en estas calles que mi identidad no es mía y solo es una ilusión adquirida, solté, me entregué, mi piel se activó al ser acariciada por la brisa.

Cuando solté mire para encontrar miradas y darme cuenta que, la conexión que tanto anhelamos no está en el otro si no en mí, es mi conexión con la divinidad, cuando yo me amo yo te hallo con esa mirada profunda con ojos de múltiples colores reconozco que el amor que veo en ti, viene de mí. ¿Cómo continuamos amando y viviendo cuando sabemos que el instante es pasajero?

Cuando la verdad absoluta de que somos más que un cuerpo físico y que somos energía infinita guía mi vida, todo cobra un nuevo sentido. Y, aun así, hay momentos en los que me pierdo en los laberintos del sesgo de confirmación, buscando pruebas que reafirmen lo que ya creo saber. Rediseñando mis creencias, danzando con las verdades que pueden ser evolucionadas. Mirando con el ojo de la mente desde una perspectiva diferente. Buscando definir una identidad y unos valores que suman siete generaciones.

El resultado es una visión abierta y la certeza profunda de que mi ser interior es uno con la identidad divina. ¿Y el amor incondicional? Es, simplemente, el reflejo de tu interior. Siempre habrá alguien, al final del arcoíris, que represente ese amor que nace de ti, que sea la manifestación pura de tu ser superior; alguien que no responda a tus carencias emocionales, sino que refleje tu expansión. Porque al final del arcoíris, siempre te encontrarás contigo mismo. Al final del arcoíris, siempre estarás tú.

Exploradores de consciencia

Al llegar al final de este libro, recuerda que el poder de moldear la realidad habita en vos. Con cada inhalación y exhalación, tienes acceso a una fuente inagotable de energía. Respira profundo y suelta el aire con alivio, sabiendo que ahora cuentas con herramientas poderosas para cambiar tu vida de formas que tal vez nunca imaginaste.

Puedes usarlas para liberar el estrés, activar tu intuición y sanar tanto el cuerpo como las emociones. Permite que tu respiración sea tu varita mágica, tu pincel y tu pluma mientras das forma a la obra maestra que es tu vida. Deja que te guíe en los momentos de luz y de sombra, y vuelve a ella siempre que lo necesites. Que sea tu ancla, y ese recordatorio de que puedes conectar con tus deseos más profundos y hacerlos realidad.

Manejar la respiración no es solo una práctica; es una forma de vivir con conciencia, propósito, alegría y autenticidad. A lo largo de este camino, recuerda siempre confiar en las posibilidades infinitas que habitan dentro de ti. Que tu respiración sea tu compañera, tu guía sabia y tu aliada fiel. El mundo necesita tus dones únicos, y tu respiración es la llave que puede liberarlos.

Mana universal es un camino para orientarte en ese proceso. Cada nuevo día llega con su propio equilibrio de logros y desafíos, pero hay una constante: el amor y la alegría que impregnan cada instante como una corriente invisible de dicha profunda.

Siento la presencia reconfortante de mis guías espirituales, iluminando el sendero con una luz cálida y radiante. Su guía suave y constante me recuerda que nunca estamos realmente solos, y que siempre estamos acompañados en este viaje asombroso y en constante evolución.

Mi propósito es compartir el poder del momento presente y sus posibilidades infinitas, mientras sigo descubriendo los secretos de la longevidad y el bienestar. Cada terapia tiene beneficios únicos y aborda aspectos específicos, pero la verdadera magia reside en su combinación y en nuestra capacidad de discernimiento, guiada por nuestra inteligencia innata.

La mayoría de mis días están impulsados por los hábitos descritos en la práctica diaria de Mana Universal. Con una conciencia creciente de nuestro potencial ilimitado, la aparición de nuevas especies, y el acceso a la inteligencia artificial y la medicina de precisión, estamos al borde de una nueva era fascinante.

Somos testigos de un despertar colectivo, mientras la humanidad recuerda su verdadera esencia y propósito. Nuevas almas se suman a este viaje milagroso, y la evolución continúa. Gracias por estar aquí. Espero que hayas descubierto más sobre quién eres, porque de eso trata la vida y estas páginas.

Ha llegado el momento de abrazar este instante extraordinario y canalizar el poder de nuestra inteligencia colectiva.

Hoy, más que nunca, contamos con el conocimiento y la comprensión necesarios para dar forma al futuro de nuestro mundo de maneras antes impensables.

Siente la energía de este momento vibrando en tu interior. Las posibilidades son verdaderamente ilimitadas, porque el futuro está en nuestras manos.

Depende de nosotros.

Entonces, ¿estás listo para tomar una respiración profunda?

Reconocimientos

Crear *Moldeando Nuestra Realidad* ha sido un viaje transformador, lleno de aprendizajes, alegrías, desafíos y revelaciones. Me siento profundamente agradecida por el apoyo constante, la guía amorosa y la compañía incondicional de las personas que han hecho posible este proyecto.

En primer lugar, a mi familia, que ha sido mi raíz y mi faro. Su amor, paciencia y fe en mí han sido el motor silencioso que me impulsó a seguir adelante en los momentos más exigentes.

A Joaquín, por ser fuente de inspiración, por su amor y su apoyo. Ha sido mi amigo más leal y el maestro más generoso.

A mi hijo, cuya confianza en mí me dio el valor necesario para superar mis propios límites y compartir este trabajo con el mundo. Gracias por enseñarme el verdadero significado del amor incondicional y la amistad profunda, por cuidar con tanto cariño a Mango y por llevarme a descubrir los skateparks más inspiradores del mundo, donde el movimiento se convierte en libertad y puedes observar la máxima expresión de la resiliencia.

A mis estudiantes, quienes me han acompañado con presencia constante, ayudándome a mantenerme enfocada y comprometida. Su confianza y sus valiosos comentarios han sido fundamentales para dar forma al contenido de este libro.

A los y las practicantes, maestros y expertos en respiración consciente que compartieron conmigo su sabiduría y experiencia: gracias por enriquecer mi camino y ayudarme a ofrecer una guía más completa y profunda.

Y, sobre todo, gracias a ti, lector o lectora, por dedicar tu tiempo y tu atención a este libro. Deseo de corazón que las herramientas, reflexiones y técnicas que aquí comparto te inspiren a abrazar tu realidad con valentía y a crear una vida alineada con tu propósito.

Gracias a cada transeúnte en mi vida, a mis amigos, que son una familia elegida, a mi equipo de trabajo en Mana Universal y a cada persona que, de una u otra forma, ha contribuido a la realización de esta obra. Tu apoyo ha sido esencial para hacerla realidad, y mi gratitud es eterna. Te deseo una vida plena, colmada de alegría, amor y bendiciones infinitas.

Agradecimientos especiales

Quiero expresar mi más sincero agradecimiento a las siguientes personas, cuya apoyo inquebrantable y contribuciones han sido fundamentales para la realización de este libro:

A mi familia: Marco Adrián Yáñez Escobar, Flor López, Carolina Escobar, Gianna Escobar y nuestras familias extendidas en Colombia, Estados Unidos y Argentina: su amor, paciencia y fe en mí han sido la base de este camino.

Especialmente a: Joaquín "Espinacas" Astelarra, Anyeli Jiménez Gómez, Julieta Villamil Jiménez, Francisco Astelarra, Sara Caputo, Tomás, Clara, Pepa y Mateo Astelarra, Stacy-Thea Kuuipoalohalani, Natalia Quintero García, Marisa Sánchez, Marta Vélez Calad, Ángela Vélez Calad, Cristina Tamayo, Jony Muñoz, Natalia Ramírez, Milagros y Martín Muñoz Ramírez, Luisa Ramírez, Isabella Montoya, Juan Diego Zuleta, Vanesa Cano, Julio Camacho, Carlos Guerrero, Isaac Guerrero, Oscar Ruiz Mejía, Jorge Mejía, Beatriz Sierra, José Calderón, Sebastián Arias, David Restrepo Román, Juanita Alvarez Agudelo, Camila Harb, Jay Rajagopalan, Cielo Rincón, Gary Chivichyan, Martín Quiroz, Santiago Giraldo y Juan David Giraldo Ramírez.

A mi familia de Rebirthing: Leonard Orr, Elvi Orr, Egbert Sukop, Colleen Buckman "Kalyani", Laz Jefferson, Aaron Overstreet, Susan Shehata y Howard Mermer. Sus enseñanzas y guía han sido esenciales en mi crecimiento personal y espiritual.

A nuestros estudiantes destacados: Shanina Rivera, Erika Dorsey, Michelle McKee, Claudine Penedo y Peter Schrager, quienes forman parte de la primera generación y han completado más de cuatro años de formación, facilitando actualmente sesiones de Mana Universal. Su dedicación y compromiso han sido una fuente constante de inspiración para todos nosotros.

A las familias reales y delegaciones diplomáticas que han visitado Los Ángeles, Miami y Pontevedra Beach, les expreso mi sincero agradecimiento por permitirme ser parte de su experiencia de bienestar y por su amistad incondicional.

Mi más sincero agradecimiento a Jawaher bint Hamad bin Suhaim Al Thani, primera dama de Qatar; Isabelle Daikeler; Swae Lee; Anderson Silva; Joseph Jourieh; el Dr. Ram Dandillaya; el Dr. David Nazarian; el Dr. Brian Mecca; la Dra. Sandra Moreno; la Dra. Catalina

Parra Henao; el Dr. Hernán Luna y Mayo Clinic. Su apoyo ha sido un pilar fundamental en mi camino.

A mis queridos amigos, ustedes saben quiénes son. Estoy profundamente agradecida por su apoyo constante y por estar a mi lado en todo momento.

A los cientos de colegas y asesores del ámbito médico, su amor y apoyo son percibidos diariamente. Gracias por su colaboración.

Finalmente, quiero expresar mi más profundo amor y gratitud a mi amado país natal, Colombia, y a mi tierra adoptiva, Estados Unidos. Ambos han sido fuentes invaluables de inspiración cultural, dejando su huella en cada palabra de este trabajo.

Acerca de la autora

Viviana Escobar es una autora colombiana-estadounidense y maestra espiritual, reconocida internacionalmente como una de las principales referentes en la Respiración Consciente *(Breathwork)* y por su innovador libro *Bending Our Reality: El poder del Breathwork* para sanar, transformar y despertar y su versión en español Moldeando Nuestra Realidad. Su obra entrelaza la sabiduría ancestral con los avances de la física cuántica, ofreciendo herramientas accesibles para el crecimiento personal, la sanación y el desarrollo de la inteligencia emocional.

Nacida en Sincelejo, Colombia, y criada en Miami, Medellín y Bogotá, Escobar se radicó permanentemente en los Estados Unidos en el año 2001.

Su herencia multicultural nutre profundamente su escritura y métodos, integrando tradiciones espirituales latinoamericanas, exploración de la conciencia y prácticas somáticas. Con *Bending Our Reality,* Escobar se ha consolidado como una voz central en la conversación global sobre la respiración consciente y su potencial transformador.

Su libro es considerado una de las guías más completas e inspiradoras sobre Breathwork disponibles hoy en día.

Viviana, después de una lesión en la columna, desarrolló junto a Joaquin Astelarra el método Mana Universal. Sus enseñanzas han llegado a estudiantes de todo el mundo, incluyendo familias reales, jefes de estado, figuras públicas, celebridades y deportistas. Es considerada la "maestra de los maestros" entre los practicantes de Breathwork. A partir de 2025, Bending Our Reality está disponible en cuatro formatos: tapa blanda, tapa dura, Audible y Kindle, en Estados Unidos, Reino Unido, Canadá, México, Colombia y Argentina, ampliando su impacto a audiencias tanto en inglés como en español.

Además de su labor como escritora y guía espiritual, Escobar se destaca como artista de *spoken word*, canalizando una representación auténtica, magnética y transformadora del amor, el empoderamiento y la dicha.

Reconocida por *The Monroe Institute* como especialista en la exploración de la conciencia, ha cultivado una formación interdisciplinaria que entrelaza sabiduría ancestral y conocimiento contemporáneo. Su camino incluye estudios en *Rebirthing Breathwork, Hipnosis Cuántica de Sanación, Sanación Pránica, Tantra, Programación Neurolingüística (PNL), Kundalini Yoga y Meditación Trascendental.* A ello se añade su formación y experiencia en medios audiovisuales, interpretación y el desarrollo de proyectos empresariales con un enfoque en el propósito.

La misión de Viviana Escobar es elevar la vibración de la humanidad a través de la respiración y la presencia. Su obra es un reflejo profundo de pasión, propósito y alma poética.

Visita:
VivianaEscobar.com
IG @vivescobar
MoldeandoNuestraRealidad.com

Declaración de exención de responsabilidad médica

Al abordar los posibles efectos y beneficios del Universo de la Respiración Mana y cualquier método, idea, práctica o ejercicio de este libro, hemos hecho todo lo posible para asegurar que representamos con precisión el programa y las técnicas, así como su capacidad para impactar y mejorar tu vida. Sin embargo, la autora no garantiza que experimentarás resultados en un plazo determinado. Este método ha demostrado tener un efecto en la mayoría de las personas que han completado con éxito el programa; sin embargo, nada en este libro garantiza un impacto o efecto particular en tu caso.

Este contenido no está destinado a sustituir el consejo médico profesional, el diagnóstico o el tratamiento. Por favor, consulta con tu médico ante cualquier duda que puedas tener respecto a una condición médica.

Las prácticas y métodos del Universo de la Respiración Mana no garantizan ningún resultado médico en absoluto. Nunca ignores el consejo médico profesional ni demores en buscarlo por algo que leas en este libro. Con este descargo de responsabilidad, la autora queda exenta de cualquier responsabilidad derivada del uso indebido de la información contenida en este libro. Cualquier interpretación o aplicación de la información proporcionada debe hacerse con cautela y discreción. La autora y la editorial no se harán responsables de las consecuencias que puedan derivarse del uso o mal uso de la información contenida en este libro.

Aviso de Privacidad

Los eventos, situaciones y personajes descritos en este libro son producto de la imaginación de la autora. Cualquier semejanza con personas reales, vivas o fallecidas, o con situaciones o eventos de la vida real, es pura coincidencia y no intencional. La autora ha tomado todas las medidas necesarias para garantizar la confidencialidad y proteger la privacidad de cualquier individuo u organización mencionados en esta obra. Los nombres, ubicaciones y detalles identificativos han sido modificados para preservar el anonimato.

Cualquier coincidencia con personas u organizaciones reales es completamente involuntaria y no tiene la intención de transmitir ni implicar ninguna representación fáctica. La autora no asume ninguna responsabilidad por posibles ofensas no intencionadas, tergiversaciones o daños que puedan surgir del contenido de este libro. Las opiniones puntos de vista expresados en este texto son exclusivamente de la autora y no necesariamente reflejan los de la editorial ni de ninguna de las partes afiliadas.

Referencias

Bending Our Reality
Mana Breathwork
Leonard Orr
Rebirthing International
The International Breathwork Foundation
The HeartMath Institute
Neville Goddard
Gregg Braden
Bruce Lipton
Ra Uru Hu
Esther Hicks "Abraham Hicks"
Dolores Cannon
Mantak Chia
Dr. Joe Dispenza
Darryl Anka "Bashar"
Drunvalo Melquisedec
Dr. J. Andrew Armour
Carl Gustav Jung
Nikola Tesla
Albert Einstein
Dr. Stephen Porges
Richard Bandler and John Grinder
Phineas Parkhurst Quimby
Paramahansa Yogananda
Camila Castello
Akahi Ricardo
Elizabeth April
American Lung Association
American Association for Respiratory Care
American Association of Cardiovascular and Pulmonary
Rehabilitation
American Academy of Allergy, Asthma & Immunology
American Heart Association
American Thoracic Society
National Board for Respiratory Care
National Association for Medical Direction of Respiratory Care

Mayo Clinic
National Institute of Health
National Library of Medicine
National Lung Health Education Program
National Heart, Lung, and Blood Institute
National Science Foundation
National Human Genome Research Institute
Nature and Science categories, Harvard University
Nature and Science, Stanford University
Massachusetts Institute of Technology (MIT)
The National Aeronautics and Space Administration (NASA)
The Journal of Alternative and Complementary Medicine
The Journal of Affective Disorders
The University of Cambridge
Chinese Academy of Sciences (CAS)
California Institute of Technology (Caltech)
Instituto Max Planck de Física Cuántica
The Monroe Institute - Robert Monroe
HemiSync
La Biblia
El Corán
La Torá
Los Vedas
La Bhagavad Gita
El Tripitaka, los Sutras Mahayana y los Textos Tántricos
La Ley del Uno Por Carla Rueckert, Don Elkins, y Jim McCarty
Películas Star Wars
Avatar: La leyenda de Aang

Y después de muchos años afinando mi intuición, viendo videos de YouTube, redes sociales, navegando por la web, asistiendo a clases y talleres, utilizando aplicaciones de gramática y verificando hechos; aquí estamos, con un collage armónico de cómo mi mente ha interpretado todo lo que he experimentado. Estoy profundamente agradecida con cada persona que ha estudiado la conciencia y la respiración.

Querido lector

Gracias por estar aquí. No sabes cuánto significa para mí que hayas decidido abrir este libro y recorrer estas páginas conmigo. *Moldeando Nuestra Realidad* no es solo un proyecto personal; es un reflejo de una búsqueda profunda, una invitación a mirar hacia adentro y a recordar quiénes somos cuando dejamos de fingir, cuando respiramos con honestidad y habitamos el presente.

A lo largo del libro, hemos explorado el poder de la respiración y la práctica del amor propio, no como conceptos abstractos, sino como herramientas reales para transformar nuestra experiencia. La respiración es quizás lo más simple y lo más sagrado que poseemos. Está ahí, todo el tiempo, sosteniéndonos en silencio. Y sin embargo, muchas veces la pasamos por alto. Redescubrirla es, para mí, un acto de regreso.

Si en algo este libro tocó tu vida, si alguna frase te hizo detenerte o alguna práctica te acompañó en un momento difícil, me encantaría saberlo. Leer tu experiencia no es solo una alegría personal; también ayuda a que otras personas puedan encontrarse con estas páginas en el momento justo. A veces, una sola reseña puede ser el puente que alguien necesitaba para animarse a empezar.

Gracias por respirar conmigo.

Encuéntranos

MOLDEANDONUESTRAREALIDAD.COM
BENDINGOURREALITY.COM
VIVIANAESCOBAR.COM
MANABREATHWORK.COM

Síguenos en Redes Sociales
Instagram
@vivescobar
@moldeandonuestrarealidad
@bendingourreality
@joaquinespinacas
@ManaBreathwork

TikTok
@bendingourreality

Facebook
BendingOurReality
ManaBreathwork

X
@BendingRe4lity

YouTube
ManaBreathwork

www.ingramcontent.com/pod-product-compliance
Lightning Source LLC
Chambersburg PA
CBHW021706120626
46545CB00004B/1423